《周易》结构论

Study on the Structure of *ZHOUYI*

孙鸣晨　著

中国社会科学出版社

图书在版编目（CIP）数据

《周易》结构论/孙鸣晨著.—北京：中国社会科学出版社，2022.10
（中国社会科学博士后文库）
ISBN 978 - 7 - 5203 - 9955 - 5

Ⅰ.①周…　Ⅱ.①孙…　Ⅲ.①《周易》—研究　Ⅳ.①B221.5

中国版本图书馆 CIP 数据核字（2022）第 049347 号

出 版 人	赵剑英
责任编辑	宋燕鹏
责任校对	李　硕
责任印制	李寡寡

出　　　版	中国社会科学出版社
社　　　址	北京鼓楼西大街甲 158 号
邮　　　编	100720
网　　　址	http://www.csspw.cn
发 行 部	010 - 84083685
门 市 部	010 - 84029450
经　　　销	新华书店及其他书店

印　　　刷	北京君升印刷有限公司
装　　　订	廊坊市广阳区广增装订厂
版　　　次	2022 年 10 月第 1 版
印　　　次	2022 年 10 月第 1 次印刷

开　　　本	710×1000　1/16
印　　　张	19.5
字　　　数	330 千字
定　　　价	98.00 元

《中国社会科学博士后文库》
出版说明

为繁荣发展中国哲学社会科学博士后事业，2012 年，中国社会科学院和全国博士后管理委员会共同设立《中国社会科学博士后文库》（以下简称《文库》），旨在集中推出选题立意高、成果质量好、真正反映当前我国哲学社会科学领域博士后研究最高水准的创新成果。

《文库》坚持创新导向，每年面向全国征集和评选代表哲学社会科学领域博士后最高学术水平的学术著作。凡入选《文库》成果，由中国社会科学院和全国博士后管理委员会全额资助出版；入选者同时获得全国博士后管理委员会颁发的"优秀博士后学术成果"证书。

作为高端学术平台，《文库》将坚持发挥优秀博士后科研成果和优秀博士后人才的引领示范作用，鼓励和支持广大博士后推出更多精品力作。

《中国社会科学博士后文库》编委会

序

　　2022 年春节刚过，就接到孙鸣晨同学的电话，说《〈周易〉结构论》一书准备出版了。书稿是在博士论文基础上完成的，围绕《周易》的结构问题，鸣晨广泛收集资料，钩沉索隐，张皇幽渺，多有发明。期间艰辛备尝，终于有成，心里为她高兴。故略陈数语，以志庆贺。

　　"结构"一词最初指建筑的基本构建形态，《抱朴子·勖学》谓："文梓干云而不可名台榭者，未加班轮之结构也。"也就是说无论材料怎样高大华美，也并不能称之为建筑的楼台阁榭，因为并未经过工匠的组织构建。组织建构是建筑的基础，也是文学的基础，每一种文学艺术形式都具有自身特殊的结构形式。美国结构主义诗学的代表人物乔纳森·卡勒说："一部文本的实体给了它一种稳定性，把它与以言语形式表现出来的日常交流区分开来，这种区分对文学研究具有重要的意义"（《结构主义诗学》中译本 198 页）。结构是文学的稳定形态，最能代表一种文化、一种艺术形式的历史和审美意味。

　　《周易》的结构是最具中国意味的文化形态。从本体上说，《周易》以阴阳两爻基础，三爻相叠而成八卦，八卦两叠而成六十四卦，所谓"三材而两之，故六画而成卦"，这种结构形式潜藏着中国文化深刻的思想意味。而从六十四卦的排列形式来看，则是"二二相耦""非覆即变"的特色，即相邻的两卦之间存在着"对"的关系，有着相反相成的结构联系。这种鲜明的结构特色，代表着中国文化的某种神秘性和深刻性。

　　《〈周易〉结构论》在详细考察了《周易》的本体结构以后，

最有意义的成果是对《周易》结构的历史性、象征性、思想性和艺术性的分析。在作者看来，《周易》的结构的形成是一个历史过程，《周易》结构形成的过程也是思想演进的过程，《周易》结构的演进，也表现出从占卜文化到礼乐文化再到理性觉醒的思想进程。作者对《周易》结构的象征性分析是耐人寻味的。已经有许多学者对《周易》象征性的进行过多方面的分析，而作者强调的则是这种象征不是局部的而是整体的；不是个别的物象，而是整个艺术的系统。在作者笔下，《周易》的象征结构不是简单的抽象的，而是是具体的生动的，"仰观吐曜，俯察含章"，即是对星光闪耀的天空与锦绣灿烂的大地的生动体验与描绘。从天空与大地的诗意描绘中，上升为"观物取象 观象取法"的抽象表达，最后归结为"分类所指"的立象系统，作者这样的认识无疑深化了对《周易》文学意义的认识。

《〈周易〉结构论》的写作既有理论目光的宏阔，更有学术态度的真诚。作者对经典文献的辨析是细致的，而作者运用出土文献与经典文献之间的比对考证更体现了扎实的文献基础。春节过后哈尔滨尚冰雪未消，但迎面而来的风中却有了暖融融的春天的感觉。毕业后，鸣晨去了海滨城市大连任教。春华秋实，海阔天高，也祝愿鸣晨同学勤奋耕耘，取得更大的成就。

傅道彬
2022 年 2 月 10 日于哈尔滨在宽堂

摘　要

　　结构是理解《周易》的关键。想要理解《周易》的文学性、哲学性、思想性等多重性质是如何统一在一个文本之中的，就需要找到一个适当的切入角度，这个角度就是"结构"。"结构"的概念，并非结构主义的独专之物，也是中国历代文学批评理论中一个至关重要的问题。结构讲究一定逻辑，是文学、哲学内各个层次、要素之间系统组织关系的体现，是构成意义完整体的关键。对于结构的解析，就是要揭示并说明隐藏在意义背后、致使该意义成为可能的形式和阐释系统。《周易》结构的独特性在于不仅仅由语言构成，而是包括符号体系、丰富的象征意蕴、诗意的表达方式，由此共同构成了承载"意味"的"形式"。整体观之，《周易》各层级的形式与意义之间互相渗透和影响，形成了一个富有意蕴的完整体系，这一体系也是其文学特征与哲学思想的内在支撑。因此，对《周易》的结构进行解析，指出各组成部分的构建和律则，有利于我们更为明悉、完整地把握其哲学条理和文学形象，从而突破直接的、显性的象数、义理功用，深度理解它与中国语言文学，乃至文化的复杂关系。

　　《周易》结构的本体形态包含符号形态和语言形态。《周易》本体结构中所涉猎的爻位、卦序、文本体例共同形成了一个立体形态。更为缜密的是，对今、帛、竹书《周易》等文献进行整理，可以发现结构上的多重形态的构建遵循着一定的规律性、调适性和整体性，这也是《周易》意味丰富的根本所在。述第一章"《周易》结构的本体形态"。

　　从历史演进的角度而言，《周易》的成书是一个结构渐全、思想渐丰的过程。首先，在历程上，占筮形态、语素来源、理论准备等范畴都经历了从混沌到系统的变更。其次，在形式上，《周易》文本化理论化建设也是历经从经传编纂的经典化、符号爻题称名的形式化、卦象和卦爻辞观念化等历史演化。再次，《周易》数、象、辞之所以能够表意，都经历了从具象到抽象的演进。述第二章"《周易》结构的历史演进"。

《周易》象征系统的独特性就在于，它不仅仅包含本体符号，更是将语言文字与符号象征紧密结合，于"文象并构"的独特表意结构中形成了一种"有意味的形式"。其文象并构系统可概括为：取象－－立象－－释象。第一，取象遵循"仰观吐曜、俯察含章"和"观物取象、观象取法"两大原则。第二，立象则是通过"方以类聚，物以群分"和"引而伸之，触类长之"两大原则，将林林总总的象归于特定卦爻符号之中。第三，"释象"系统可分层次为：释义－－说象－－明理，具有明显的言象互动的象征结构特征。述第三章"《周易》结构的象征形态"。

从语言角度来看，《周易》的结构形式具有诗性特征，与中国文化中文学与哲学相融、诗歌与思想同源的精神特征相一致。首先，卦爻辞具有明显的诗体结构特征，体现了诗性智慧。其次，经传合体之后，在语言形式上既有明显的继承又体现了新旧文言的变革。再次，《周易》的文辞、理论和篇章构造形式，在文学史、诗学、文体等方面都具有一定的典范作用。述第四章"《周易》结构的语言形态"。

从意义的生成角度而言，《周易》意蕴的呈现是以结构为基础的，而结构中的思想原则作为现象的深层本质，对其文学、哲学的构建路径起着决定的影响。第一，整体贯通的结构形式表现了整体性思想原则。第二，衍申性思想使本体和观念都能够不断发展衍申。第三，分析性思维使其在应用实践过程中的具有逻辑上的推导又能够进行不断调适。第四，象征性思维使《周易》的象征从观上升到观念。第五，交互性思想使得内在的多元结构能够相互衔接、影响。述第五章"《周易》结构的思想意义生成"。

在审美意蕴层面，《周易》符号结构特征、语言形式、艺术理论的阐释上都表现了明显的中和性的审美理想、对称性的审美表现、秩序性的美学实践、和谐性的艺术情感，既充满了生机勃勃的艺术精神，更是将中国哲学的诗性品格和艺术审美紧密关联。述第六章"《周易》结构的审美艺术蕴含"。

关键词：《周易》；本体；历史；象征；审美

Abstract

Structure is the key to understanding *Zhou Yi*. In order to understand how the literary, philosophical, and ideological and other multi
− fold properties of *Zhou Yi* are unified in one article, it is necessary
to find an appropriate perspective, which is the " structure". The
concept of "structure" is not a monopoly of structuralism, but also a
crucial issue in the theory of literary criticism in the past dynasties of
China. Structure pays attention to a certain logic, which is the embodiment of the systematic organization relationship between various levels
and elements in literature and philosophy and the key to the integrity of
meaning. The analysis of structure is to reveal and explain the forms
and interpretation systems hidden behind the meaning and make it possible. The uniqueness of the structure of *Zhou Yi* is that it is not only
composed of language, but also includes symbol system, rich symbolic connotations, and poetic expressions, which together constitute the
"form" carrying "connotation". Overall, the forms and meanings of
Zhou Yi at all levels penetrate and influence each other, forming a
complete system full of meaning, which is also the inner support of its
literary characteristics and philosophical thinking. Therefore, analyzing
the structure of *Zhou Yi* and explaining the construction and rules of
each component is conducive to us to grasp its philosophical principles
and literary images more clearly and completely, so as to break
through the direct and explicit function of symbolic mathematical laws
and meaning truth, and deeply understanding its complex relationship
with Chinese language & literature, and even culture.

The ontology form of the structure of *Zhou Yi* includes symbol form and the language form. The lines position, hexagram sequence and stylistic rules and layout text style involved in the ontology structure of *Zhou Yi* together form a dimensional form. More meticulously, after sorting out the literatures such of *Zhou Yi* written in modern book, silk and bamboo, it can be found that the construction of multi – fold forms in structure follows certain regularity, adaptability and integrity, which is also the root of rich connotations of *Zhou Yi*. Stated in chapter 1: "The Ontology Form of the Structure of *Zhou Yi*".

From the perspective of historical evolution, the completion of *Zhou Yi* is a process of gradually completing its structure and enriching its ideas. First, in terms of process, the categories of divination form, morpheme source, and theoretical preparation have experienced changes from chaos to system. Secondly, in terms of form, the theoretical construction of textualization of *Zhou Yi* has also experienced historical evolution such as canonization of *I Ching* and *Commentary on the I Ching*, formalization of symbols and names, and conceptualization of hexagrams and connotations. Thirdly, the number, symbols and words in *Zhou Yi* can express meanings, because they have all experienced the evolution from concrete to abstract. Stated in chapter 2: "The Historical Evolution of the Structure of *Zhou Yi*".

The uniqueness of the symbolic system of *Zhou Yi* is that it not only contains ontological symbols, but also closely combines language and symbols, forming a "meaningful form" in the unique ideographic structure of "combination of literary and symbol". Its literary – symbol combination system can be summarized as: extracting symbol—determining symbol—interpreting symbol. First, the extracting symbol follows the two principles of "looking up for the glorious scene, looking down for the gorgeous scenery" and "observing object and extracting symbol, observing symbol and extracting method". Second, the determining symbol is based on the two principles of "birds of a feather flock together" and "after guiding and extending, gain growth and progress". Thirdly, the interpretation symbol can be divided into three levels: interpretation—explanation—understanding, which has obvious symbolic structure characteristics of interaction between language and symbols. Stated in chapter 3: "The Symbolic Form of the Structure of *Zhou Yi*".

Fromthe perspective of language, the structural form of *Zhou Yi* has poetic characteristics, which is consistent with the spiritual characteristics of the integration of Chinese culture and philosophy, and the homology of poetry and thinking. First, the divination words have obvious poetic structure characteristics, which reflect the poetic wisdom. Secondly, after the combination of *I Ching* and *Commentary on the I Ching*, there is not only an obvious inheritance in the language form, but also reflects the transformation of the old and new styles literary language. Thirdly, the language, theory and chapter structure of *Zhou Yi* play a certain exemplary role in literary history, poetics, stylistic etc. Stated in chapter 4: "The Linguistic Form of the Structure of *Zhou Yi*".

From the perspective of meaning generation, the presentation ofconnotation in *Zhou Yi* is based on structure, and the ideological principles in the structure, as the deep essence of the phenomenon, have a decisive influence on the construction path of its literature and philosophy. First, the overall structural form expresses the principle of holistic thinking. Second, the derivational thinking enables both the ontology and the concept to develop continuously. Thirdly, analytical thinking enables its logical derivation and continuous adjustment in the application process. Fourth, symbolic thinking makes the symbol of *Zhou Yi* rise from observing to concept. Fifth, the interaction thinking enables the inner pluralistic structures to connect and influence each other. Stated in chapter 5: "The Generation of Thinking in the Structure of *Zhou Yi*".

In terms of aesthetic connotation, the interpretation of symbolic structure features, language forms, and artistic theories in *Zhou Yi*, they all shows obvious neutralizing aesthetic ideals, symmetrical aesthetic expressions, orderly aesthetic practices, and harmonious artistic emotions. It is not only full of vibrant artistic spirit, but also closely related to the poetic character of Chinese philosophy and artistic aesthetics. Stated in chapter 6: "The Aesthetic Connotation in the Structure of *Zhou Yi*".

Keywords: *Zhou Yi*, ontology, history, symbol, aesthetic

目　录

Contents

绪　论

　　《周易》作为先秦经典被誉为"群经之首"，对于我国哲学、文化、文学的生成有着源头性的影响。虽然《周易》最多被看作是中国古代占卜之书，但是由于《周易》其成书的特殊性，使得《周易》成为一部带着多重性质的伟大著作。《周易》起初带有非常浓烈的卜筮色彩，《四库全书总目·经部·易类》小序即称《易》"寓于卜筮"①。但在后来的文本发展过程中，《周易》的性质发生了改变，卜筮的形式和内容逐渐得到了理性的变更，当它们聚合成今本《周易》的时候，其思想性哲学性的意味得以突显。同时，当我们从语言层面考察其文学性质之时，也可以发现后世中国文学受到其文本的诸多影响。

　　想要理解《周易》多重性质是如何统一在一个文本之中的，就需要找到一个适当的切入角度，这个角度就是"结构"。"不仅仅是意味决定形式，形式也决定意味"②，结构是理解《周易》的关键。③《周易》结构的研究既是文学研究的重点，也当是哲学思想、文化内涵的紧要部分。可以说，《周易》文本的多重性质与其文本结构（或称"形式"）是密不可分的。它不仅体现在卦象、爻辞之中，同时也是其思想意义的生成因素。

一　《周易》结构研究回顾

　　前人关于《周易》结构的研究主要集中在符号结构、语言艺术结构、思想结构、结构的历史演进研究等方面。

---

① 永瑢等撰：《四库全书总目》，中华书局 1965 年版，第 54 页。
② 傅道彬：《诗可以观》，中华书局 2010 年版，第 54 页。
③ 孙鸣晨：《〈周易〉结构研究文献述评》，《北方论丛》2016 年第 4 期。

（一）《周易》符号结构研究

不同于一般以文字形式承载意义的经典，《周易》是一部以卦形符号和语辞共同构成的经典。《周易》的哲学思想和深层意义就是通过符号体系中卦爻、卦序的逻辑结构表现出来的。前人的研究主要集中在以下两方面。

1. 卦爻结构方面

爻位、象位结构是理解《周易》的根本，相关研究也是范畴甚广、内容繁复。两汉以降，荀爽、虞翻等易学家确立了爻位的观点，直至明清，学者均延续前人观点。对此有学者总结为"以六爻立卦，本身六爻已就存在着爻位上的一定范式，而到了《易传》，也赋予更多更为明确的爻位观点，两汉以降，特别是荀爽、虞翻等易学家，连缀前人之说，显其繁琐庞杂。"① 实际上，爻位具有明显结构特点，代表了不同的位置、过程、层面、角度、方向、领域的流变。从初到上分别象征事物的发展过程，各自具有含义。当组合为一卦就出现一个内外部均完整的体系，遵循着既定原则，即《说卦》所谓"兼三材而两之，故易六画而成卦，分阴分阳，迭用柔刚，故易六位而成章。"② 此外，爻位的结构还有同位、尊贵之位、阴阳之位、刚柔居尊位、阴阳得位与不得位、刚柔相应、乘承比应，不同层次结构表现不同的吉凶和义理。

20 世纪前期，尚秉和③、徐昂④等重要的象数学家，对于易例、易象、卦爻象均有精深研究，清晰地解释了六爻在上下浮动内外交替的结构转换中，既有静态结构，也有动态变化的特点，各成章法。20 世纪 50 年代前，沈瓞民对于变卦、互体之说进行了详细辨析。⑤ 80 年代中期刘大钧的对于象数模式、卦爻关系问题进行了细致解析。⑥ 近年来，台湾学者徐芹庭非常明晰地阐释了爻位的相关律则，将其三材之位、阴阳正位、变通与变动、始终贵贱之位、吉凶之位、中正中行之位、乘承据应比隔往来、非覆

---

① 陈伯适：《李道平〈周易集群纂疏〉的爻位观——爻位"当""应""说"的重要内涵》，参见刘大钧主编《大易集读》，上海科学技术文献出版社 2013 年版，第 490 页。

② 《周易正义》，《十三经注疏本》，中华书局 1980 年版，第 94 页。

③ 参见尚秉和《周易尚氏学》，中华书局 1980 年版；尚秉和撰：《焦氏易诂》，中华书局 1991 年版。

④ 参见徐昂《周易虞氏学》，竞新公司 1936 年版；徐昂《京氏易传笺》，之江大学中国文学会集刊单行本 1939 年版。

⑤ 沈瓞民：《卦变释例》，《制言》1939 年第 51 期。

⑥ 刘大钧：《周易概论》，齐鲁书社 1986 年版。

即变等基本结构关系一一梳理，深入浅出地论述了其中的意义规律。① 廖明春在《二二相耦，相反为义——〈周易〉卦义新论》中认为，六十四卦的卦爻不仅仅是"二二相耦""非覆即变"，也是相反为义，以"对"的形式出现，并且这种结构形式决定了两两之间的意义规律。② 上述种种观点是有助于多方面斟酌易学研究的。

2. 卦序结构研究

卦序结构研究，具体表现在今、帛、竹书《周易》卦序研究中。今本传世《周易》"二二相耦，非覆即变"的卦序原则，自唐孔颖达揭示后便成为共识，宋代朱熹、邵雍、董真卿、俞琰、吴澄，降至明清钱一本、李光地等易学家基本都沿袭这一观点。

20 世纪 70 年代至今，简帛易类文献的大量出土为我们从不同文献体系考察卦序排列形式提供了可能。但是其中阜阳汉简《周易》③、王家台秦简《易占》④、郭店楚墓竹简《易》⑤，大多为残简断篇，很难复原卦序，无法列入相关研究之中。出土《易》中，清华大学藏战国竹简《周易》⑥、上海博物馆藏战国楚竹书《周易》⑦、马王堆帛书《周易》⑧、海昏竹简《易占》⑨的易卦记录相对完整并且各有深意。

------

① 徐芹庭：《易经卦爻辞之形成与律则》，《孔孟月刊》（台）1982 年第 20 卷第 10 期。

② 廖明春：《二二相耦，相反为义——〈周易〉卦义新论》，《哲学与文化》（台）2004 年第 4 期。

③ 1977 年，安徽省文物工作队等单位在安徽阜阳双古堆 1 号墓发掘出土。据墓葬形制和随葬器物分析，墓主可能是第二代汝阴侯夏侯灶，卒于汉文帝十五年（公元前 165）。阜阳汉简《周易》共 752 片，有今本《周易》中的四十多卦，涉及卦辞、爻辞的约 200 片，与今本不同的卜事之辞约 400 片。卦辞与今本《周易》有若干异文，最明显的区别在于卦爻辞的后边，保存了许多卜问具体事项的卜辞。

④ 1993 年 3 月，于湖北江陵市荆州镇邱北村王家台 15 号秦墓出土。共有 394 枚约 4000 字的易占简书，证实了"三易"之一《归藏》的存在。

⑤ 1993 年 10 月，荆州市博物馆在湖北省荆门市沙洋区四方乡郭店村一座战国楚墓（M1）出土。郭店楚简中没有专门的写字文献，只有关于《易》的只言片语。

⑥ 清华大学于 2008 年 7 月收藏的战国竹简，其中存有《筮法》和《别卦》两篇，记载有五十六卦（与今本《周易》相比较）。

⑦ 上海博物馆藏 1994 年收藏的战国楚竹书《周易》，记录了三十四卦（与今本《周易》相比较）。

⑧ 1973 年，于湖南长沙马王堆三号汉墓出土，墓葬年代属西汉初文帝时期，其抄写和成书年代早于西汉初年，完整地记载了六十四卦（与今本《周易》相比较）。

⑨ 2015 年，于江西南昌的西汉海昏侯刘贺墓位出土 180 余枚《易》竹简，其内容有六十四卦、卜姓、去邑、易占等。

1973 年底，长沙马王堆帛书《周易》出土，马王堆汉墓帛书整理小组整理的《马王堆帛书〈六十四卦〉释文》① 于 1984 年在《文物》发表。据其记载，帛书《周易》与今本《周易》古经主体部分即卦爻辞部分基本相同，最大差别在于帛本具有同今本很不相同的卦序。原书《周易》文献载体为一整块帛布，在排列次序上也不存在争议现象，各卦的卦以及其卦爻辞的排列都一目了然，不分上下经，起于《乾》《否》而终于《家人》《益》，采用重卦的方法，八八成组，一气呵成。李学勤②、刘大钧③、于豪亮④、邢文⑤均认同帛书《周易》卦序基本准则明晰是将六爻卦的上下卦单独视之，然后两两相叠而排。

1994 年，于上海博物馆藏收藏的战国楚竹书《周易》中相对完整地记录了三十四卦（与今本《周易》相比较），其中每一卦两到三简，有红黑红色、黑色符号于每卦卦爻辞的前后，卦与卦之间具有了区分性、独立性。2004 年发行的《上海博物馆藏战国楚竹书》（三）中可见目前最早的《周易》文本。濮茅左认为楚竹书《周易》卦序是与今本不同的另外一种卦序，遵循了"二二相耦，对立统一"的原则⑥。对此，姜广辉提出了质疑，他认为"楚竹书《周易》的卦序与今本《周易》的卦序是大致相同的"⑦。红黑符号只是方便翻检而加，不应将意义复杂化。李尚信赞同濮茅左红黑符号与卦序有关系的观点，基于六种红黑符号再推测，认为还有一种大红块中叠加小黑块未显示在竹书文本中，这样就可以将楚竹书《周易》分为七段，上经三段，下经四段。⑧ 我们认为，上述主要观点对研究《周易》卦序分类有所启示，但是因为上博简《周易》不完整且符号模糊，所以所论及的卦序问题均为推测，值得商榷。

---

① 马王堆汉墓帛书整理小组：《马王堆帛书〈六十四卦〉释文》，《文物》1984 年第 3 期。

② 李学勤：《马王堆帛书〈周易〉的卦序卦位》，载《中国哲学》（第十四辑），人民出版社 1988 年版。

③ 刘大钧：《关于"图""书"及今本与帛本卦序之探索》，载刘大钧主编《象数易学研究》，齐鲁书社 1996 年版。

④ 于豪亮：《马王堆帛书〈周易〉释文校注》，上海古籍出版社 2013 年版。

⑤ 邢文：《论帛书〈周易〉的篇名与结构》，《考古》1998 年第 2 期。

⑥ 濮茅左：《关于符号的说明》，载马承源主编《上海博物馆藏战国楚竹书》（三），上海古籍出版社 2003 年版，第 251—260 页。

⑦ 姜广辉：《上博藏楚竹书〈周易〉中特殊符号的意义》，《中国思想史研究通讯》2004 年第 2 辑。

⑧ 李尚信：《卦序与解卦理路》，巴蜀书社 2008 年版，第 102 页。

2008 年 7 月清华大学收藏的战国竹简中存有的《筮法》和《别卦》两篇也具有卦序结构意义。李学勤认为《筮法》中有将八卦分置八方的卦位图，在迄今所见《易》图中是最早的记录。从六十四卦卦序角度看，《别卦》排列顺序与马王堆汉墓帛书《周易》一致，应是处于同一系统。①除清华简外，与帛书《周易》卦序这种"八八成组"律则相似的还有京房八宫卦序②、元包卦序③和贾公彦卦序④，这种卦序八组中每一组都有一个共同的经卦，结构严密统一，次序整齐，被称为连体卦序。

2011 年，江西文物考古研究院开始挖掘西汉海昏侯刘贺墓。在 2015 年发现了 5000 余枚简牍，其中包含 180 余枚竹简《易》，简文保存较好并可以完全辨识，缀合一起正好为完整的六十四卦，整理者也认为："海昏竹书卦序是迄今为止发现的完整的年代最早的与传本《周易》卦序一致的考古材料，对于传本《周易》的源流研究有着重要的价值。"⑤ 据李零所做释文《海昏竹书〈易占〉初释》可见其与今本卦序相同。⑥ 在此基础上，赖祖龙⑦、谷继明⑧都对海昏竹书《易占》相关卦序进行了讨论，认为这一卦序属于今本卦序系统，对与帛书八卦有关，对研究这两类卦序的传承关系有一定的价值。

今、帛、竹书《周易》卦序律则不仅仅在形式上继承了卜筮之书的性质，更促使成为了哲学层面的有意味的形式。据现有材料和研究成果可见，虽然不同版本存在一定的差异性，但都明显凝聚了编者对于成书形式及内涵的深图远虑。

综上，《周易》符号系统中所涉及的爻位、卦序等结构形式共同形成了一个时间和空间相互影响的立体形态。而更为缜密的是，结构上的多重

① 清华大学出土文献研究与保护中心、李学勤主编：《清华大学藏战国竹简》（四），中西书局 2013 年版，第 128 页。
② 京房：《京氏易传》，中华书局 1991 年版。
③ 卫元崇撰：《元包经传》（卷一），《文渊阁四库全书》，台湾商务印书馆 1986 年版，第 803 册。
④ 《周礼注疏·大卜》，《十三经注疏本》，中华书局 1980 年版，第 803 页。
⑤ 赖祖龙：《海昏竹书〈卜姓〉〈去邑〉初释》，载朱凤瀚主编《海昏简牍初论》，北京大学出版社 2020 年版，第 277 页。
⑥ 李零：《海昏竹书〈易占〉初释》，载朱凤瀚主编《海昏简牍初论》，北京大学出版社 2020 年版，第 254—266 页。
⑦ 赖祖龙：《海昏竹简〈易〉初探》，《周易研究》2020 年第 6 期。
⑧ 谷继明：《海昏竹书〈易占〉初探》，《周易研究》2021 年第 3 期。

·5·

形态并不影响其整体性。可以说，《周易》的诸多精神也是通过易卦的符号结构表现出来的，而这其中的编纂原则和结构特色，必然是统筹安排、精心构思，蕴含着心理和精神的深层结构，应该更加立体和清醒地看待。

（二）《周易》语言艺术结构研究

《周易》作为哲学经典，其文本具有卓越的文学性。由于《周易》文本的片段性，必然会割裂文意，造成理解上的支离破碎。对《周易》语言艺术结构的理解，有助于我们从整体上把握其文学意味。目前的研究主要集中在以下几个层面。

1. 语言文本形式研究

接触《周易》及易学，首先就是《周易》其书，它的文本结构本是常识，也是研究《周易》无法回避的话题。一方面涉及字、词、句、章、篇的形式特点，另一方面关联各内容之间相互关系，即组成因子之间相互影响和组合形式。

其一，字词结构研究。字词作为文本形式的最基本单位，是语言结构重要的研究对象。《周易》是上古汉语的代表性著作，也具备专书词汇研究条件。对此专门系统研究主要集中在两大方面：一方面是进行经传注疏。虽然大部分都是从经学和象数角度进行阐发，但也可从中揣度字词结构。具有典型意义的有：唐孔颖达《周易正义》，唐李鼎祚《周易集解》，宋朱熹《周易本义》，清李光地《周易折中》，清惠栋《周易述》《易汉学》《易例》三书等。近人高亨、朱伯崑、周振甫、黄寿祺、张善文、刘大钧等学者均有不同程度突出贡献。另一方面，从词汇、语素、句法之间关系探讨《周易》语言。成绩突出者有：平心根据文辞结构的组织将其《周易》归属于儒家典籍系统。[1] 高怀民从语气、句法、解说方式角度比较了卦爻辞与《十翼》在文字上的差别。[2] 吴国源通过对象辞思维性质的理解，区分了符号和语义，并将语义分为了物象、事类、说理辞和判断辞四层结构。[3]

其二，卦爻辞体例研究。卦辞是针对全卦而言，在卦名之后，对卦义进行总体阐释。爻辞是针对一卦之内的六爻而言，在爻题之后阐释爻义。朱熹将卦爻辞分为三类："易有象辞，有占辞，有象占相浑之辞"。[4] 蔡渊

---

① 平心：《关于〈周易〉的性质历史内容和制作时代》，《学术月刊》1963 年第 7 期。

② 高怀民：《先秦易学史》，广西师范大学出版社 2007 年版。

③ 吴国源：《〈周易〉本经文本语义构成问题述论》，《周易研究》2014 年第 2 期。

④ 朱熹：《朱子语类·易三》（卷六十七），中华书局 1986 年版，第 1669 页。

在《易象意言》又提出理、事、象、占、断五类分法。① 与此相类，居乃鹏则明晰了卦爻辞是由设象辞、纪事辞、占断辞构成。② 高亨指出，卦爻辞是由纪事辞、取象辞、说事辞、断占辞构成，在此细致分类的基础上，考察它们之间的相互差异，颇具有开创意义。③ 李镜池认为，卦爻辞是由告辞、示辞、断辞构成，更将其中的记叙细分为六类："纯粹定吉凶的占词、单叙事而不示吉凶、先叙述而后吉凶、先吉凶而后叙述、叙事吉凶又叙事吉凶、吉凶叙事混合。"④ 张善文认为，卦爻辞的内容虽然纷杂，但其成分却不外乎"拟象辞"与"占验辞"两部分。⑤ 对于卦爻辞体例的分类，虽然各家众说纷纭，但在分类方法和思路上，都体现了对于不同语言结构形式的分析。

其三，章法语篇结构研究。《周易》的谋篇结构中，文本的章法布局、解说模式、层级关系都是无法忽视的内容。对于篇章的分析看似流于内容形式，但是对于其中各构成因素之间的具体关联，具有推动和明晰的作用。如吕绍纲较早从篇章角度分析《周易》文本的特殊结构，着重解析了《乾》《坤》两卦经传置放位置，上下经分布格局以及经传排列关系的历史变化。⑥ 再如邱崇的博士学位论文《〈周易〉语篇研究》比较全面地探究了《周易》的语篇结构及语篇要素之间的层次关系，梳理了《周易》组成部分之间的条理，并且探讨了语义关系所使用的手段。指出"《周易》的语境造成了语篇'内紧外松'的特点，其中'内紧'使卦内部具有统一的主旨，'外松'使其每一卦都可以不依赖于另外卦而单独完成占卜，而这样的结构是语篇较为成熟的体现。"⑦ 为《周易》语篇结构研究提供了重要线索。

2. 文学艺术结构研究

《周易》是中国的第一部哲学典籍，却与文学有着密不可分的联系。自清末黄摩西撰写《中国文学史》以来，文学史专著一般认为《诗经》是

---

① 蔡渊撰：《易象意言》，《文渊阁四库全书》，台湾商务印书馆 1986 年版，第 18 册，第 110—111 页。
② 居乃鹏：《〈周易〉与古代文学》，《国文月刊》1948 年第 74 期。
③ 高亨：《〈周易〉古经通说》，中华书局 1958 年版，第 38—86 页。
④ 李镜池：《周易探源》，中华书局 1978 年版，第 22—23 页。
⑤ 张善文：《〈周易〉与文学》，福建教育出版社 1997 年版，第 26 页。
⑥ 吕绍纲：《周易阐微》，吉林大学出版社 1990 年版，第 1—9 页。
⑦ 邱崇：《〈周易〉语篇研究》，博士学位论文，山东大学，2012 年。

我国第一部诗歌总集，为诗歌之源头；散文起自先秦历史与诸子散文；小说则源自魏晋南北朝的志怪小说。然而，以非文学形态呈现的《周易》，其经、传中也孕育着我国早期文学的诸多样式。

关于《周易》的诗歌性质，南宋陈骙云："《易》文似诗。"① 清章学诚《文史通义》亦云："《易》象虽包六艺，与《诗》之比兴，尤为表里。"② 郭沫若《〈周易〉时代的社会生活》③、李镜池《周易筮辞考》④、高亨《〈周易〉卦爻辞的文学价值》⑤ 等论述都对近代以来《周易》古歌研究奠定了基础。所以 20 世纪的学者们在追溯中国诗歌起源时往往谈及《周易》爻辞，并取得了"《周易》卦爻辞是原始歌谣到《诗经》的过渡"⑥ 的共识。专门从结构角度对《周易》古歌分析的代表性人物是傅道彬。傅先生首创打破爻辞自古以来自左至右的横读方式，而进行自上至下的竖式分析，发现爻辞中蕴藏了音韵铿锵结构整齐的诗歌。又指出爻辞之间存在一定的结构关系与逻辑关系，无论是从形式、韵律、内容、思维、历史，爻辞都具备了诗的特点，肯定了爻辞的编纂者是通过艺术或艺术的改造来阐述哲学的。⑦ 姚小鸥等称其方法为"《周易》古歌研究史上的一个重要转折"⑧。

阮元称《周易》为"千古文章之祖"⑨，足可见其对后代文学作品的影响。陈良运论述了《周易》在人文精神、文学本原、创作心理、文学语言、接受鉴赏等方面对中国文学发展方方面面的影响，在紧紧扣住《周易》文本的基础上由源览流，前承刘勰而系统地阐述《周易》的文学价值，凸现了理论体系的大致轮廓，可见作者细密的匠心。⑩ 于雪棠论析了《周易》的价值取向对上古文学某些主题的生成所起的作用、《周易》的编排体例对秦汉诗歌、散文的结构和体裁的影响，以及《周易》中的易象

---

① 陈骙：《文则》，中华书局 1985 年版，第 1 页。
② 章学诚：《文史通义校注》，中华书局 1985 年版，第 19 页。
③ 郭沫若：《郭沫若全集·历史编·中国古代社会研究》（第一卷），人民出版社 1982 年版。
④ 李镜池：《周易探源》，中华书局 1978 年版。
⑤ 高亨：《周易杂论》，齐鲁书社 1979 年版。
⑥ 于非：《中国古代文学教程》，高等教育出版社 2009 年版，第 7 页。
⑦ 傅道彬：《〈诗〉外诗论笺——上古诗学的历史批评与阐释》，黑龙江教育出版社 1993 年版。
⑧ 姚小鸥、杨晓丽：《20 世纪〈周易〉古歌研究综论》，《文艺评论》2012 年第 8 期。
⑨ 阮元：《揅经室集·文言说》，中华书局 1993 年版，第 605 页。
⑩ 陈良运：《周易与中国文学》，百花洲文艺出版社 1999 年版。

与上古文学相应艺术原型之间的深层联系及文化学意义。① 于雪棠的相关研究，揭示了《周易》结构和文学现象的理论关系，尤其是其中关于二者之间的甄别和联系的论证具有启示作用。

3. 文本结构对后世专著的影响研究

虽然对《周易》本体结构进行阐述的成果有限，但是已经有学者开始关注易学对其他文本作品结构形式的启发，我们可以从这部分文献中汲取养分，返归对《周易》结构的思考。

首先，对理论著作结构启发。《周易》对《文心雕龙》的影响历来被学者重视，或直接以"《周易》与《文心雕龙》"为题加以探讨，黄寿祺、张善文、敏泽、马茂元、杨明照、郭维森、李炳海等都曾著文专门论述。对此，黄高宪在《〈周易〉与〈文心雕龙〉研究的回顾与展望》一文有详细介绍，概不赘述。② 比较明确的论述有，周勋初认为，刘勰是借《周易》构成自己理论体系的。③ 夏志厚认为，《文心雕龙》理论构架与刘勰对《周易》象数的理解有关。④ 可见，关于《周易》与《文心雕龙》的研究内容集中和深入。

"钟嵘《诗品》的批评体系可能也受到《周易》的影响。"⑤ 张伯伟认为钟嵘评论的一百二十三家作品中三十六家可溯源到《诗经》和《楚辞》的两大系统，"这一体系的构造，得力于《周易》的影响。尤其是受到王弼所倡导、发挥的'以寡统众'的思维方式的影响。"⑥ 他们的研究在一定程度上展示了历史文化背景下，中国部分理论著作的源头和发展规律。

其次，对史学著作结构启发。陈桐生分析了司马迁的典型理论和《周易》之间的关系，同时认为《屈原贾生列传》多处对《系辞》语言的化用，是典型化的观照。⑦ 韩伟表分析了《周易》筮仪范式、"三材"说、"类"的概念对《史记》的著述构架所相关的体例、人物中心的著述理

---

① 于雪棠：《〈周易〉与中国上古文学》，北京师范大学出版社 2005 年版。

② 黄高宪：《〈周易〉与〈文心雕龙〉研究的回顾与展望》，《周易研究》2004 年第 2 期。

③ 周勋初：《易学中的两大流派对〈文心雕龙〉的不同影响》，载张少康编《文心雕龙研究》，湖北教育出版社 2002 年版。

④ 夏志厚：《〈周易〉与〈文心雕龙〉理论构架》，《文艺理论研究》1990 年第 3 期。

⑤ 程刚：《宋代文人的易学与诗学》，方志出版社 2014 年版，第 44 页。

⑥ 张伯伟：《钟嵘诗品研究》，南京大学出版社 1999 年版，第 47 页。

⑦ 陈桐生：《〈史记〉与〈周易〉六论》，《周易研究》2003 年第 2 期。

念、编排的影响。① 于雪棠指出《汉书》不仅和《易传》的体例相似，并且在篇章大意和语句方式中也多受影响。② 郑万耕也认为《汉书》与《后汉书》中不仅多有援《易》立论，受到《周易》思维构建的影响也是随处可见。③

综上，文本结构是讲究一定逻辑的，是一种意识结构的反应。它是文学、哲学逻辑结构内各个层次、要素、部分之间相互联系、相互作用总和的表现方式，是事物内部各部分、要素联结成统一整体的思维形式。20 世纪以来，《周易》语言艺术的研究取得了一定成果，为先秦文学的研究提供了新的对象和方法。卦爻辞是由"观象"而得，故辞的理解要借助象才能说得更明白，这就使得《周易》的语言不像是其他类典籍的语言，线性排列在一起的各句不一定有直接的联系。这就关系到对《周易》语篇进行分析，而这一点学者们注意到的不多，很多都是象其他典籍一样去理解《周易》，常常造成理解的困惑和解释的勉强。所以，关于《周易》文本结构的研究既要考虑综合，将其放置大文学角度看待，又要顾及拆分和重组，关注其中的语言学结构及相关思维方式。

（三）《周易》思想结构研究

《周易》卦象的创设，卦序的排列，以及所系的卦爻辞，本身就彰显着先民的精神内涵，后经《十翼》阐发，内在哲学性凸显。春秋战国之际，诸子百家纷纷从《周易》经、传中寻找经验，以构建自己的思想理论体系。秦汉以后，历代治易者不绝，他们体认和发挥易学哲学，将其中的阴阳矛盾、运动变化、辩证观念、宇宙生成说以及相关的政治伦理道德等观点建设阐释，使之化为一条绵延两千余年的中国哲学长河。实际上，《周易》的意义生成，与其内外结构密不可分。这一方面也是历代学者所关注的部分。

1. 经传结构研究

《周易》文本由"经"和"传"构成。"经"由六十四个用象征符号（即卦画）组成，每卦的内容包括卦画、卦名、卦辞、爻题、爻辞。《易》"传"部分曾单独成章，自东汉郑玄起合《彖》《象》于经，魏时王弼将

---

① 韩伟表：《论司马迁对〈周易〉的范式践履》，《周易研究》2002 年第 2 期。
② 于雪棠：《〈周易〉与中国上古文学》，北京师范大学出版社 2005 年版。
③ 郑万耕：《易学与哲学》，上海科学技术文献出版社 2013 年版。

《彖》《象》移居各卦，《文言》移居《乾》《坤》两卦之后，至南宋朱熹等再次《经》《传》分离，故传本存在经传合编和经传分编两种体例。这两种编纂体例体现了不同的文本编排结构，也表现了不同的文学、哲学意味。

《易传》七种原皆单行，依此版本研读的学者主张"以经解经""以传解传"、顾颉刚①、高亨②力主此法，这对当代很多学者分经、传而治的思想影响甚大。但是近年来这一思想受到了越来越多的质疑，多有学者开始重新思考二者之间的继承关系。黄寿祺、张善文、姜广辉和金春峰在考察《周易》性质时，都主张将经、传看成一个整体，把卦爻辞的显性语言和易卦结构的隐性语言相结合思考。③ 窦可阳认为《易经》成书之时就是一个开放的动态生命结构，而《易传》是其文本生命结构的呈现者。④ 杨端志指出《易传》对《易经》存在一定的误读，但是误读并不代表完全错读，反而在继承的基础上成就了一定的理论创新。⑤

对于经传结构问题的研究，于雪棠的系列成果颇具代表性，如《〈周易〉经传结构与战国秦汉散文的体制》⑥《先秦两汉文体研究》⑦《〈周易〉与中国上古文学》⑧ 等。她认为《周易》本经的对卦式和沟通天人的编排特点，须从整体角度来加以观照，并将其诗体结构和对问体结构进行解析。同时她又从经传合一结构入手，考量《周易》与战国秦汉散文体制之间的关系，详解了对卦式结构形态、包罗宇宙式编排特点、序跋体例自觉和经传合编论说四方面。于雪棠的相关研究将经传结构向文学和文体学价值推进了一步，具有一定的影响。

---

① 顾颉刚：《〈周易〉卦爻辞中的故事》，《燕京学报》1929 年第 6 期。

② 高亨：《周易古经通说》，中华书局 1958 年版。

③ 黄寿祺、张善文：《周易译注》，上海古籍出版社 2008 年版；姜广辉《中国经学思想史》，中国社会科学出版社 2003 年版；金春峰：《〈周易〉经传梳理与郭店楚简思想新释》，中国言实出版社 2004 年版。

④ 窦可阳：《作为接受文本的〈周易古经〉》，载《"思想的旅行：从文本到图像，从图像到文本"国际学术研讨会论文集》，2013 年。

⑤ 杨端志：《"误读"与新义——经学文本诠释刍议》，《周易研究》2010 年第 5 期。

⑥ 于雪棠：《〈周易〉经传结构与战国秦汉散文的体制》，《周易研究》2001 年第 4 期。

⑦ 于雪棠：《先秦两汉文体研究》，北京师范大学出版社 2012 年版。

⑧ 于雪棠：《〈周易〉与中国上古文学》，北京师范大学出版社 2005 年版。

2. 思维结构研究

20 世纪 60 年代开始，冯友兰、王明、李镜池、任继愈、熊十力等学者在《易》哲学思想上有诸多争论，其中《易经》是关于唯物还是唯心问题成为了焦点。冯友兰认为，《周易》本是卜筮之书，但是随着不断进行的阐释和发挥，使其具有了多方面的意义。[①] 这一观念被高亨、沈瓞民等继承。然而，李景春却认为，《周易》经传之中本身就包含哲学思想，并非专为占筮而用[②]。

80 年代后越来越多的学者开始关注《周易》中具体的哲学思想内涵。张立文归纳出唯物主义的自然观、朴素辩证法思想、唯物主义认识论等六类。张岱年又总结出三类：本体论学说、辩证法思想和人生理想与政治观点。朱伯崑将《周易》的逻辑分为三种：形式化思维、类推思维和分类思维，这些思维都是意义生成的重要内在因素。[③] 潘雨廷对文字系统、符号系统和思想系统均有讨论，对于易学家邵庸、王船山、陈梦雷、杨道声、熊十力的《周易》哲学思想亦均有相关观照。[④] 在易学历史进程中，关于《周易》哲学的相关研究层数不穷，不乏融会贯通之作，蔚成风气，但是近 20 年来的相关论著也多有陈陈相因赋来引去的现象。

深层哲学逻辑结构和表层语言文本结构共同构成了《周易》的整体结构，内容和哲学之间实际上就是语言和思想、形式和思维之间的互相观照，尚存可讨论的空间。

（四）《周易》结构的历史演进研究

《周易》历史演进过程对于我们判断思想意味、语言变迁有着重要的意义。传统的说法是《汉书·艺文志》所载的"人更三圣，世历三古。"[⑤] 对此，唐颜师古引孟康注："伏羲为上古，文王为中古，孔子为下古。"[⑥] 即伏羲氏始画八卦和六十四卦，周文王为六十四卦编制了爻辞，孔子做

① 冯友兰：《〈易经〉的哲学思想》，《文汇报》1961 年 3 月 7 日。

② 李景春：《周易哲学的时代及其性质——并与冯友兰先生商榷》，《文汇报》1961 年 2 月 28 日。

③ 参见张立文《周易思想研究》，湖北人民出版社 1980 年版；张岱年《论〈易大传〉的著作年代与哲学思想》，载《中国哲学》（第一辑），生活·读书·新知三联书店 1981 年版；朱伯崑《易学哲学史》，华夏出版社 1995 年版。

④ 潘雨廷：《易学史发微》，复旦大学出版社 2001 年版。

⑤ 班固：《汉书·艺文志》，中华书局 1964 年版，第 1704 页。

⑥ 陈国庆：《汉书艺文志注释汇编》，中华书局 1983 年版，第 18 页。

《易传》以昌明《易经》，这种观点在汉代以后广为流行，虽在宋代历经疑古考辨，但仍为大多数学者认可。20世纪20年代，《周易》的作者和时代问题再次成为学术热点，种种成说，未臻一致。概括而言有四种观点：殷末说①、西周初叶说②、西周晚期说③、战国说④。其中以顾颉刚为代表的"西周初叶说"对本世纪中国易学研究的影响最大。实际上，关于《周易》成书的争论，从侧面证明了《周易》的构成是个不断丰富累加的过程。正如郭沫若所说："《易经》是古代卜筮的底本……它的作者不必是一个人，作的时期也不必是一个时代。"⑤ 郭玉衡也认为："作者既非一人，成文也非一时，这是先秦古籍成书的通例，易卦爻辞自然也是如此。"⑥ 我们也认为《周易》的复杂结构不是迅速建立的，也不是简单的凑合，不管是卦符还是文辞都不是哪一代、哪一个人单独所能创作的，而是历经几代，由多人接替不断，集体创造完成的，所呈现的表现形态也是历经思索和编排，精心组合而成。

其一，《周易》文辞历经逐步积累，非成于一时。李镜池认为卦、爻辞系统中很多材料不断在历史潮流中发生变化，"所以导致一些句子和整个卦之间联系不明显，但在形式组织和内容贯通上保持着紧密联系。"⑦ 潘雨廷也认为卦爻辞和爻用之变具有历史进程的特征，最终"合象数义理为一而决不可分，此《周易》一书所以能有可贵的整体"⑧。倪晋波从秦简《归藏》角度考察勾画卜筮语言的发展，如下所示：

$$原始宗教 \rightarrow \begin{array}{l} 上古占筮 \rightarrow 秦简《归藏》"叙述型筮辞" \rightarrow 《易经》卦爻辞 \\ 原始歌谣 \rightarrow 秦简《归藏》"隐喻型筮辞" \rightarrow 《诗经》语句 \end{array}$$

倪晋波将原始宗教语言、卜辞、《归藏》中不同语料的发展进行了梳理，

---

① 高文策：《试论易的成书年代与发源地域》，《光明日报》1961年6月2日。
② 持此说的有余永梁、顾颉刚、汤逸鹤、高亨、李景春、任继愈等人。
③ 李镜池：《周易探源》，中华书局1978年版，第72—150页。
④ 持此说的有郭沫若、平心、本田成之。
⑤ 郭沫若：《郭沫若全集·历史编·中国古代社会研究》，人民出版社1982年版，第37页。
⑥ 郭玉衡：《中国散文史》，上海古籍出版社2002年版，第15页。
⑦ 李镜池：《周易探源》，中华书局1978年版，第193页。
⑧ 潘雨廷：《易学史发微》，复旦大学出版社2001年版，第139页。

说明了卦爻辞的历史来源丰富。①

其二，篇章构成的过程也具有多种路径。吕绍纲从篇章编撰角度论及了《周易》文本的特殊结构、经传排列关系的历史变化。② 陈作飞则通过对《周易》文本演变中涉及的历史、文献、考古等线索的讨论，分析文本的显性结构和隐性结构，为《周易》历史结构研究提供了有力证据。③ 过常宝根据春秋文献的不同记载形式，发现《周易》同时行世的筮占文献不止一种，这样说明了易文献的编撰传播，之所以有多个文本存世，是因为本身的历史结构是分散的，非整齐划一的。此外，"《周易》是在多种占卜形式和文献的基础上编纂而成的，它汇聚着西周巫卜人员的智慧，我们主要通过《周易》文本的构成和形态对之进行分析。"④ 这一观点不仅解析了占筮规范、文献变更的历史变化状态，同时也为其中蕴含的礼乐文化、伦理道德内涵提供了资料保证。

（五）其他研究

随着中西方理论交流加深，也有一批学者尝试用西方结构主义相关理论解析《周易》文本。最早严复在翻译西方著作时候，就将《周易》中的符号学精蕴和西方逻辑思想结构进行对比思考。近代的胡适和顾颉刚也都将符号学相关理论与《周易》中"易象"和古史考辨进行探析。20 世纪至今刘咸炘、张政烺、李学勤、楼宇烈、徐锡台、刘大钧、常秉义、张其成、张斌峰、周山等学者从不同角度揭示了符号和意义之间的内在联系。近年来，越来越多学者开始在中西理论相互印证下探究《周易》，他们普遍认为东西方文化的许多方面都应该形成互为观照的体系。如徐瑞探寻结构主义符号学与《周易》符号相近的特点，阐明《周易》文本与符号学的关系，通过推演方式阐释了《周易》符号的结构功能、单元联结、意指推论等使符号成为意义表达的工具过程。⑤ 申斌认为耗散结构理论和协同论的学术思想与中国《周易》的学术思想有许多类似之处。⑥ 李嘉娜提出

---

① 倪晋波：《王家台秦简〈归藏〉与先秦文学——兼证其年代早于〈易经〉》，《晋阳学刊》2007 年第 2 期。

② 吕绍纲：《周易阐微》，吉林大学出版社 1990 年版。

③ 陈作飞：《〈周易〉文本演变考论》，博士学位论文，山东大学，2009 年。

④ 过常宝：《制礼作乐与西周文献的生成》，中国社会科学出版社 2015 年版，第 188 页。

⑤ 徐瑞：《〈周易〉符号结构论》，博士学位论文，山东大学，2010 年。

⑥ 申斌：《〈周易〉与耗散结构和协同论》，《殷都学刊》1991 年第 2 期。

《周易》可以用来揭开解构主义难题的大胆构想。① 此类论述虽然都有一定的创新性，但是有些论述在关联和比较的过程中有失偏狭，尚存扞格不入的内容。

同时，也有学者从交叉学科角度思考。商宏宽《〈周易〉自然观》中认为《周易》展示了一个扩大的自然结构，同时揭示了涉及天道、地道、人道的自然结构之间的复杂关系。② 同类跨学科辨析的文章还有李廉的《周易的符号结构与物质的元素结构》③、欧阳维诚的《从易卦的数学结构论〈周易〉的若干问题》④ 等。虽然《周易》内涵广阔，对于中国历代的天文、历史、科学、社会都有着深远影响，但是在于相关文体的甄别与分析上，还应该保持科学严谨的态度。随着研究领域的不断开拓，获得的新见解和新方法成绩瞩目，可见当今研《易》者眼界始大，但是有些论述尚嫌表层化，尤其将《周易》结构与西方结构主义、自然科学关联仍须审慎为之。

（六）结语

《周易》结构相关研究成果丰硕，尤其是 20 世纪以来易类出土文献的涌现，极大地推动了《周易》研究的深入。但另一方面，目前的研究也存在一定的问题。

其一，缺乏对《周易》结构的整体把握。虽然自古就有学者对《周易》结构进行研究，但是相对分散，缺少对内在逻辑关系的整体性研究。除少数研究是从结构角度观照研究对象，大部分研究虽然涉及与结构相关的某一层面，但并非以"结构"为统摄进行研究。这样零散的、缺少理论自觉的研究会使得"结构"研究的视角缺失对不同层面之间结构关系的理解，也无法通过把握整体性而阐释内在意蕴。这就导致了不同研究者对意义的阐释往往存在较多的分歧和矛盾，使得《周易》令人印象零碎，难以卒读。

其二，忽视了对《周易》结构的意味研究。虽然，在学术史中对《周易》结构或者对《周易》的哲学、文学思想这两方面的研究汗牛充栋，但是，缺乏对《周易》结构本身的意味进行研究，因而无法真正理解《周

---

① 李嘉娜：《〈周易〉：观照解构主义》，《中国比较文学》2003 年第 2 期。
② 商宏宽：《〈周易〉自然观》，山西科学技术出版社 2008 年版。
③ 李廉：《周易的符号结构与物质的元素结构——兼谈对辩证思维智能机的启示》，《周易研究》1993 年第 3 期。
④ 欧阳维诚：《从易卦的数学结构论〈周易〉的若干问题——兼评王船山的几个易学观点》，《船山学报》1987 年第 1 期。

易》文化内涵、哲学意蕴和诗性品格。

其三，缺少《周易》结构生成的历史演进视角的研究。《周易》的构建是一个结构渐全、思想渐丰的过程，其中蕴藏了集体的经验和历史文化变迁。对于《周易》结构历史演进的研究除了考查占筮的层面之外，还应该将其置于古代历史文化，尤其是社会制度变革中考量。与此同时，目前在易类出土文献的结构研究中，以帛书《周易》较多，对近年出现的竹书《周易》的关注有限，既缺乏对所有易类文献的整体考察，又缺少对文献体系差异性的全面比对。以上这些问题都为本论题的研究展开提供了学术空间。

总之，文学和哲学的思想指引着表现形式的方向，文学和哲学的意味也就从这结构中显现出来。忽视《周易》的结构很难对《周易》的语言性、文学性、艺术性以及与思想的意义和关联有清楚准确的认识。《周易》两千多年的研究史正说明了这一点：无论象数学家如何的挖空心思，训诂学家如何的殚精竭虑，《周易》给人的印象还是那样的零碎，难以卒读。因此需要结构分析的方法找出其：产生的语境、其卦与卦之间的相因、爻与爻之间的原则、每一爻的记叙辞和占辞之间的联系、新旧文言之间的变革、语言艺术、表现形式背后的思想内涵等，从表层结构再到深层结构力求分清《周易》的层次，再从整体意味考量。这就要探寻《周易》中的符号结构、语言结构形式、历史结构变化、结构的象征形态、结构的审美艺术蕴含、相关的理论批评，探寻思想背后的形式与意味。通过以上几个方面梳理《周易》的行文理路、表现形式和思想结构，以探寻《周易》复杂宏大的思想和文学世界，对于推动易学研究来说这无疑是一项非常有意义的工作。

二　本书章节设置及主要观点

"结构"的概念，并非结构主义的独专之物，也是中国历代文学批评理论中一个至关重要的问题。结构讲究一定逻辑，是文学、哲学内各个层次、要素之间系统组织关系的体现，是构成意义完整体的关键。对于结构的解析，就是要揭示并说明隐藏在意义背后、致使该意义成为可能的形式和阐释程式系统。《周易》的独特结构是一个承载意味的形式，是其绚丽的文学特征与深邃的哲理内涵的内在支撑。整体观之，《周易》各层级的意义与形式之间互相渗透和影响，形成了一个富有意蕴的完整体系。这个体系让我们从固化的思维中解放出来，看到作为非孤立系统的多解性和蕴藏其中的复杂而微妙的本质。因此，对《周易》的结构进行解析，指出各组成部分的构建和律则，有利于我们更为明悉、完整地把握其哲学条理和文学形象，从而突破直接的、显性的象数、义理功用，深度理解它与中国语言文学，乃至文化的复杂关系。

《周易》的本体结构包含符号形态和语言形态。符号形态包括象、数、理三个基本要素，主要是通过构建以象表意的卦爻符号系统来呈现。语言形态则是以语辞表意来实现文本形式组织。而《周易》符号形态和语言形态的内在各部分、各层级之间的建构又遵从着一定的规律性和调适性，这是《周易》意味丰富的根本所在。述第一章"《周易》结构的本体形态"。

从历史演进的角度而言，《周易》的成书是一个结构渐全、思想渐丰的过程。经历了这一过程，《周易》也从万流汇聚成卜筮之书，最终走向了群经之首，成就了最具中国文化、思想特色的经典之一。《周易》结构的演变主要体现在三个方面：首先，在历程上，占筮形态、语素来源、理论准备等范畴都经历了从混沌到系统的变更。其次，在形式上，文学文本逐渐深化和建设也是历经从经传编纂的经典化、符号爻题称名的形式化等历史演化。最后，从八卦到六十四卦符号化的过程而言，具有明显的从具象到抽象的过程。《周易》巧妙地将深微复杂的内容以简单的形式、简练的语言表达出来，这一从复杂到简单的过程更是将诸多易理赋予结构、符号之中，以应用形态来涵盖生命经验。述第二章"《周易》结构的历史演进"。

《周易》象征系统的独特性就在于，它不仅仅包含本体符号，更是将语言文字与符号象征紧密结合，于"文象并构"的独特表意结构中形成了一种"有意味的形式"。基于此，象征形态的构建可概括为"取象—立象—释象"，其中取象部分为"仰观吐曜、俯察含章"和"观物取象、观象取法"两大原则；立象思想则是"方以类聚，物以群分"和"引而伸之，触类长之"两大原则；在"释象"系统中更是具有明显的言象互动的象征结构特征，在突出"立象以尽意"的同时，将象征形式和语辞释象紧密勾连。述第三章"《周易》结构的象征形态"。

从语言角度来看，《周易》的语体体现了诗性的结构形式。这与中国文化中文学与哲学相融、诗歌与思想同源的精神特征相一致。首先，卦爻辞具有明显的诗体结构特征，体现了从诗到思的诗性智慧。其次，经、传分别处于新旧文言变革的历史之中，所以从语言形式上来说既有继承也有发展。最后，《周易》的文辞、理论和篇章构造形式，在文学史、诗学、艺术、历史、文体等方面都具有一定的典范作用。述第四章"《周易》结构的语言形态"。

从意义的生成角度而言，《周易》意蕴的呈现是以结构为基础的，而结构中的思想原则作为现象的深层本质，对其文学、哲学的构建路径起着决定性的影响。第一，整体性思想不仅保证了《周易》象数在千变万化的历史中保持了稳定的形态，也使其能够宏观地审视自然与社会，把握世界的变化规律。第二，衍申性思想使得《周易》本体和观念上都具有发展延续的特征。第三，分析性思维致使《周易》能够通过分析和归纳，遵循一定的形式和法则思考问题、解决问题。第四，象征性思维使《周易》的象征从观上升到观念。第五，交互性思想原则保证了结构内在各因素能够相互衔接。述第五章"《周易》结构的思想意义生成"。

在审美意蕴层面，无论是在判断吉凶的标准、理论建设和应用实践中，《周易》的审美精神总是保持中和特性。在语言和符号两方面都存在着对称性结构或者对偶性艺术表现。《周易》的语言和数理从整体到局部的构建中，都体现了严密的秩序性，这种秩序性既能够贯穿于天地、自然、人伦的普遍精神，同时也具有理性之光。《周易》结构的和谐特质作为一种崇高的思想境界能够从生命问题出发，在效法自然的基础上，强调了主体的能动创造，构建了生命活动和艺术活动相和谐的宇宙观。述第六章"《周易》结构的审美艺术蕴涵"。

第一章 《周易》结构的本体形态

本体，指事物的本身、原来的格局。《周易》是一个以象数为主要特征的符号系统，又配以文字加以陈述、阐发其中的意蕴。因此，《周易》的本体结构包括了符号形态、语言形态。其中，符号形态则包括象、数、理三个基本要素，主要是通过构建以象表意的卦爻符号系统来呈现；语言形态则是以语辞表意来实现文本的组织形式。《周易》本体形态内在各部分、各层级之间的建构又遵从着一定的规律性和调适性，这也是《周易》意味丰富的根本所在。

第一节 文本体例及组织形式

从文本角度讲，冠居群经之首的《周易》分为经、传两部分，二者文本体例形式不同。《周易》的"经"文主要包含了阴阳、八卦、六十四卦符号，以及与此相关联的卦辞和爻辞。《易传》七种十篇，诸篇以明《易》旨，解释"经"文大意，被喻为"经"之"羽翼"，故称"十翼"。经、传生成的历史时间不同，书籍载体形式不同，所以经传合一之前为单独流传。直至西汉费直始，经传开始有合编版本，故我们今天看到的《周易》存在两种文本编纂体式。一种为《易经》排于所有"十翼"之前；一种为《彖》《象》《文言》入经，为《易经》上下两篇、《系辞》上下两篇、《说卦》《序卦》《杂卦》七篇。可见，《易经》与《易传》的文本体例是结构的外显形式之一，不同版本呈现了不同的组织格局。

一 《易经》的体例结构

《易经》由六十四卦组成，从《乾》卦开始到《未济》卦结束，每一卦的体例结构固定，均为"卦画—卦名—卦辞—爻题—爻辞"。例如：

> ䷀乾：元，亨，利，贞。
>
> 初九，潜龙，勿用。
>
> 九二，见龙在田，利见大人。
>
> 九三，君子终日乾乾，夕惕若，厉无咎。
>
> 九四，或跃在渊，无咎。
>
> 九五，飞龙在天，利见大人。
>
> 上九，亢龙有悔。
>
> 用九，见群龙无首，吉。

其中，"䷀"为卦画；"乾"为卦名；"元，亨，利，贞"为卦辞；"初九、九二、九三、九四、九五、上九、用九"为爻题；每个爻题后面的文字为爻辞，例如"初九"后面的"潜龙，勿用"为爻辞。每卦均分为卦画符号和文字两个部分，遵循"卦画—卦名—卦辞—爻题—爻辞"结构排列组成，可分别概述如下。

1. 卦画体例

卦画，即卦的符号。六十四卦由六条阴阳爻"—""－－"叠加组合而成，阴阳符号是卦的最基本单位，包含了世间万物对立又相依的最普遍结构。至于卦画的由来，历来言非一端：计有生殖崇拜说①、结绳记事说②、占筮竹节说③、龟甲刻纹说④、筮数说⑤等，其中张政烺的筮数说例证清晰，

① 郭沫若：《〈周易〉时代的社会生活》，载郭沫若《郭沫若全集·历史编·中国古代社会研究》（第一卷），人民出版社 1982 年版，第 33 页。

② 陈道生：《重论八卦的起源》，《孔孟学报》（台）1966 年第 12 期。

③ 高亨：《周易古经通说》，中华书局 1958 年版，第 112 页。

④ 余永梁：《易卦爻辞的时代及其作者》，载顾颉刚编《古史辨》（三），上海古籍出版社 1982年版，第 149—150 页。

⑤ 张政烺：《易辨——近几年根据考古材料探讨周易问题的综述》，见《中国哲学》（第十四辑），人民出版社 1988 年版，第 1—15 页。

被大部分学者所接受。而撮其要，卦画来源不外取象、取数两种说法。

卦画并不是六爻的简单罗列。各爻、上下经卦位置，与爻位、卦象相互结合参考，是分析《周易》结构关系的基本。阴阳爻中每三爻组成一个经卦，即八卦，分别为乾☰、坎☵、艮☶、震☳、巽☴、离☲、坤☷、兑☱。六十四卦是这八组上下重叠形成，即《系辞下》所谓"因而重之"，《周礼》称为"别卦"，别卦也可以叫作复卦、重卦，都是八卦相互重复的意思。六爻卦下三爻为下经卦，也叫下卦、下体、内卦；六爻卦上三爻为上经卦，也叫上卦、上体、外卦。从经卦角度来说，六十四卦也为上下或内外结构，如图1-1所示《睽》卦☲，为下卦（内卦）为☱，上卦（外卦）为☲。从最小单位六爻角度来说，六十四卦卦画为从下到上分为六层结构，例如图1-2所示《乾》卦☰，自下而上为初九、九二、九三、九四、九五、上九六条阳爻相排而成；又如《坤》☷卦自下而上为初六、六二、六三、六四、六五、上六六条阴爻相排而成。

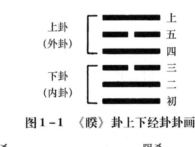

图1-1 《睽》卦上下经卦卦画

图1-2 《乾》《坤》卦六爻卦卦画

2. 卦名体例

卦名，是对卦符、卦爻辞的精当命名和高度概括，《文言》曰："不易乎世，不成乎名。"[1] 卦各有其名，从语法角度分类可概括为三种形式：一

---

[1] 《周易正义》，《十三经注疏本》，中华书局1980年版，第15页。

是单词独立为名，例如"乾""坤""屯""蒙"；二是为连文中独立出来，例如"履虎尾"之"履"、"艮其背"之"艮"；三是省称，例如"坎"为"习坎"之简称。①

从性质角度分类，孔颖达将卦名分为三类，刘师培细分为四类。孔颖达在《周易正义》云：

> 圣人名卦，体例不同，或则以物象而为卦名者，若《否》、《泰》、《剥》、《颐》、《鼎》之属是也。或以象之所用而为卦名者，即《乾》、《坤》之属是也。如此之类多矣。虽取物象，乃以人事而为卦名者，即《家人》、《归妹》、《谦》、《履》之属是也。所以如此不同者，但物有万象，人有万事，若执一事，不可包万物之象；若限局一象，不可总万有之事。故名有隐显，辞有踳驳，不可一例求之，不可一类取之。故《系辞》云："上下无常，刚柔相易，不可为典要。"②

这里孔颖达对于卦名分为三类，一是以物象为卦名，二是以象之用为卦名，三是虽取物象乃以人事为卦名。刘师培据此进一步细分，认为"其取名之义有四：一曰言其德，二曰言其用，三曰言其象，四曰指其事"③。如下表 1-1 可示：

表 1-1　　　　　　　　　　　卦名分类

言其德	乾	坤	履	谦	豫	复	离	咸	恒	损	益	困	井	巽	中孚	既济					
言其用	临	观	剥	颐	大过	咸	损	夬	革	鼎											
言其象	乾	坤	屯	蒙	需	师	比	小畜	泰	临	噬嗑	贲	剥	复	坎	离	遯	大壮	晋	家人	睽
	解	姤	萃	升	困	井	鼎	震	艮	渐	丰	旅	巽	兑	涣	节	小过				
指其事	需	讼	师	比	履	否	同人	大有	随	蛊	无妄	大畜	大过	大壮	明夷	蹇	渐	归妹	丰	小过	未济

---

① 李镜池：《周易探源》，中华书局 1978 年版，第 277 页。
② 《周易正义》，《十三经注疏本》，中华书局 1980 年版，第 13 页。
③ 刘师培：《经学教科书》，上海古籍出版社 2006 年版，第 154 页。

3. 卦辞体例

卦辞，指卦名后面喻示全卦卦义的文辞，配合卦形阐明象旨，是对全卦的占语，一般被认为是卜筮者的记录，与甲骨卜辞同类。

在内容上，有的卦辞包含吉凶断语，例如《乾》卦辞"元，亨，利，贞。"有关于自然现象变化之辞，例如《小畜》卦辞"亨；密云不雨，自我西郊。"有关历史事件之辞，例如《晋》卦辞"康侯用锡马蕃庶，昼日三接。"也有关人事行为得失之辞，例如《蒙》卦辞"亨。匪我求童蒙，童蒙求我；初筮告，再三渎，渎则不告。利贞。"

在形式上，大致有以下几种：第一种为，纯粹定吉凶的卦辞，例如：《大有》卦辞"元亨。"第二种为，单述事象的卦辞，例如：《观》卦辞"盥而不荐，有孚颙若。"第三种为，先叙事再言吉凶，例如：《履》卦辞"履虎尾，不咥人，亨。"第四种为，先言吉凶后述事。例如：《颐》卦辞"贞吉；观颐，自求口实。"第五种为，吉凶和述事象相混杂，或先吉凶，述事象，又吉凶；或述事象，言吉凶，再述事象。例如《坤》卦辞"元，亨，利牝马之贞。君子有攸往，先迷；后得主，利。西南得朋，东北丧朋。安贞吉。"[①] 前三种继承了甲骨卜辞的体例结构。

4. 爻题体例

爻题，包括爻性和爻位，专指每卦六爻所居位次和性质。爻性分阴阳，阳爻称九、阴爻称六。爻位由下往上升，依次递进，分别为初爻、二爻、三爻、四爻、五爻，到最上面一个为上爻。以《乾》卦、《坤》卦为例，如图 1-3：

图 1-3 《乾》卦、《坤》卦爻题

① 参李镜池《周易探源》，中华书局 1978 年版，第 72 页。

爻题表现了明显结构特点，爻位不同，代表了位置、过程、层面、角度、方向、领域的不同。初爻位于下卦第一爻，是事情的开端，多喻蒙昧艰险，比如《乾》卦"初九，潜龙勿用"。到了二爻，则是多誉多功多吉，是事件向上发展的过程，通常主张应该积极进取，比如《兑》卦"九二，履道坦坦，幽人贞吉"。三爻，处于下卦之巅，属于忧危之地，多限多凶，《无妄》卦"六三，无妄之灾，或系之牛，行人之得，邑人之灾"。四爻到了上卦，表示事情发展进入到了一个新的阶段，所以与二爻有"同功"，但是由于结构上的"异位"而位卑少功，再有三四爻虽然在六爻整体中，处于"中"，却是上下两卦的边际，"上不在天，下不在田，中不在人"①，所以多惧少功，例如《小畜》卦"六四，有孚，血去惕出，无咎。"五爻处于上卦的中间，在事物的发展过程中象征着鼎盛、完成时期，多功显位，例如《讼》卦"九五，讼，元吉。"上爻在六爻之巅，象征着事物发展的极致、终点，也是物极必反之点，因此而多悔恨之意，例如《晋》卦"上九，晋其角，维用伐邑，厉吉，无咎，贞吝"。

此外爻位的结构还呈现有同位、尊贵之位、阴阳之位、刚柔居尊位、阴阳得位与不得位、刚柔相应等规则，各蕴含有不同的吉凶结果和义理。

5. 爻辞体例

爻辞，是对每卦从初爻到最上爻的分条详细解说。卦辞和爻辞都是"假象喻意"的表现形式，但是爻辞比卦辞更为具体，更为鲜明细腻，在与卦辞相互联系中，披露了该卦所蕴含的事物运动、变化、发展的哲理。一般认为，卦爻辞的出现有两大意义，"（一）使《周易》成为卦形符号与语言文字有机结合的一部特殊的哲学著作；（二）使《易》象从隐晦的符号暗示发展为用文字表述的带有一定文学性的形象。"②

具体而言，爻辞在形式上分为以下几种：纯粹定吉凶的爻辞，例如《坤》卦"用六，利永贞"；单述事象的爻辞，例如《屯》卦"上六，乘马班如，泣血涟如"；先言吉凶后述事象的爻辞，例如《谦》卦"六四，无不利，㧑谦"；先述事象再言吉凶的爻辞，例如《蒙》卦"六五，童蒙，吉"；吉凶和述事象相混杂的爻辞，例如《师》卦"六五，田有禽，利执言，无咎；长子帅师，弟子舆尸，贞凶"。当然爻辞的文本结构不仅仅在

---

① 《周易正义》，《十三经注疏本》，中华书局1980年版，第17页。

② 黄寿祺、张善文：《周易译注》，上海古籍出版社2008年版，第4页。

于其象征意义，也在整体之中，既能够和卦辞相互关联，又能在相互联系中披露各卦所蕴含的哲理。

可见，《易经》的体例结构鲜明地反映出《周易》作为"占筮"之书的原初性质。《汉书·艺文志》曰："《易》为筮卜之事。"① 朱熹也反复强调"《易》本是卜筮之书。"② 通过"卦画—卦名—卦辞—爻题—爻辞"的固定体例结构，《易经》六十四卦从不同角度分别展示了事理特征及变化规律，直指六十四种占筮状态和结果。但是，在聚合成为今本《周易》后，在这样固定体例结构不变的情况下，通过内在各要素相互作用形成了更为多维结构系统，蕴含了更为丰富思想内涵。这一点我们将在后文详细论述。

二 《易传》的组织形式

《易传》共七种十篇，分别为《彖》上下篇、《象》上下篇、《文言》、《系辞》上下篇、《说卦》、《序卦》、《杂卦》，解释经文大义，各有侧重。经、传的相互融合后所蕴含的多种思维和阐释过程，使《周易》不仅仅是一部记录先圣对于自然、人事之书，更是将这部洁净精微的哲学经典推向了群经之首。因此，我们对于《易传》体例结构的探究，既是对于《易传》语体形式的讨论，也是对于《周易》结构意义的阐释。

1. 《彖》组织形式

《彖》随上下经分为上下两篇，分释六十四卦，论断一卦之旨。"彖"字本义为判断，《系辞下》曰："彖者，材也。"③ 阮元云："《周易》'彖'之为音，今俗皆读'团'之去声，与古音有异。古音当读若'驰'，音近于'才'，亦与'蠡'字音近。故《系辞传》曰：'彖者，材也。'此乃古音训相兼。是'彖'音必与'才'音同部。"④ "材"即裁也，而刘瓛曰："彖者，断也，断一卦之才也。"⑤ 与其相近，孔颖达引褚氏、庄氏曰：

---

① 班固：《汉书·艺文志》，中华书局1964年版，第1704页。
② 朱熹：《朱子语类》（卷六十六），中华书局1986年版，第1627页。
③ 《周易正义》，《十三经注疏本》，中华书局1980年版，第87页。
④ 阮元：《揅经室集·释易彖音》，中华书局1993年版，第2页。
⑤ 李鼎祚：《周易集解》（卷一），商务印书馆1937年版，第4页。

"彖，断也，断定一卦之义，所以名为彖也。"①《系辞下》曰："知者观其《彖》辞，则思过半矣。"② 所以《彖》为解释卦辞，虽言语简明但每卦之界、大义均含其中，所谓"统论一卦之体，明其所由之主者也。"③

《彖》文本体例结构可概括为："解释卦名—解释卦辞—指向卦义"。一般第一句解释卦名主要依据卦象、卦德、卦体。第二句始解释卦辞，内容与卦名相连，有的展开卦名，有的杂取卦象、卦德等辞。例如："'需'，须也；险在前也，刚健而不陷，其义不困穷矣。'需，有孚，光亨贞吉'，位乎天位，以正中也。'利涉大川'，往有功也。"这里第一句就是对于卦名的解释，并且在"刚健而不陷"言及卦德。第二句开始对于卦辞"需，有孚，光亨贞吉，利涉大川"分别进行解释，"位乎天位，以正中也"是对九五之德有所论述，"往有功也"则是跟"需"之"需待"的可期之义相合。

2. 《象》组织形式

《象》随上下经分为上下两篇。"象"字之义，为"象征""形象"，因"万物之体，自然各有形象，圣人设卦以写万物之象。"④《象》又分为《大象》与《小象》，其中解释六十四卦卦象部分为《大象》，故孔颖达云："总象一卦，故谓之'大象'。"⑤ 解释三百八十六爻象的则为《小象》，即孔氏云："夫子释六爻之象辞，谓之'小象'"。⑥

《大象》文本体例结构可总结为："先释上下卦象—卦名—列以切近人事的象征"，结构比较简单和统一，前部分指出上下经卦两象，后部推衍切近人事的象征。例如《象》曰："火在天上，大有，君子以遏恶扬善，顺天休命。"⑦《大象》用语规范，六十四卦除八个纯卦之外格式几乎一致，卦象、卦名后的象征以卦象为根据，只言人事，基本针对先王、大人、君子而言。

《小象》则是紧随爻辞之后，根据每爻的处位、爻象、性质、特点而

① 《周易正义》，《十三经注疏本》，中华书局 1980 年版，第 14 页。
② 《周易正义》，《十三经注疏本》，中华书局 1980 年版，第 90 页。
③ 王弼：《王弼集校释·周易略例》，中华书局 1980 年版，第 591 页。
④ 《周易正义》，《十三经注疏本》，中华书局 1980 年版，第 14 页。
⑤ 《周易正义》，《十三经注疏本》，中华书局 1980 年版，第 14 页。
⑥ 《周易正义》，《十三经注疏本》，中华书局 1980 年版，第 15 页。
⑦ 《周易正义》，《十三经注疏本》，中华书局 1980 年版，第 30 页。

言事，专门解释爻辞，主要指向政治、伦理、修养等内容。言说方式具体可分为阐明易理、训释字义、阐释爻德、诠释爻位、阐释爻义五种。①

3.《文言》组织形式

《文言》专门分释《乾》《坤》两卦。"文言"之义，主要有以下诸说，一为依文而言之义说，刘瓛曰："依文而言其理，故曰文言。"② 即文指卦爻辞，言、义为释；二为文饰华彩之义说，孔颖达引庄氏云："文谓文饰，以乾、坤德大，故特文饰，以为《文言》。"③ 即文为文饰之意。

据孔颖达言《文言》释《乾》卦部分可分为六节：

> 从此（笔者按："此"指《文言》"元者善之长也"）至"元亨利贞"，明乾之四德，为第一节；从"初九曰潜龙勿用"至"动而有悔"，明六爻之义，为第二节；自"潜龙勿用"下至"天下治也"，论六爻之人事，为第三节；自"潜龙勿用，阳气潜藏"至"乃见天则"，论六爻自然之气，为第四节；自"乾元者"至"天下平也"，此一节复说"乾元"之"四德"之义，为第五节；自"君子以成德为行"至"其唯圣人乎"，此一节更广明六爻之义，为第六节。④

据此可以将《乾·文言》文本体例结构总结为："明乾之四德—明六爻之义—论六爻之人事—论六爻自然之气—复说四德之义—更广明六爻之义。"第一节开首四句对"元，亨，利，贞"四德分别进行解析，而与此相同的一段话也出现在《左传》里，尤见《文言》中的语料来源年代颇早。第二部分，以问答形式论述了六爻中"进德修业"之道。至于第三、第四部分，均先引爻辞再言释义，泛引社会活动、自然气候。从第五部分到第六部分，再度重申四德和六爻之义。

至于《文言》释《坤》卦部分则分两节，从"坤至柔而动也刚"至"承天而时行"为第一节，明坤之德；自"积善之家"以下为第二节，分释坤六爻之义。所以，《坤·文言》文本体例结构为："明坤之德—释坤六爻之义"。《文言》释《坤》卦部分篇幅较短，在形式结构上和《文言》

---

① 廖名春：《〈周易〉经传十五讲》，北京大学出版社2012年版，第246—248页。
② 李鼎祚：《周易集解》（卷一），商务印书馆1937年版，第7页。
③ 《周易正义》，《十三经注疏本》，中华书局1980年版，第15页。
④ 《周易正义》，《十三经注疏本》，中华书局1980年版，第15页。

释《乾》卦部分的最后两节一致。

4.《系辞》组织形式

《系辞》分为上下两篇,上篇明无①,下篇明几②。"系辞"之义,一是指系属之义,即"是系属其辞于爻卦之下,则上下二篇《经》辞是也。"③ 二是总论所系卦爻辞的大义,取纲系之义,即"卦之与爻,各有其辞以释其义,则卦之与爻,各有纲系,所以音谓之系也。夫子本作《十翼》,申说上下二篇《经》文,《系辞》条贯义理,别自为卷,总曰《系辞》。"④

朱熹《周易本义》中又将上下篇各分十二章。文本体例结构可概括为:"上传十二章:总叙乾坤大义—追溯《周易》创作之理—卦爻辞的象征义例—阐述易道之大—论述阴阳之道—论析乾坤的阴阳象征—引孔子语解析易理与修身关系—以爻辞为例正是象喻原则—揭示揲蓍求卦的占筮方法—通论尚辞、尚变、尚象、尚占四事言其所用—阐述占筮及衍生原理—阐述相关哲学、德行的深意。""下篇十二章:论卦爻变动之理—列举十三卦来说明易象之理—总结观象制器诸例—辨析八卦的阴阳属性—引孔子语阐发十一爻大义—叙卦爻辞的特点—论创作思想—阐论变化之道—述六爻位次特点—论述三材之道—归纳全章大义—归纳上下篇大义。"⑤

《系辞》每章侧重某一角度来论述,"在于发《易》义之深微,示读《易》之范例。"⑥《系辞》对《易经》的基本原理进行了阐述和发挥,讨论了《易经》的性质、作者、成书年代、占筮的原则、观物取象的方法、疏解乾坤要旨。

5.《说卦》组织形式

为今本《易传》第五种,专门针对易象为本论述,广引象例,深入象征哲学,是易象推展的重要资料。"说"为陈说之义,《正义》曰:"陈说八卦之德业变化及法象所为也。"⑦

① 《周易正义》,《十三经注疏本》,中华书局1980年版,第75页。
② 《周易正义》,《十三经注疏本》,中华书局1980年版,第75页。
③ 《周易正义》,《十三经注疏本》,中华书局1980年版,第75页。
④ 《周易正义》,《十三经注疏本》,中华书局1980年版,第75页。
⑤ 朱熹:《周易本义》,北京大学出版社1992年版,第137—161页。
⑥ 黄寿祺、张善文:《周易译注》,上海古籍出版社2008年版,第7页。
⑦ 《周易正义》,《十三经注疏本》,中华书局1980年版,第93页。

朱熹《周易本义》将其分为十一章："昔者，圣人之作易也，幽赞于神明而生蓍……以至于命"为一章；"昔者，圣人之作《易》也，将以顺性命之理……故易六位而成章"为二章；"天地定位……是故《易》逆数也"为三章；"雷以动之……坤以藏之"为四章；"帝出乎震……故曰成言乎艮"为五章；"神也者，妙万物而为言者也……既成万物也"为六章；"乾，健也……兑，说也"为七章；"乾为马……兑为羊"为八章；"乾为首……兑为口"为九章；"乾，天也，故称父……故谓之少女"为十章；"乾为天……为妾，为羊。"为十一章。① 据此，《说卦》文本体例结构可概括为："用'蓍'衍卦历史—言八卦先天、后天方位—明八卦取象特点。"

6.《序卦》组织形式

《序卦》根据上下经分为前后两段，专论六十四卦编排次序，解释诸卦前后相承关系。"序卦"之义，与次序相关，《正义》云："《序卦》者，文王既繇六十四卦，分为上下二篇。其先后之次，其理不见，故孔子就上下二《经》，各序其相次之义，故谓之《序卦》焉。"②

《序卦》文本体例结构为："上经卦次—下经卦次"。以六十四卦为基，从相因相反两方面铺陈，除《乾》《坤》《咸》三卦之外，都据名立说。无论在论述卦序还是在表述中，《序卦》均遵守"二二相耦，非覆即变"原则。其中每两个相邻两卦或为"相因"关系，例如"与人同者，物必归焉，故受之以《大有》"两卦，是沿着正面发展而进展。相邻两卦或为"相反"关系，例如"损而不已必益，故受之以《益》"，这一类关系都是事物发展到相反的极端而产生转化。《序卦》的"二二相耦，非覆即变"表述原则，在六十四卦象征结构、文本形式上均建立了因果连续的链条。

7.《杂卦》组织形式

《杂卦》行文整齐，篇幅最短，专论六十四卦卦德。"杂卦"之义，为"杂糅"，《正义》引韩康伯云："杂糅众卦，错综其义，或以同相类，或以异相明也。"③

《杂卦》文本体例结构为："先言卦名—再述卦德"。行文格式上每两

---

① 朱熹：《周易本义》，北京大学出版社1992年版，第169—173页。

② 《周易正义》，《十三经注疏本》，中华书局1980年版，第95页。

③ 《周易正义》，《十三经注疏本》，中华书局1980年版，第96页。

卦对举见义,例如:"《震》,起也。《艮》,止也。"① 对举的两卦在卦形上非"错"即"综",在卦义上多为相反,总体上保持了三十二组两两对举的形式。另外,《杂卦》属于通篇用韵的韵体文,所以文本形式和语体表现上都体现了对称、整齐的形态。

综上所述,通过对《易传》体例结构的探究,可以发现存在着十种不同的"论说结构"。这些各自不同的"结构"存在着多方面的深刻意义:其一,从整体上看,各自不同的体例结构的存在本身就是对《周易》结构的丰富;其二,《易传》对《易经》的解读,丰富了六十四卦结构系统的内涵;其三,《易传》论说结构本身丰富的言说特点、解经方式、文体特征等方面所体现的文学精神、思想内涵值得我们更深地探讨。

第二节　符号结构的多重形态

《周易》通过六十四卦"指称不同的对象,……又构成整体的符号系统,以表现《周易》整体性质和功能"②。阴(－－)阳(—)两个具有指称意义的符号在三爻叠加中组合成八卦,八卦相荡成六十四卦,在数学上都是最大的排列组合数。这种由本象到变象,由简单到繁复,由具象到抽象的结构演进过程,从哲学上而言也是意味丰富的过程。符号在卦中多寡、次序、方式的不同,性质不同,传递出不同的信息,其中所涉猎的爻位、卦序等结构形式共同形成了一个时间和空间相互影响的立体形态。因此,从结构角度体察到古人对此的思考和应用,需要分层解析。

一　阴阳二元律则

阴阳二元结构,是《周易》最内在最深层的结构,也是整体结构的本质核心。《系辞上》云:"易有太极,是生两仪,两仪生四象,四象生八

---

① 《周易正义》,《十三经注疏本》,中华书局1980年版,第96页。
② 张立文:《中国哲学逻辑结构论》,中国社会科学出版社2002年版,第13—14页。

卦。"① 其中的"两仪"专指阳仪（—）阴仪（--），阳仪（—）代表着万物中刚健、进取、阳光的性质，阴仪（--）代表着柔顺、包含、顺美的性质。《说卦》云："是以立天之道，曰阴与阳。"② 这最小的单位却承载着天地之道，承载着万物变动法则。《易经》中虽然没有将"阴阳"二字连用或专解之句，但是却系统地体现了中国的阴阳文化，蕴含宇宙奥秘，所以庄子说"易以道阴阳。"③ 朱熹更是将其肯定为"易，只消道'阴阳'二字括尽。"④ 阴仪（--）阳仪（—）作为两个最基本元素，互相之间的关系更值得深思。

首先，阴阳是同质同根关系。无论是以天为阳地为阴、以男为阳女为阴、以日为阳月为阴，都是原始社会对于宇宙两性并存现象的最基本的认识。这种并存形式在自然生活中几乎无处不在，也是自然界的首要规律之一。正如学届对此的总结"随着人类认识世界的深入便演绎出天地、刚柔、有无、父母等一系列对立统一的观念，阴阳正是对一系列观念的概括归纳。"⑤

这一系列的观念首先是从一而生出。《礼记·礼运》云："是故夫礼，必本于大一，分而为天地，转而为阴阳，变而为四时，列而为鬼神。"⑥ 这是对"一分而二"模式的描述，太极生两仪，是一与二之间的关系，这一关系决定了阴阳同质同根，具有同一性，并互为存在条件。当阴阳从静止的一中开始裂变，不断地推演就产生了生生不息的变化。在这"一分为二"的过程中，"一"是蕴藏着动静原则，"二"是由简至繁由少到多的生命化育。

随着二进制不断推进，是宇宙由一而多、由简而繁衍生的开始，所以《系辞上》将其概括为"生生之谓易"⑦。对此，《淮南子·天文训》云：

> 道曰规，始于一，一而不生，故分而为阴阳，阴阳合和而万物

---

① 《周易正义》，《十三经注疏本》，中华书局1980年版，第82页。
② 《周易正义》，《十三经注疏本》，中华书局1980年版，第93页。
③ 郭庆藩：《庄子集释·天下篇》，中华书局1961年版，第1067页。
④ 朱熹：《朱子语类》（卷六十五），中华书局1986年版，第1605页。
⑤ 傅道彬：《阴阳五行与中国文化的两个系统》，《学习与探索》1988年第1期。
⑥ 《礼记正义》，《十三经注疏本》，中华书局1980年版，第1426页。
⑦ 《周易正义》，《十三经注疏本》，中华书局1980年版，第78页。

生，故曰"一生二，二生三，三生万物"。①

这里是对中国哲学里"由一而多"的思想的概括，一就是大自然混混茫茫的原始状态，阴阳是二，阴阳是被人初识的自然，它的演化规则是化生，到三是四时变化，万物生焉，它体现着世界的多样性、复杂性、生动性。

其次，"阴阳消长，阴阳转换"又是阴阳对立的表现。阴阳同质是阴阳和谐的基础，而阴阳对立又是阴阳转化的基础。这里阳消阴长，阴消阳长都是一个量变的过程，而阴阳转化则是一个质变的过程。《乾》《坤》两卦之所以被列为易之门户、众卦之首，便是因为《乾》为纯阳卦，《坤》为纯阴卦，是阴阳对立的易道体现。但是这种对立并不是一成不变的，而是始终处于一个消长变化的过程。

万物虽然都有阴阳二性，但是多寡不同，意义则完全不同。虽然六十四卦中可见对于阴阳平衡的追求，但是二性平衡的卦却极少，仅有《既济》䷾和《未济》䷿两卦。在对于平衡的追求过程中，就是阴阳变动不息的消长过程。例如，阴消阳长，纯阴《坤》卦䷁始，阴尽则阳生，为《复》卦䷗，到《剥》卦䷖，阳消阴息；阴长阳消规律相反，纯阳的《乾》卦䷀开始，阳自《姤》卦䷫而消，到《夬》卦䷪而息，反复其道。六十四卦中，阴阳转换规律并非仅仅上述"阳自姤而消，姤消至剥而复，息至夬"这一路径，而是多样的运动的变化的，故"阴阳不测之谓神"，这也是易经具有占筮功能的根本。

综上，阴阳从太一而生二，两者之间也存在同质互根，对立统一关系，三者关系结构如图1-4：

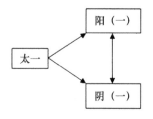

图1-4　太一与阴阳

——————————

① 刘文典撰：《淮南鸿烈集解·天文训》，中华书局1989年版，第112页。

对此，周敦颐云：

> 无极而太极，太极动而生阳，动极而静，静而生阴。静极复动，一动一静，互为其根，分阴分阳，两仪立焉。阳变阴合，而生水火木金土，五气顺布，四时行焉。五行一阴阳也，阴阳一太极也，太极本无极也。五行之生也，各一其性。无极之真，二五之精，妙合而凝。乾道成男，坤道成女。二气交感，化生万物，万物生生，而变化无穷焉。①

上述可见阴阳代表了万事万物的两面性，既是同质也是对立。阴阳是《周易》多维结构的根本。万物不止正反两性，阴阳出现了对立和同质关系之后，就会产生变化，而造就内部多样形态。也就是说，阴阳的对立同质而产生的变化，是事物多面结构的表现，也是从量变到质变的时间结构体现。

二 三爻时空律则

在成卦上，《周易》认为三画组合比二画组合更有优势。古人以阴阳为爻，以抽象的符号代表着某种动能，继而"两仪生四象"，用符号可以进行平行组合：⚏⚎⚍⚌。但是在此基础上进一步发展，无论用正交（十）或者斜交（×）方式，很难再产生更多的组合适用更多的事物，不能产生"四象生八卦"的交互。孔颖达对此总结为："二画之体，虽象阴阳之气，未成万物之象，未得成卦，必三画以象三材，写天地雷风水火山泽之象，乃谓之卦也。"② 可见，三爻相叠成为一卦，可以组合成八个卦，从数学上讲为：$2^3 = 8$，成卦即：乾☰、坤☷、震☳、巽☴、坎☵、离☲、艮☶、兑☱，分别象征着天、地、雷、风、水、火、山、泽。

三爻卦与阴阳两爻相比，虽然仅仅多了一画，但是却改变了原本阴阳裂变过程中的时间结构，呈现了空间结构，并且更具体地涵盖宇宙自然。三爻卦的空间结构在内部为上、中、下爻，分别代表了空间上的"天"

---

① 周敦颐：《周子全书·太极图说》，商务印书馆 1937 年版，第 4—14 页。
② 《周易正义》，《十三经注疏本》，中华书局 1980 年版，第 13 页。

"人""地"和时间上的"究""壮""始",如图1-5:

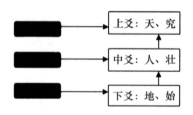

图1-5　三爻卦时空结构

也就是说,"三材一体"是构成八卦的基本,在内部代表了上天、下地、中间为人的自然生存空间结构;自下而上代表了事物的开始、发展、结局的时间进展结构。三爻卦的产生,标示着对于宇宙的观察已经从阴阳二爻对事物的广泛象征,发展到对于自然的基本物质的具体象征,经过不断的演绎,八卦所代表的象也可以不断增益。

　　三爻卦的空间结构优势不仅仅体现在爻的内部,其外在的自然象征中,也有着明显的位置关系。《说卦》中给八卦以配方位,"震,东方也。""巽,东南也。""乾西北之卦也。""坎者水也,正北方之卦也。""艮东北之卦也。"这里《坤》《兑》两卦没有言明方位,但是根据"天地定位"①,《乾》《坤》相对原则,《乾》为西北,《坤》则在西南。《艮》在东北,余一《兑》则应在西。这一八卦的空间方位,几乎涵盖了早期人们对于方位认识中的"四面八方"。可见,三爻八卦虽然仅比阴阳二爻多一爻,但是却在八卦的内部、外部均创造了相关联的空间图式。

三　六位成章律则

　　《周易》每卦六爻因阴阳和位置不同,赋予了不同的变化和含义,总体而言内部结构都遵循着"六位成章"的编纂原则。《说卦》云:

　　　　昔者圣人之作《易》也,将以顺性命之理,是以立天之道,曰阴与阳,立地之道,曰柔与刚,立人之道,曰仁与义。兼三材而两之,

---

① 《周易正义》,《十三经注疏本》,中华书局1980年版,第94页。

故易六画而成卦。分阴分阳，迭用柔刚，故易六位而成章。①

"六位成章"是运筹构思而成，彰显了《周易》本体形态的哲学意味。六爻成卦后因为爻位、爻性的不同，错综出不同的结构，产生不同的卦德，最终影响占卜的吉凶。

1. 爻在卦中位置

每爻于六爻卦中，代表不同意义，并且具有可变性。《系辞上》云："爻者，言乎变者也。"② 又云："圣人有以见天下之动，而观其会通，以行其典礼，系辞焉以断其吉凶，是故谓之爻。"③ 也就是说，六十四卦通过科学的排列，每一爻所处位置不同，所表示的发展变化的法则不同，所示吉凶、程度也存差异。阴阳爻在六爻卦整体结构中位置、性质、多寡不同，能够标举不同的意义，可以直接影响占筮结果。

（1）三材公理

三材公理是《周易》结构的一大特色。《系辞下》云："《易》之为书也，广大悉备。有天道焉，有人道焉，有地道焉。兼三材而两之，故六，六者非它也，三材之道也。"④ 这里三材即三极，代表了天、地、人，卦爻合成一个整体之后，才能表现出三材的各种变化，才是一个完整的宇宙空间模式。以《乾》卦为例，如图 1-5：

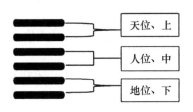

图 1-6 《乾》卦三材位置

在三爻卦中，自下而上的三爻分别为地、人、天；在六爻卦中则可均分为初、二爻位为地位，三、四爻位为人位，五、上爻位为天位。

---

① 《周易正义》，《十三经注疏本》，中华书局1980年版，第93—94页。
② 《周易正义》，《十三经注疏本》，中华书局1980年版，第77页。
③ 《周易正义》，《十三经注疏本》，中华书局1980年版，第79页。
④ 《周易正义》，《十三经注疏本》，中华书局1980年版，第90页。

《易传》中认为《易经》之所以广大悉备，包罗万物，便是因为能够体现天道、地道和人道。虽然符号上象征着自然，但是卦爻辞都是指向人事，借自然之象预测人事吉凶。《象》中几乎采用"先以自然之象释上下卦象—卦名—列以切近人事的象征"体例解析六十四卦，如"地上有水，比，先王以建万国，亲诸侯。""火在天上，大有，君子以遏恶扬善，顺天休命。"① 这里《比》卦《大有》卦都是将人类生活的社会法则和自然法则相关联讨论。可以说，八卦三爻的内部是对于天、地、人之间关系的探索，体现人与自然对话的意识，是对于阴阳发展的时间结构的进阶，更是空间结构的开始。

（2）上中下位

上、中、下位时空间结构，在六爻卦中有两种分法。一种是与三材公理一致的自下而上每两爻一组（同上图1-6）。另一种，上爻为上位，二、三、四、五爻位中位，初爻位下位。以《恒》卦为例，如图1-7：

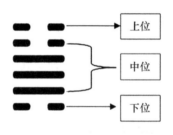

图1-7 《恒》卦上中下位

在此律则中，《恒》卦的初六爻为下位，九二爻到六五爻四爻均处于中位，上六爻为上位。

第二种分类结构，可以推演出互卦。这一分类中上、中、下位分别具有不同意义，"其初难知，其上易知，本末也。"② 即下位为事物的开始，上位为事物的末端，中位的二、三、四、五爻为发展。中位四爻可组成四爻相连互之卦，即互卦，互卦所示之象，为测事时到应期这段时间的中间发展阶段。

---

① 《周易正义》，《十三经注疏本》，中华书局1980年版，第26、30页。

② 《周易正义》，《十三经注疏本》，中华书局1980年版，第90页。

（3）阴阳正位

爻分阴阳，爻位亦有阴阳。六爻中，初、三、五为奇数，为阳位为刚位；二、四、上为偶数，为阴位为柔位。一般来说，阳爻居阳位（即初、三、五爻位），阴爻居阴位（即二、四、上爻位）为"当位"，"当位"也被称为"正位""在位""得位""得正"，这两种状态是结构和性质上的和谐，通常为较吉利。反之，阳爻居阴位，阴爻居阳位，为"不得位"，也称"无位""失位"，多不利。

爻处于"正位"通常预示着吉祥美好，这主要是因为"得位有加强爻象本身属性的含义，比如阳爻居阳位，是加强阳爻的阳性，使之更刚盛，而阴爻居阴位，则是使其更柔顺，阴性有增。"① 比如《临》卦䷒，六四爻辞为"至临，无咎。"孔颖达《正义》疏"以柔不失正，故无咎也。"② 即六四为阴位阴爻，属于当位之爻，所以爻辞为"无咎"。再如《既济》卦䷾，是六爻所有爻性与爻位均得当之卦，如图 1 - 8 所示：

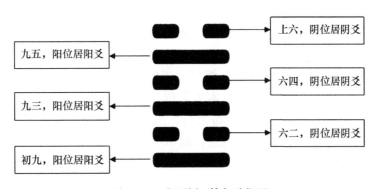

图 1-8 《既济》卦各爻位置

上图，《既济》卦所有阳爻在阳位，所有阴爻在阴位，性质和结构都处于和谐整齐的状态，因此"亨小，利贞"。

反之，"不当位"多不利。"不当位"是一种不合规律的表现，所以要遭到惩罚，导致不理想的结果。例如《履》卦䷉六三爻为阴爻在阳位，爻辞有"履虎尾，咥人，凶。"《象》曰："眇能视，不足以有明也。跛能

---

① 谢维扬：《至高的哲理》，生活·读书·新知三联书店 1997 年版，第 49 页。

② 《周易正义》，《十三经注疏本》，中华书局 1980 年版，第 36 页。

履，不足以与行也。咥人之凶，位不当也。武人为于大君，志刚也。"① 孔颖达曰："所以被咥见凶者，缘居位不当，为以阴处阳也。"《履》六三爻的凶兆是因为"不当位"而致。六十四卦中，《未济》卦☲☵六爻均为"不当位"者，如图 1-9 所示：

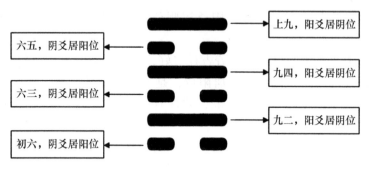

六五，阴爻居阳位		上九，阳爻居阴位
六三，阴爻居阳位		九四，阳爻居阴位
初六，阴爻居阳位		九二，阳爻居阴位

图 1-9 《未济》卦各爻位置

如图所示，《未济》卦所有的阳爻都处在了阴位，所有的阴爻都占阳位，所以《未济》卦义代表了事无所成，无所利益。

但是值得注意的是，并非全部"不当位"状态均失利。例如《噬嗑》卦☲☳，六五爻为阴，处于阳位，本为失位、不当位，但爻辞为"贞厉，无咎"。这是因为六五爻"柔得中而上行，虽不当位，利用狱也。"② 孔颖达曰："上行者既居上卦，意在向进，故云上行。其德如此，虽不当位者，所居阴位，犹利用狱也。"③ 可见虽然当位在六爻结构中为明显的贞吉之位，但是并非绝对，其中所涉猎的居中之位、尊贵之位、具体各象也是必须考虑。

（4）尊位居中

"居中"又称"得中""处中"，指二爻和五爻位置。二爻在下卦三爻居中，五爻在上卦三爻居中，而占据这两个位置的某一爻更能够发挥之用。相较之下，二为臣位，五为君位为尊贵之位，又阳爻在五爻称阳居尊位，阴爻在五爻称阴居尊位，所以居于五爻之位在"居中"中象征较大成

---

① 《周易正义》，《十三经注疏本》，中华书局 1980 年版，第 28 页。
② 《周易正义》，《十三经注疏本》，中华书局 1980 年版，第 37 页。
③ 《周易正义》，《十三经注疏本》，中华书局 1980 年版，第 37 页。

果，卦爻辞多为吉利。"中位"象征着事物发展不偏不倚，守持中道，与儒家的"中庸"之道相契合，象征了对于事物美善的追求。

"正位"和"中位"是理想爻位，如果爻位和爻性能够同时达到"居中且正"则更为理想。六爻中"六二"和"九五"为"居中且正"，均为大吉大利。例如《益》卦二爻、五爻均"居中且正"，六二为"或益之十朋之龟，弗克违，永贞吉。王用享于帝，吉。"九五为"有孚惠心，勿问元吉。有孚，惠我德。"对此，《周易折中》载："程子曰：正未必中，中则无不正也。六爻当位者未必皆吉，而二五之中，则吉者独多，以此故尔。"① "中爻"的爻德优于"正位"，即便整个卦的发展趋势有不利，但是"居中且正"的爻也会有所转机，所以会有"位虽不正，以其居中，故能行正也。"② 充分表现了本体结构中平衡和谐的思想原则。

（5）卦主、同位

一卦六爻中最为主要之爻，被称为"卦主""主爻"。在六爻中"主爻"说有两种情况。一种是以六爻阴阳数量的多寡上，以少为贵的律则。王弼《周易略例·明象》中云："一卦五阳而一阴，则一阴为之主矣；五阴而一阳，则一阳为之主矣。"③ 也就是说属性最少的一爻为一卦主爻。另一种是认为六爻中决定该卦性质的一爻。《象》对六十四卦中除《乾》《坤》《泰》《否》四卦外的六十一卦的主爻均有论及。所以说，"《象传》分析爻位关系的意义，是想在一卦六爻中确定最能反映卦旨的主爻。"④ 李光地《周易折中·义例》中称为"成卦之主"，据统计，《象》中的61个主爻，"居中"位有51次，"居中且正"位的有30次（九五为主爻的又二十四次，六二为主爻的有六次）。由此可见，主爻也与结构处位相关，以"居中"为贵。

六十四卦之上下两卦皆有上中下三爻。初爻居下卦之下位，四爻居上卦之下位，是为同位，同在下位者也。二爻居下卦之中位，五爻居上卦之中位，是为同位，同在中位。三爻居下卦之上位，上爻居上卦之上位，是为同位，同在上位。同位的两爻，可互相感应、交流。

———————————

① 李光地：《周易折中》，巴蜀书社2006年版，第17页。
② 《周易正义》，《十三经注疏本》，中华书局1980年版，第73页。
③ 王弼：《王弼集校释·周易略例》，中华书局1980年版，第591页。
④ 朱伯崑：《易学基础教程》，九州出版社2003年版，第78页。

2. 爻与爻间法则

六爻之间由于诸爻的性质、位次、距离等因素，常常体现了一定的关系原理，既可以表现鲜明的思想意识，也可作为断卦的参考。其中必要考量的是承乘比应原理以及阴阳之间的相吸相斥法则。

（1）"承乘比应"原理

"承""乘"是爻之间的关系，"比""应"既包含爻之间的关系，也存在于上下卦之间的关系中。

所谓"承"，乃承上、烘托之意。两爻关系中的"承"是指下爻对上爻的关系，在相邻位中居下者对于居上者谓之"承"，其中多"下阴承上阳"。有时，阴阳属性相同的两爻也可称"承"。在六爻中"承"结构有三种，一种为六爻中相邻两爻的阴承阳，例如《贲》卦☶中，六五爻承上九爻。第二种，为六爻中一阴爻在若干阳爻之下，则一阴爻承若干阳爻，例如《恒》卦☳，初六爻承九二、九三、九四爻。第三种，为六爻中若干阴爻在一阳爻之下，例如《豫》卦☳，初六、六二、六三承九四。在"承"结构中，以阴承阳，是以阴爻的柔顺之德承载阳刚之象，象征柔弱者顺承刚强者，或贤臣辅助明君之意，这一结构形态也是反映了易道扬阳抑阴的思想。

所谓"乘"，是乘凌，居高临下之意。"乘"在上下爻关系中与"承"相反，是上爻对下爻的关系，居上者对于居下者谓之"乘"。"上阴乘下阳"称"乘刚"，象征臣下欺辱君主，小人乘凌君子，义多不吉善。但阳爻据阳爻之上则不言乘，而称"据"，认为此为理之所常。在六爻中"乘"结构有三种，一种是相邻两爻的阴乘阳，例如《屯》卦☵，六二乘初九，上六乘九五。第二种，若干阴爻相连排在一个阳爻之上，例如《谦》卦☷，六四、六五、上六乘九三。第三种，为一个阴爻在若干连排阳爻之上，例如《夬》卦☱，上六乘九五、九四、九三、九二、初九。由于爻位远近不同，乘刚的程度也不同。另有"内卦乘刚迫，外卦乘刚缓"之说。

所谓"比"为比肩、亲近之意。六爻之间，可指相邻两爻之间的比邻关系，如初与二、二与三、三与四、四与五、五与上，两两之间皆可称为"比"，如果是上与五比，则上为五的比爻。"比"必须一阴一阳才能相比，可作为吉占的参考因素。如果是中间相隔的两爻，或者是以柔比柔（阴爻和阴爻之间），以刚比刚（阳爻与阳爻之间），则无所谓比。例如

《比》卦☷☵，其中六三爻上下均为阴爻，"承""乘"皆阴，没有相交关系，处于孤独之位，所以爻辞曰："比之匪人。"六四为阴爻处阴位，九五为阳爻处阳位，二者之间有相"比"的关系，六四爻辞为"外比之，贞吉。"

所谓"应"为呼应，表示两者同志联盟的关系，即上经卦三爻中的某一爻，与下经卦三爻中的某一相互感应关系，同志者利于通泰交流。上下经卦中具有同位关系的爻才可呼应。爻与爻之间的"比"和"应"均具有阴阳相配，同性相斥的原则，即阳遇阳、阴遇阴，是相互敌对，多不利，阴阳相遇才会有相交，才能互渗沟通。"比""应"之中还存在妒合法则，即亲比与相应同时存在，看亲比容易，还是相应容易。若应爻之间有相吸，则相应为主；若应爻之间有相斥，则先亲比。这种卦爻律则适用于大多数情况，在吉凶断意之时还要考虑卦时与卦义，不可一概而论。

（2）"阳上阴下"法则

在六爻内部关系之中，认为较为理想的运行法则是"阳上阴下"，处于上位的阳爻为"据"，处于下位的阴爻为"顺"。

所谓"据"，有根据、占据之意，阳爻位于相邻阴爻之上为"据"，如果二为阳爻，初为阴爻，则可称为九二爻据初六爻。"据"一般有两种情况，一种为一阳爻在一相邻阴爻之上。例如《未济》卦☲☵，初六与九二一组，六三与九四一组，六五与上九一组，这三组中阴阳爻结构全部都是阳爻在阴爻之上，即九二爻据初六爻，九四爻据六三爻，上九爻据六五爻。另外一种情况为，一卦六爻中只有一爻为阳爻，其他五爻均为阴爻，但是此阳爻在卦体中位于上卦，那么这唯一阳爻对于其他阴爻来说也为据。例如《豫》卦☳☷，六爻中只有九四爻为阳爻，其他五爻均为阴爻，但是这一阳爻处于上卦，在下卦三阴爻之上，所以九四爻对于其他五阴爻来说为据。"承""乘""据"均为阴阳爻相邻的上下关系，区别为"承""乘"多指阴爻对阳爻而言，"据"以阳爻对阴爻而言。阴爻位于相邻阳爻之下为"承"，多以阴爻位于相邻阳爻之上为"乘"，阳爻位于相邻阴爻之上为"据"。

所谓"顺"，为柔顺、柔从之义，指相邻两爻之间，下爻对于上爻来说为顺。在六爻中，阴阳又称为柔刚。阴爻居于阳爻之下为柔顺、柔从，一般情况下以柔顺刚则多吉。例如《旅》卦☲☶，六五爻为阴爻，上九为阳爻，六五顺上九，为柔顺刚，所以《象》曰："柔得中乎外而顺乎刚，止

而丽乎明，是以小亨，旅贞吉也。"① 当然，一般阳上阴下法则是不受外力作用的情况，但是如果有应爻、邻爻作用，结构意义也是可以发生变化的。

（3）"相吸相斥"律则

两爻之中明显存在阴阳"异性相吸，同性相斥"律则。吴汝纶将其概括为："凡阳之行，遇阴则通，遇阳则阻。"② 这一学说被后学细化为，阳应阳、阴应阴、阳比阳、阴比阴为敌对关系，阴阳相比、相应的结构关系则为友好关系。

具体而言，阴遇阳、阳遇阴为比，和谐生利。例如《蒙》卦䷃的九二爻辞为"苞蒙吉。纳妇吉。子克家。"即九二爻向上为六三爻，是阳爻遇见阴爻，故"刚柔接也"是为"吉"。相反的阴遇阴、阳遇阳为敌，敌对，故多不利。如《同人》卦䷌的九三爻辞为："伏戎于莽，升其高陵，三岁不兴。"尚秉和注："三阳遇阳，得敌。"即九三爻向上为九四爻，同为阳爻，相斥关系，则"得敌"。又如《大畜》卦䷙，内卦三爻皆为阳爻，初九卦爻辞为"有厉，利已。"九二"舆说輹。"这里初九、九二两阳爻向上均遇阳爻，受阻不进。但是到了九三则是"良马逐，利艰贞。曰闲舆卫，利有攸往。"因为九三阳爻以前行遇六四为阴爻，则路通，虽为"三多惧"之位，却也能"利艰贞"。所以在《大畜》卦中的诸爻，最明显地验证了阴阳爻之间"同性相吸，异性相感"的律则。

在《周易》本体结构中，爻与卦、爻与爻在六画的空间结构中反映了多种组合关系，除了上述之外，还有际、消息、相胜（下五爻为阳，上爻位阴称刚能制柔，下五爻位阴，上爻位阳，称柔能制刚）等。但是并不是单一的结构关系就能决定一卦的含义，例如乘刚本不利但因居中而无咎，不得位本凶但因应而吉。《东坡易传》云："圣人之所取以为卦，亦多术矣，或取其象，或取其爻，或取其变，或取其刚柔之相易。"③ 意义的生成不仅仅因空间状态而变化，也会因为时间和性质而蕴含种种，这也正是"易无达诂"的精妙之处，所以我们对于结构原则的考量，必须综合运用。

---

① 《周易正义》，《十三经注疏本》，中华书局1980年版，第68页。
② 吴汝纶：《吴汝纶全集·易说》（第二册），黄山书社2002年版，第105页。
③ 苏轼：《东坡易传》，吉林文史出版社2002年版，第95—96页。

3. 上下经卦关系

八卦两两相重后，六十四卦呈现出皆是上、下之位，分称上、下卦。且据《上海博物馆藏战国楚竹书》的《周易》可见，所有六十四卦符号上、下两个八经卦符号之间有着明显的空隙，呈现分别之意。上下两个经卦间的结构，也会影响一卦之义。

（1）"比应"原理

上述"比""应"原理，在别卦的上、下卦之间的关系中也有所体现。

"比"为相邻相近之意，除爻与爻可比之外，六爻卦的上、下两卦之间也存在。如果上下两卦在八卦所象征的"木、火、土、金、水"五行属性相同，则可称为"比合"卦；如果上下卦之间在五行属性中属于生克制化关系，则不可以称为"比"。如《履》卦☰，下卦兑☱属于金，上卦乾☰也属于金，同为五行中金属性，则为"比合"卦。"比合"卦上下经卦可以互渗，意义亲近。

"应"虽然为爻与爻的关系，但是相较于"承""乘"紧邻相接的两爻关系而言，"应"是超距的，即初与四，二与五，三与上，指上、下卦中爻位之间的呼应关系。上下卦同位爻爻性相同为"无应"，如《艮》卦☶，初六爻与六四爻，六二爻与六五爻，九三爻与上九爻，皆柔应柔，刚应刚，是为"无应"或"敌应"，故《象》曰："上下敌应，不相与也"。上下卦同位爻爻性可以产生"感应"关系，为和谐相感，为吉利，如《蒙》卦☵，九二阳爻与六五阴爻相应，孔颖达认为："九二以刚居中，阴来应之。""言六五以阴居于尊位，其应在二，二刚而得中，五则以事委任于二，不劳己之聪明，犹若童稚蒙昧之人，故所以得吉也。"[1]《象》云："'匪我求童蒙，童蒙求我'志应也。"[2]《蒙》卦这里九二、六五均不得正，但是却因志向相同而相应相交，所以"童蒙之吉"。

（2）异卦、同卦相重

异卦、同卦是将不同结构卦位和卦象相结合解析卦义。仅以上下之位来解经，并不能将易理圆满和通顺。高亨据此情况从《易传》中又详细将卦位分为六种情况，分别："异卦相重是上下之位；异卦相重是内外之位；异卦相重是前后之位；异卦相重是平列之位；同卦相重是重复之位；同卦

---

① 《周易正义》，《十三经注疏本》，中华书局1980年版，第20页。

② 《周易正义》，《十三经注疏本》，中华书局1980年版，第20页。

相重而不分其位。"① 前四种共有五十六卦，后两种只有八卦。对此结构关系的阐释，在《系辞》《杂卦》《序卦》中均有习见，由以《彖》《象》最多，也是解易的一种重要参考。

①异卦相重

四种异卦相重的卦位关系，均是建立在两个经卦不同的基础上，象征了两种事物之间的关联。

第一种，是两经卦为上、下结构关系，《象》中多有习见。例如《蒙》卦䷃，《象》曰："山下出泉。"② 即上卦为艮，下卦为坎，分为两个不同的经卦，上艮为山，下坎为水，所以有了山下出泉的卦象。又如《比》卦䷇，《象》曰："地上有水。"③ 即上卦为坎水，下卦为坤土，在上下关系中呈现了地上有水之象。

第二种，是两经卦为内、外结构关系，以上卦为外卦，下卦为内卦。在《象》中多有例证。例如《泰》卦䷊，《象》曰："内阳而外阴，内健而外顺，内君子而外小人，君子道长，小人道消也。"④ 此乃以内外关系视之，《泰》内卦是三阳爻，为乾为君子；外卦是三阴爻，为坤为小人。《彖》中不仅以此解释内外之位的关系，对于《泰》卦卦辞"小往大来"的居位特点也进行了阐释。柔小者往外，刚大者来内，故《周易集解》引何妥曰："顺而阴居外，故曰'小往'；健而阳在内，故曰'大来'。"⑤ 又如《明夷》卦䷣，《象》曰："内文明而外柔顺。"⑥《家人》卦䷤，《象》曰："女正位乎内，男正位乎外。"⑦ 这是将上下两经卦象征的两种事物或者两种性质，但结构上均以内外结构关系而论。

第三种，是两经卦为前、后之位。这种情况是将上卦为前卦，下卦为后卦。例如《需》卦䷄，《象》曰："需，须也。险在前也，刚健而不陷，其义不困穷矣。"⑧ 这里险指上卦坎，刚健指下卦乾，艰难险阻在前方，在途中保持刚强健实不至途穷。又如《蹇》卦䷦，《象》曰："蹇，难也，

---

① 高亨：《周易大传今注》，齐鲁书社 2003 年版，第 18—20 页。
② 《周易正义》，《十三经注疏本》，中华书局 1980 年版，第 20 页。
③ 《周易正义》，《十三经注疏本》，中华书局 1980 年版，第 26 页。
④ 《周易正义》，《十三经注疏本》，中华书局 1980 年版，第 28 页。
⑤ 李鼎祚：《周易集解》，商务印书馆 1937 年版，第 76 页。
⑥ 《周易正义》，《十三经注疏本》，中华书局 1980 年版，第 49 页。
⑦ 《周易正义》，《十三经注疏本》，中华书局 1980 年版，第 50 页。
⑧ 《周易正义》，《十三经注疏本》，中华书局 1980 年版，第 23 页。

险在前也。见险而能止，知矣哉。"① 这里的险，是指上卦的坎；止指下
艮。所以《蹇》卦的卦象是行走得艰难，犹如险境就在前面。这是将上下
经卦看成两种事物之间的前、后关系。

第四种，是上下经卦处于平列的关系。如《屯》卦☷，《彖》曰：
"雷雨之动满盈，天造草昧。"② 这里雷指下震，雨指上坎，王弼注云：
"雷雨之动，乃得满盈，皆刚柔始交之所为。"③ 此处为上下卦雷雨将作，
雷声乌云充盈，雷雨并动是并列的关系。《彖》中对于平衡关系解析较多，
《象》中几乎不见对此结构形态的阐释，且所论之卦有相左之处。故
《屯》卦依照《彖》的阐释可见上下经卦所象征的两种事物，处于平行的
关系结构中。

②同卦相重

同卦相重指相同的两经卦相重，有《乾》☰、《坤》卦☷、《震》卦
☳、《巽》卦☴、《坎》卦☵、《离》卦☲、《艮》卦☶、《兑》☱。

同卦相重又分两种结构形态，一种是在上下经卦为重复之位，《十翼》
对此的阐释可以抽离出九条④，为：

　　　　重巽以申命。（《彖》）

　　　　习坎，重险也。（《彖》）

　　　　离，丽也。日月丽乎天，百谷草木丽乎土，重明以丽乎正。
（《彖》）

　　　　水洊至。（《象》）

　　　　明两作。（《象》）

　　　　洊雷。（《象》）

　　　　兼山。（《象》）

　　　　随风。（《象》）

　　　　丽泽。（《象》）

上述例证均是阐释了别卦的上下经卦相重。以《巽》卦为例，"重巽"的

---

① 《周易正义》，《十三经注疏本》，中华书局1980年版，第51页。

② 《周易正义》，《十三经注疏本》，中华书局1980年版，第19页。

③ 王弼：《王弼集校释·周易注》，中华书局1980年版，第234页。

④ 高亨：《周易大传今注》，齐鲁书社2003年版，第20页。

意思是一再地强调，再一次地申说、申明。这时的上下经卦重复象征同一种事物，保持了重复之位。

第二种情况是同卦相重不分其位，不含重复的意义。《十翼》中可以抽离出六条，"《彖传》只释《乾》为天，只释《坤》为地，只释《震》为雷，释《艮》只曰'《艮》，止也。'释《兑》只曰：《兑》'，说也。'《象传》释《乾》曰：'天行健。'释《坤》曰：'地势《坤》。'"①这种情况是，将相重的两个经卦，不分其位及主次，看成一个整体，而不是简单地重复。

（3）"阴上阳下"法则

上节已述，爻与爻之间阳上阴下的关系较为理想，而两经卦之间则相反，是阴上阳下的关系较为理想。

每卦内在的上下经卦之间存在感应关系，并且具有方向。在阴阳概念中，阴阳二气清升浊降地运动，阳气是呈上升状态，阴气呈下降状态，因此阴阳可以互动。在《周易》中爻分阴阳，上下卦也分阴阳。《文言》云："同声相应，同气相求。水流湿，火就燥，云从龙，风从虎，圣人作而万物睹，本乎天者亲上，本乎地者亲下，则各从其类也。"②就是《周易》对阴阳二气运行规律的把握。

每六爻卦中两个经卦为阴上阳下结构则较理想吉祥，相反则多凶兆。这是因为阴上阳下时，在别卦空间结构上构成了相向趋势，相向才有相交接触的可能，这是上下卦之间能够互渗沟通的关键。以《泰》卦䷊和《否》卦䷋为例。天在上地在下是眼中所见、足下所立的事实，但实际《泰》䷊卦却是地在上天在下，这是因为阴上阳下，阴气下降，阳气上升，二气相向而行才会交会，阴阳之间能够相通互渗，所构建的别卦就是"天地交而万物通也，上下交而其志同也。"③相反则是《否》卦䷋，阳上阴下，阳气上升，阴气下降，二气相背而行不能交会，表现的卦象之意为不通，故"天地不交而万物不通也，上下不交而天下无邦也。"④

4. "变卦互体"方法

"互卦"和"变卦"体现了六十四卦整体上此消彼息、上往下来的运

---

① 高亨：《周易大传今注》，齐鲁书社 2003 年版，第 20 页。
② 《周易正义》，《十三经注疏本》，中华书局 1980 年版，第 16 页。
③ 《周易正义》，《十三经注疏本》，中华书局 1980 年版，第 28 页。
④ 《周易正义》，《十三经注疏本》，中华书局 1980 年版，第 29 页。

动规律和结构关系，是六爻卦结构的深化。

每卦六爻之间，除初、上两爻外，中四爻又有相互勾连，之卦包含其间，称"互卦"，也称"互象"。以四爻连互的方法，将其中本卦的二、三、四爻，合成下卦谓之"下互"；本卦的三、四、五爻，合成上卦，谓之"上互"。其中，三爻、四爻重复使用为共用爻。例如，《屯》卦䷂互卦位《剥》卦䷖，卦爻结构变更如图1-10所示：

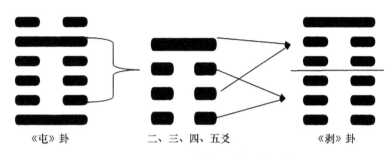

图1-10　《屯》卦与互卦《剥》卦

如图所示《屯》卦䷂下震上坎，去掉初、上两爻后为䷗，在四爻连互变化中，二、三、四爻下互为坤䷁，三、四、五爻上互为艮䷖，上下相排构成了《剥》卦䷖。

任何一个六爻卦，在上下结构中依次存在三对四爻组，所以每一个六爻卦也就因此存在了三个四爻连互卦。仍以《屯》卦䷂为例，以图1-11视之：

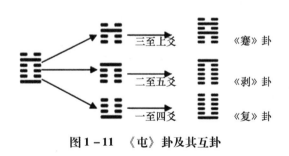

图1-11　《屯》卦及其互卦

如图所示，《屯》卦䷂一至四爻连互为《复》卦䷗，二至五爻连互为《剥》卦䷖，三至上爻连互为《蹇》卦䷦。任何一个六爻卦都可以连续四爻连互为三个新的互卦，新的互卦也可以继续连互，如此循环下去，直至不能再变化。这种连互规律，将本卦发展成三个与此相联系的三个互卦。互卦在结构形式上与前一卦相连，而意义上也是表现了与前一卦的事象之间的联系，因此一般依据互卦来判断事物发展变化中的矛盾关系。

互体之说，有学者认为或许可以延伸到新石器时代。在甲骨文献中，存在四个数字连排的文字。[①] 张政烺认为这种四爻卦可能和互体方法有关，例如：

六七七六　☱兑☴巽　　大过

八七六五　☵坎☲离　　既济

八八六八　☷坤☷坤　　坤[②]

这是以互体说来解释甲骨金文之四爻，因为互体说重视将初、上两爻不论，专从二、三、四、五爻论易，将这四个爻看作一个卦。这一方式能够解析甲骨金文中的四爻数字卦，也说明了互体结构的卦象其源之远。

确定的是，在春秋时期人们在占筮时就利用互卦的相关律则解象。在《左传》《国语》的筮例中将互体称为"互卦"，据《左传·庄公二十二年》载：

> 陈厉公……生敬仲。其少也，周史有以《周易》见陈侯者，陈侯使筮之，遇《观》之《否》，曰："是谓'观国之光，利用宾于王'，此其代陈有国乎？不在此，其在异国；非此其身，在其子孙。光远而自他有耀者也。坤，土也。巽，风也。乾，天也。风为天于土上，山也。有山之材而照之以天光，于是乎居土上，故曰：'观国之光，利用宾于王。'庭实旅百，奉之以玉帛，天地之美具焉，故曰：'利用宾于王。'犹有观焉，故曰：'其在后乎！'风行而著于土，故曰：'其在异国乎！'若在异国，必姜姓也。姜，大岳之后也。山岳则配天。物莫能两大。陈衰，此其昌乎！"及陈之初亡也，陈桓子始大于齐；其

---

① 《甲骨文合集》29074 的上面有"六七七六"，《小屯南地甲骨》4352 上面也刻有"八七六五"字样，上海博物馆藏八八六八鼎铭文"八八六八"。

② 张政烺：《殷墟甲骨文中所见的一种筮卦》，载张政烺《论易丛稿》，中华书局 2012 年版，第 34 页。

后亡也，成子得政。①

这里，敬仲初生时，厉公让周史以《周易》占筮，所得本卦为《观》卦䷓，因其六四爻变而成为《否》卦䷋，《否》卦䷋二爻至四爻互卦成艮䷳，艮为山，故周史说："风为天于土上，山也。"若舍"互卦"别无"山"象。对此孔颖达注曰："二至四，三至五，两体交互，各成一卦，先儒谓之互体"②。

"互体"在《易传》中有具体应用和论述。《系辞下》载：

> 《易》之为书也，原始要终，以为质也。六爻相杂，唯其时物也。其初难知，其上易知，本末也。初辞拟之，卒成之终。若夫杂物撰德，辩是与非，则非其中爻不备。噫，亦要存亡吉凶，则居可知矣。知者观其象辞，则思过半矣。二与四同功，而异位，其善不同，二多誉，四多惧，近也。柔之为道，不利远者。其要无咎，其用柔中也。三与五同功，而异位，三多凶，五多功，贵贱之等也。其柔危，其刚胜耶？③

上述引文被视为《易传》中互体理论的出处，这里的"二与四同功，而异位""三与五同功，而异位"，将上下经卦的各爻联系起来。对此，王应麟于《因学纪闻·易》的序文解释如下：

> 郑康成学《费氏易》，为注九卷，多论互体。以互体求易，《左氏》以来有之。凡卦爻二至四、三至五，两体交互各成一卦，是谓一卦含四卦，《系辞》谓之中爻，所谓"八卦相荡"、"六爻相杂，唯其时物"、"杂物撰德"是也。唯《乾》、《坤》无互体，盖纯乎阳、纯乎阴也。余六子之卦皆有互体。坎之六画其互体含《艮》、《震》，而《艮》、《震》之互体亦含《坎》。《离》之六画其互体含《兑》、《巽》，而《兑》、《巽》之互体亦含《离》。三阳卦之体互自相含，三

---

① 《春秋左传正义》，《十三经注疏本》，中华书局1980年版，第1775—1776页。

② 《春秋左传正义》，《十三经注疏本》，中华书局1980年版，第1775页。

③ 《周易正义》，《十三经注疏本》，中华书局1980年版，第90页。

　　阴卦之体亦互自相含也。①

这里不仅解析了《系辞》中互体的根源，也将八卦互体相含的特质概括出来。

　　《系辞》之所以能够将互卦和六爻体系相联系，是因为《周易》存在两种成卦系统，即"因而重之"的重卦系统、"兼三材而两之"的系统。其中"因而重之"的成卦系统中，重卦方式是先上卦后下卦，如此三、四爻不能发生关系，故罕用互体，例如《易传》中《象传》是依据重卦结构对卦象进行系统阐释。另一系统，《系辞》以互体方式解卦是以"兼三材而两之"为成卦前提。"六者非它也，三材之道也"明指六爻分三材，即：初、二为地，三、四为人，五、上为天。三、四为人，三、四归一体，"兼三材而两之"结构中六爻不是三加三所得，是存在二加二、再加二所得，此时三爻与四爻可以发生关系，可以产生交互，展示出变化和新生。

　　在出土文献易类文献中，也有关于"互体"的应用。帛书《周易》的《衷》篇云：

　　　　《大蓄》兑而誧［也］。②

这里所列的《大畜》卦☶上艮☳下乾☰，上下经卦并无兑卦☱，"兑而誧"中之"兑"指九二、九三与六四爻下互成"兑"，明显是表现了"互体"方式。

　　上述种种可以清晰地看到互体之说虽在汉儒中广泛应用，但是由来更古。爻在卦中律则、爻与爻间法则、别卦卦位法则，均可证明每卦六爻之间确实存在着一定的上往下来、此消彼息的运动规律和结构关系。而变卦互体的方式，从生成变化角度解析了六十四卦内在的相连关系，保持了六十四卦从阴阳爻、八卦、六十四卦的整体性和系统性。

四　今、帛、竹书《周易》卦序排列律则

　　卦序并非卜筮自然而来的部分，而是在编成筮书后才会产生，意图通

---

① 王应麟：《困学纪闻·易》，上海古籍出版社 2008 年版，第 111—112 页。
② 廖名春：《马王堆帛书周易经传释文》，载杨世文《易学集成》（三），四川大学出版社 1998 年版，第 3037 页。

过语言的演绎和形式的排列,构筑一个完整的观念世界。不同的排列方式会形成不同的思想体系,"三易"① 的不同,实际上就是卦象排列的不同。因此,易卦的排列是易学中一个非常重要的课题,卦序结构研究历来是易学研究的重点。

自汉代起,易学新说随着卦象排列的新方法而层出不穷,例如京房的八宫卦②、孟喜的卦气。宋代以下,易图盛行,将卦象的排列、演绎以图像形式表现,例如朱熹《周易本义》卷首所载的《六十四卦方圆图》,就此而创立的新易说迭兴。20 世纪 70 年代至今,出土文献的问世使我们有机会了解到更多的《周易》系统,但是其中阜阳汉简《周易》③、王家台秦简《易占》④、郭店楚墓竹简《易》⑤,大多为残简断篇,很难复原卦序,无法列入相关研究之中。出土《易》中,清华大学藏战国竹简《周易》⑥、上海博物馆藏战国楚竹书《周易》⑦、马王堆帛书《周易》⑧、海昏竹简《易占》⑨ 的易卦记录相对完整并且各有深意,是我们考察今、帛、竹书《周易》卦序系统的文献来源。

1. 今、帛、竹书《周易》八卦排列结构

八卦的排序存有多种样式,涉及空间、时间、伦理等内容,但是各版

---

① 《周礼·春官》:"太卜掌三易之法,一曰《连山》,二曰《归藏》,三曰《周易》。"《连山》卦序以《艮》卦为首,《归藏》卦序以《坤》卦为首,《周易》卦序以《乾》卦为首。

② 京房:《京氏易传》,中华书局 1991 年版。

③ 1977 年,安徽省文物工作队等单位在安徽阜阳双古堆 1 号墓发掘出土。据墓葬形制和随葬器物分析,墓主可能是第二代汝阴侯夏侯灶,卒于汉文帝十五年(公元前 165)。阜阳汉简《周易》共 752 片,有今本《周易》中的四十多卦,涉及卦辞、爻辞的约 200 片,与今本不同的卜事之辞约 400 片。卦辞与今本《周易》有若干异文,最明显的区别在于卦爻辞的后边,保存了许多卜问具体事项的卜辞。

④ 1993 年 3 月,于湖北江陵市荆州镇邱北村王家台 15 号秦墓出土。共有 394 枚约 4000 字的易占简书,证实了"三易"之一《归藏》的存在。

⑤ 1993 年 10 月,荆州市博物馆在湖北省荆门市沙洋区四方乡郭店村一座战国楚墓(M1)出土。郭店楚简中没有专门的写字文献,只有关于《易》的只言片语。

⑥ 清华大学于 2008 年 7 月收藏的战国竹简,其中存有《筮法》和《别卦》两篇,记载有五十六卦(与今本《周易》相比较)。

⑦ 上海博物馆 1994 年收藏的战国楚竹书《周易》,记录了三十四卦(与今本《周易》相比较)。

⑧ 1973 年,于湖南长沙马王堆三号汉墓出土,墓葬年代属西汉初文帝时期,其抄写和成书年代早于西汉初年,完整地记载了六十四卦(与今本《周易》相比较)。

⑨ 2015 年,于江西南昌的西汉海昏侯刘贺墓位出土 180 余枚《易》竹简,其内容有六十四卦、卜姓、去邑、易占等。

本的结构总体保持了两两相对的关系。

八卦从立象开始，便在排序上具有一定的律则。《系辞下》曰：

> 古者包牺氏之王天下也，仰则观象于天，俯则观法于地，观鸟兽之文，与地之宜。近取诸身，远取诸物，于是始作八卦，以通神明之德，以类万物之情。①

八卦是"圣人"仰观俯察，远近取物而来，这种有所选取、观察而来的八经卦，就不是随意而作，而是具有一定的规律性，这种规律性不仅体现在易象体系，也体现在了卦序排列组合中。在《说卦》中有从这种取象以及象征意义排列八卦的，《说卦》云："乾，健也。坤，顺也。震，动也。巽，入也。坎，陷也。离，丽也。艮，止也。兑，说也。"② 至此到最后，行文中所言八卦之象均遵守："乾☰、坤☷、震☳、巽☴、坎☵、离☲、艮☶、兑☱"的顺序。

易学史上，八卦次序排列次序还有两种方式。一种是，自乾始依次可排为：乾☰、坎☵、艮☶、震☳、巽☴、离☲、坤☷、兑☱，是据《说卦》中"震，东方也。""巽，东南也。""乾，西北之卦也。""坎者，水也，正北方之卦也。""艮，东北之卦也"③ 的方位结构而排。这一八卦次序整理后被称为"后天八卦图"，又称为"文王八卦方位图""后天八卦流行图"。这一排列顺序，被认为是"成为古人纪理天文、历象时的一个有效的符号系统"④，表现了四季变化，是对于自然环境的方位和时空形式的模拟。如此一来，后天八卦也形成了金（乾、兑）生水（坎），水润湿土（艮）而生木（震、巽），木生火（离），火生土（坤），土又生金（乾、兑），这一息息相生的运转图。《清华大学藏战国竹简》中《筮法》所载的八卦位图与此排序相同，《筮法》云：

> 东方也，木也，青色。南方也，火也，赤色也。西方也，金也，

---

① 《周易正义》，《十三经注疏本》，中华书局 1980 年版，第 86 页。
② 《周易正义》，《十三经注疏本》，中华书局 1980 年版，第 94 页。
③ 《周易正义》，《十三经注疏本》，中华书局 1980 年版，第 94 页。
④ 周山：《解读周易》，上海书店出版社 2002 年版，第 35 页。

白色。北方也，水也，黑色也。①

可见，清华简中记录的八卦位图除"离为目"居腹下外也几乎与后天八卦排列相同。

《说卦》中还存在第三种排序方式：乾☰、兑☱、离☲、震☳、巽☴、坎☵、艮☶、坤☷，也被称为"先天八卦"排序。《说卦》云："天地定位，山泽通气，雷风相薄，水火不相射，八卦相错。"即"遵循阴阳两两相对而排原则"，"乾一"对"坤八"；"兑二"对"艮七"；"离三"对"坎六"；"震四"对"巽五"，四对八经卦反映了对立相反关系，以相应《说卦》中的"八卦相错"。这四组相对立的经卦不仅仅在阴阳爻位置上截然相反，在易象物类上也是对立关系。"先天八卦"结构、易象、性质、方位均处于相对关系，必然不是偶然的，而是通过对于客观世界的认识中总结出来的规律。

除《易传》及《清华简》中所涉及的卦序外，《归藏·初经》、帛书《周易》、海昏侯《卜姓》《去邑》中还存在一种与上述"后天八卦"成镜面的排序结构。朱震《周易卦图》曰：

> 《归藏·初经》者，伏羲初画八卦，因而重之者也。其经：初乾、初奭（坤）、初艮、初兑、初举（坎）、初离、初釐（震）、初巽，卦者六画，即此八卦也。②

《周易丛说》又曰：

> 庄生曰："伏羲得之以袭气，母是也。考之《归藏》之书，其初经者，庖羲氏之本旨也。"卦有初乾、初夷（坤也）、初艮、初兑、初举（坎也）、初离、初厘（震也）、初巽八卦。③

据上所述，《初经》八经卦的排列次序依次"乾☰、坤☷、艮☶、兑☱、

① 清华大学出土文献研究与保护中心、李学勤主编：《清华大学藏战国竹简》（四），中西书局2013年版，第111页。
② 朱震：《朱震集·周易卦图》，岳麓书社2007年版，第551页。
③ 朱震：《朱震集·周易丛说》，岳麓书社2007年版，第680页。

坎☵、离☲、震☳、巽☴",其排列次序与"后天八卦"成镜面结构。这种次第是依据"乾坤六子"说所排,按《说卦》云:"乾,天也,故称乎父。坤,地也,故称乎母。震一索而得男,故谓之长男。巽一索而得女,故谓之长女。坎再索而得男,故谓之中男。离再索而得女,故谓之中女。艮三索而得男,故谓之少男。兑三索而得女,故谓之少女。"① 这是"乾坤六子"说的顺序,《归藏·初经》的卦名次序即依据此说,只是六子按少(艮、兑)、中(坎、离)、长(震、巽)排列,两两为一对,每对中代表男性的阳卦排在前列。

帛书《周易》、海昏侯《卜姓》《去邑》和《归藏·初经》中所载的八卦排列顺序一致。帛书《衷》云:

天地定立,□□□□,火水相射,雷风相榑。②

这里虽然缺了四字,但是依据《说卦》补齐,也就是与"后天八卦"顺序为镜面结构,也为"乾☰、坤☷、艮☶、兑☱、坎☵、离☲、震☳、巽☴"。与此相同的还有海昏侯《卜姓》《去邑》,据《卜姓》934Ⅳ区122、123、124、125、128的5枚竹简记载顺序为:"☰、☷、☶、☱、☵、☲、☳、☴"③,《去邑》两简载:

Ⅳ區 126:·☶去邑五里,七里,卅里。☵去邑四里,廿里。☱去邑五里,七里,卅里。☳去邑四里,卌里。☲去邑五里,五十里。☴去邑二里,六十里。☷去邑四里。

Ⅳ區 145:七十里。☰去邑三里,五里,八十里。④

《卜姓》《去邑》两篇中所载八经卦卦序为,与马王堆帛书六十四卦中下

① 《周易正义》,《十三经注疏本》,中华书局1980年版,第94页。
② 廖名春:《马王堆帛书周易经传释文》,载杨世文等《易学集成》(三),四川大学出版社1998年版,第3038页。
③ 赖祖龙:《海昏竹书〈卜姓〉、〈去邑〉初释》,载朱凤瀚主编《海昏简牍初论》,北京大学出版社2020年版,第268—269页。
④ 赖祖龙:《海昏竹书〈卜姓〉、〈去邑〉初释》,载朱凤瀚主编《海昏简牍初论》,北京大学出版社2020年版,第269页。

经卦卦序一致，由此可见在西汉前期、早中期这种八经卦的排序是广泛流传的。

综上可见，虽然今本、帛、竹、归藏各本《周易》的八卦顺序不尽相同，但各本卦序都始终保持了两两相对的关系，将八卦分为四组，而且每组卦象相对，在总体上都反映了对举而排的思想。

2. 今、帛、竹书《周易》卦序排列结构

《周易》六十四卦卦序的特殊性在于这种构建并非是单一线性的排列，而是立体的，具有多向、多维的结构层次关系。《周易》是一个内外相连的整体，卦序不仅仅是事物之间关系的连接方式，也是《周易》哲学、象数思想的表现。今本、帛书、竹书《周易》都有各自的卦序系统，对此比对研究，不仅可以发掘其中的思想意义也可以窥探古籍以写本为主要传播的时代的编纂思想。

（1）相耦连贯

出古入今，自唐代孔颖达开始至宋代朱熹、邵雍、董真卿、俞琰、吴澄，明清的钱一本、李光地，现代的刘大钧、沈有鼎等都从象数、义理角度对今本《周易》卦序进行了探索。也有学者认为，今本卦序并无深意，仅是为了"便于记忆或背诵。此说比较朴实，符合于占筮的需要"[1]。如果仅仅从记忆背诵角度来说，其中规律性会简单明了，但是今本《周易》卦序却远没有帛书《周易》卦序简明易推，所以我们认为历经时间考验的今本《周易》卦序必然另有深意。

今本《周易》卦序既定，对此顺序朱熹制《上下经卦名次序歌》云：

> 乾坤屯蒙需讼师，比小畜兮履泰否，
> 同人大有谦豫随，蛊临观兮噬嗑贲，
> 剥复无妄大畜颐，大过坎离三十备。
> 咸恒遯兮及大壮，晋与明夷家人睽，
> 蹇解损益夬姤萃，升困井革鼎震继，
> 艮渐归妹丰旅巽，兑涣节兮中孚至，
> 小过既济兼未济，是为下经三十四。[2]

----

① 朱伯崑：《易学哲学史》（第一卷），华夏出版社1995年版，第16页。
② 朱熹：《周易本义》，北京大学出版社1992年版，第189页。

是以《乾》为首,以《坤》为次,《未济》为终,上经三十卦,下经三十四卦。《序卦》认为今本《周易》六十四卦卦序总体趋势为两两依次相承,具体有相因或者相反关系。例如《小畜》卦☴和《履》卦☲前后相连,就是《小畜》生《履》,前后相因;《遯》卦☶和《大壮》卦☳前后相连,就是《遯》极反《壮》,动竟归止,是前后相反。历代仅读《序卦》文字却难以旁贯全经,所以对于卦序结构的思考,是不可以仅凭文字而忽略象数和结构上的律则的,应结合以下几种律则综合考虑。

第一种律则为,"二二相耦,非覆即变"。孔颖达在《正义》中将卦序规律概括为:

> 今验六十四卦,二二相耦,非覆即变。覆者,表里视之,遂成两卦,《屯》、《蒙》、《需》、《讼》、《师》、《比》之类是也。变者,反覆唯成一卦,则变以对之,《乾》、《坤》、《坎》、《离》、《大过》、《颐》、《中孚》、《小过》之类是也。①

如上,孔颖达认为《周易》卦序内部是两两相互对立,从《乾》卦和《坤》卦开始互覆和互变的两卦都是相连组合排列,其中"覆"是卦变,"变"是爻变,在变化中保持了整体结构上休戚与共的关系。

具体而言,"覆"是指一个六爻卦,接连的下一卦是原卦六爻的次序从初爻到上爻倒置过来,以《屯》卦☵和《蒙》卦☶为例,如图1-12:

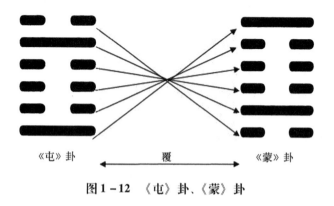

《屯》卦 ←———— 覆 ————→ 《蒙》卦

图1-12 《屯》卦、《蒙》卦

---

① 《周易正义》,《十三经注疏本》,中华书局1980年版,第95页。

即前后以卦象互为倒置为次序，形成一个对立卦。六十四卦中有五十六个卦之间存在"覆"关系（来知德谓"综卦"），可组合成二十八对对应关系。

"变"卦是因为原卦在根据"覆"的方式得到的第二个卦时，出现了与第一个卦相同的现象，例如《乾》卦☰六爻依次倒置还是☰。这时只有把全部阴爻变为阳爻、全部阳爻变成阴爻，才能产生新的对立的两卦。例如《颐》卦☶变卦为《大过》卦☱，如图1−13：

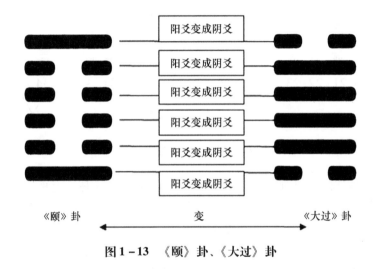

图1−13 《颐》卦、《大过》卦

即，当卦体颠倒而形不变之时，以六爻互为交变为次序。这种前后关系也被称为"正对卦"，在六十四卦中存在这种"变"关系的有八个卦，组成了四对：《乾》卦☰与《坤》卦☷，《颐》卦☶与《大过》卦☱，《坎》卦☵与《离》卦☲，《中孚》卦☴与《小过》卦☳。

"二二相耦，非覆即变"原则，不仅与《序卦》中两两相因或者相反具有一定联系，又与《系辞上》中的"错综其数"相合：

> 参伍以变，错综其数，通其变，遂成天下之文，极其数，遂定天下之象，非天下之至变，其孰能与于此。[1]

_____

[1] 《周易正义》，《十三经注疏本》，中华书局1980年版，第81页。

这里"参伍以变,错综其数",是指卦象以"参伍"之数的"错综"变化,也就是说,"错综"是与卦象的变化有关的。对此,清代王植撰《皇极经世书解》中绘有六十四卦错综图①,如图1－14:

图1－14　六十四卦错综图

如上,比较清晰地排列了二十八对颠倒卦和四对相反卦,表现了互相之间的前后关系。同组内两卦,上下卦倒转互为倒置次序,被韩康伯称为"综",孔颖达称为"覆";六爻爻变次序指爻性相对的两卦,韩康伯、来知德称为"错",孔颖达称为"变",虞翻谓之"旁通"。所以,"错综"与"非覆即变"相通,这既是《周易》卦象的推演方式,也保持了整体结构的关联性。

"二二相耦"的结构关系不仅仅体现在卦的形式上,也能体现卦义内涵。《杂卦》以卦象对举见义而言卦德,每组两卦间依然是"非覆即变""非错就综"。与今本《周易》卦序相比,除篇末八卦之外,前面所排五十六卦也都两两一组,成"二二相耦"关系。如果按照《序卦》思想而言,今本《周易》卦序的"二二相耦"的因果关系与《杂卦》"或以同相类,或以异相明也。"②的规律对应。其中"以同相类"是将卦义相同或者相近归为一组,比如:

① 王植:《皇极经世书解》(卷首下),《文渊阁四库全书》,台湾商务印书馆1986年版,第805册,第292—293页。
② 《周易正义》,《十三经注疏本》,中华书局1980年版,第96页。

《大壮》则止，《遯》则退也。

　　　　《大有》众也。《同人》亲也。

　　　　《革》去故也。《鼎》取新也。①

这里每两卦的卦义"止"与"退"；"众"与"亲"；"去故"与"取新"都是两两以类相从。而"以异相明"则是将对立关系的两卦排为一组，例如：

　　　　《乾》刚《坤》柔，

　　　　《比》乐《师》忧。

　　　　《临》《观》之义，或与或求。②

同样，这里每两卦卦义"刚"和"柔"；"乐"和"忧"；"与"和"求"均为互相反对。可以说《杂卦》虽然不同于今本《周易》卦序，但是仍体现了"二二相耦，非覆即变"原则，以其规律的内在结构形式揭示了两卦性质关系。

　　第二种律则为，"上下分经"原则。上下经的区分，是相沿已久，是对于"二二相耦，非覆即变"的延伸。《周易》不以三十二卦二分六十四，而是上篇三十卦，下篇三十四卦，潘雨廷的《周易表解》曰：

　　　　或以反复卦观之，上篇有乾、坤、颐、大过、坎、离六卦为反复不衰卦，此外二十四卦合成十二卦，故共为十八卦；下篇有中孚、小过二卦为反复不衰卦，此外三十二卦合为十六卦，故亦为十八卦，由是知上下篇之分颇有精义。③

据此可绘为图 1－15：

_____

① 《周易正义》，《十三经注疏本》，中华书局 1980 年版，第 96 页。

② 《周易正义》，《十三经注疏本》，中华书局 1980 年版，第 96 页。

③ 潘雨廷：《周易表解》，上海社会科学院出版社 2004 年版，第 20—21 页。

上经三十卦（十八宫）

乾	坤	屯	需	师	小畜	泰	同人	谦	随	临	噬嗑	剥	无妄	颐	大过	坎	离
		蒙	讼	比	履	否	大有	豫	蛊	观	贲	复	大畜				

下经三十卦（十八宫）

咸	遁	晋	家人	寒	损	夬	萃	困	革	震	渐	丰	巽	涣	中孚	小过	既济
恒	大壮	明夷	睽	解	益	姤	升	井	鼎	艮	归	旅	兑	节			未济

图 1-15 上下经分宫图

对于上下经是否应该对半平分以维持平衡，最终在卦序的内在结构中得到了解析。今本《周易》是严格遵守着配对原则，虽然上经三十卦，下经三十四卦，但是依照"二二相耦"原则来说，上经十八宫，下经十八宫，则是平衡划分。

上下分经思想，除了以符号形式呈现，同时也与其蕴含的哲学思想同构。《系辞上》云：

> 乾坤其易之缊耶。乾坤成列，而易立乎其中矣，乾坤毁，则无以见易，易不可见，则乾坤或几乎息矣。①

这里认为《乾》《坤》以天地之象始，创设和包含了天地间自然事物。下经以《咸》《恒》两卦发端，韩康伯在《序卦》注："先儒以《乾》至《离》为上《经》，天道也。《咸》至《未济》为下《经》，人事也。"② 下经均为男女夫妻之事，是社会人事万象的开始。上下经以天道和人事为分界，这种上下分经思想，是天、地、人分阶思维的表现，先有天地自然万物，才会有男女、夫妻，然后产生父子、君臣、上下，有上下而生礼仪，这是先民对于自然和社会的思考认识，是对从自然到社会系统结构生成的总结。

最后，是整体连贯原则。

---

① 《周易正义》，《十三经注疏本》，中华书局 1980 年版，第 82 页。

② 《周易正义》，《十三经注疏本》，中华书局 1980 年版，第 96 页。

六十四卦在整体次序排列上是一个生生不息的连贯的循环。在上下分经之后，又形成了两个完整的世界，即自然界和社会，同样也形成了两个小的循环。以《乾》《坤》为首，最后到《既济》卦、《未济》卦收尾。在阴阳交错、刚柔迭用，一卦结束另外一卦开始，两两相互关联，一环紧套一环，在细微的变化过程中带来了大的发展。

　　具体而言，六十四卦诸卦前后又具有相承之义。首先《乾》《坤》定位而天地开创，天地相交则万物始生，所以为《易》之门户，居于首。然后万物初生而有《屯》卦，"屯"字"难也，象艸木之初生。屯然而难。"① 有万物开始生长之义，故《彖》曰："屯，刚柔始交而难生。"② 紧居《坤》卦之后。《屯》卦后为《蒙》卦，表示万物处于朦胧幼稚的初生状态。在成长的过程中养育为首，继而排以代表饮食的《需》卦。在饮食面前必然会有争端，则是《讼》卦，当争端扩大就是象征"兵众"的《师》卦。相互之间又因亲密比辅而有《比》卦。相互比辅必然有所畜聚，这就出现了小有畜聚的《小畜》卦。有了畜聚之后，就要遵循一定的规范礼节，就有小心行走的《履》卦。随后诸卦直至上经最后一卦，即有"附着"含义的《离》卦均循此法。

　　下经三十四卦依然遵循这种卦义上的相承关系。顺应上经天地之后万物具有阴阳属性，因而产生了男女，男女相应则是具有"交感"意义的《咸》卦。夫妇是人类社会最小单位，是恒久存在的，就有了《恒》卦。但是永恒不是自然界的规律，不存在可以永久安居之地，面对不安稳因素要会变通退避，所以《恒》卦后接《遯》卦。此类思想排列延续到下经最后两卦为《既济》卦、《未济》卦。按常理应以《既济》卦为结尾，即"《既济》定也。"③《既济》六爻皆当位皆应，预示事情的圆满成功。但是偏偏以《未济》为终，一个六爻皆不当位之卦又生矛盾，象征着"事未成"、永无止息。《未济》外三爻为离明也，上九"饮酒，无咎。"则未济为既济矣，六爻之中以上九的寓意最为深长，就爻位而看，其时虽然转为既济，单弱综逸无度，必有重返未济之危，因此爻辞既言"无咎"又发"失是"之戒，意在揭示事物原始返终、福祸相依之道，故"一阴一阳之

---

① 许慎：《说文解字》，中华书局1985年版，第15页。
② 《周易正义》，《十三经注疏本》，中华书局1980年版，第19页。
③ 《周易正义》，《十三经注疏本》，中华书局1980年版，第96页。

谓道"也。因此《未济》为最后一卦反而切合了《易》之三义，万物都在变化，永无穷尽，这样缜密地排列，使《周易》的结构达到了内外呼应的完整状态。

海昏竹简《易占》卦序与今本《周易》卦序的规律是一致的。海昏侯墓出土竹简《易》简简文保存较好并可以完全辨识，缀合一起正好为完整的六十四卦。整理者也认为："海昏竹书卦序是迄今为止发现的完整的年代最早的与传本《周易》卦序一致的考古材料，对于传本《周易》的源流研究有着重要的价值。"① 海昏竹简《易占》简文中便有非常明确的卦序意识，并且与今本《周易》卦序相同，这是目前出土文献中与今本《周易》卦序相同的最早最一致的文献。海昏竹简《易占》每简简文格式为：卦名、卦辞、象辞，其中象辞中有卦序的直接记录，这在其他简帛易类文献中首见。如据李零所做海昏竹简《易占》中《屯》卦象辞释文：

　　　　象：东方二饺东方十一。己未，上经三，豕东北卦权吉，禾时凶。②

这里的"上经三"便明确表示了本卦《屯》卦排在上经第三卦。另外，在明确的前后顺序之外，海昏竹简也分上下经，上经从《乾》卦到《离》卦，下经从《咸》卦到《未济》卦，与今本《周易》完全一致。

海昏竹简《易占》的出土，说明当时六十四卦的排序律则和观念已经成书并且通行。这套竹简《易占》是先写后编，能更明显体现出编纂原则。秦汉时期简册制作时，为了保证成书时前后竹简次序不乱，一般都是先编后写。③ 这套竹简上下有两道编绳，编痕压盖文字，证明是先写后编，除了《归妹》卦一卦有两简，其他均为一卦一简，先进行书写然后再将六十四卦一一编排，这种编纂顺序说明当时已经有了明确的通行的卦序观念。

综上，从"二二相耦，非覆即变"的对称性律则、上下分经的均衡性原则、到整体连贯原则，共同构建了今本《周易》六十四卦的卦序结构的

---

① 赖祖龙：《海昏竹书〈卜姓〉、〈去邑〉初释》，载朱凤瀚主编《海昏简牍初论》，北京大学出版社 2020 年版，第 277 页。

② 李零：《海昏竹书〈易占〉初筮》，载朱凤瀚主编《海昏简牍初论》，北京大学出版社 2020 年版，第 255 页。

③ 曹之：《中国古籍版本学》，武汉大学出版社 2007 年版，第 119 页。

层次性、变动性和联系性特质。

（2）八八成组

帛书《周易》和清华简《周易》虽然在文献的书写形制上不同，一为帛布一为竹简，但是卦序上都遵循着"八八成组"的排列律则。

据《马王堆帛书〈六十四卦〉释文》[①]记载，帛书《周易》古经与今本《周易》古经卦爻辞部分基本相同，但两者卦序完全不同。帛书《周易》的文献载体为一整块帛布，所以在排列次序上也不存在争议现象。帛书《周易》不分上下经，六十四卦的排列规律性明显，起于《乾》《否》而终于《家人》《益》，采用重卦的方法，八八成组，一气呵成。将其卦名[②]与今本《周易》卦名对照，整体排列顺序可如图 1-16：

1.乾	2.否	3.遯	4.履	5.讼	6.同人	7.无妄	8.姤
9.艮	10.大畜	11.剥	12.损	13.蒙	14.贲	15.颐	16.蛊
17.坎	18.需	19.比	20.蹇	21.节	22.既济	23.屯	24.井
25.震	26.大壮	27.豫	28.小过	29.归妹	30.解	31.丰	32.恒
33.坤	34.泰	35.谦	36.临	37.师	38.明夷	39.复	40.升
41.兑	42.夬	43.萃	44.咸	45.困	46.革	47.随	48.大过
49.离	50.大有	51.晋	52.旅	53.睽	54.未济	55.噬嗑	56.鼎
57.巽	58.小畜	59.观	60.渐	61.中孚	62.涣	63.家人	64.益

图 1-16　帛书《周易》卦序

---

① 马王堆汉墓帛书整理小组：《马王堆帛书〈六十四卦〉释文》，《文物》1984 年第 3 期。

② 于豪亮对帛书《周易》整理后认为，其与今本《周易》卦名不同，只是字形不同而已，字的读音都相同或相近，可以通假。载于豪亮《马王堆帛书〈周易〉释文校注》，上海古籍出版社 2013 年版，第 3 页。

从 1－16 可见，帛书《周易》卦序是将六爻卦的上下卦单独视之，然后两两相叠而排。上卦以经卦☰开始，向下依次为☱、☲、☳、☴、☵、☶、☷，为图中八行六爻卦每一横排的上卦。下卦以经卦☰开始，依次向☳、☵、☶、☱、☴、☲、☷，在每一横排上下相叠的六爻卦中，均将上卦的纯卦排到最前面。与帛书《周易》卦序这种"八八成组"律则相似的还有京房八宫卦序①、《元包》卦序②和贾公彦卦序③，这种卦序八组中每一组都有一个共同的经卦，结构严密统一，次序整齐，被称为连体卦序。

帛书《周易》连体卦序虽然便于记忆，但是却破坏了易卦的"二二相耦"的配对原则，失去了对偶性。帛书卦序也与卦名不相协调，更拆分了《乾》《坤》的门户地位，使其失去了用辞的示范性，自然也不符合《易传》中的义理、象数原则，更多地反映了"重卦中内、外卦的变化"④，有"求之于外而失之于内"⑤ 之嫌。

那么为什么帛书《周易》自成系统，选择"八八成组"律则？这是因为帛书《周易》的卦序是以八卦取象观念为基。在相重成卦而排的过程中，上卦和下卦八个三爻卦次序不同。帛书《周易》《衷》中有"天地定立，□□□□，火水相射，雷风相榑。"⑥ 与今本《说卦》中"天地定位，山泽通气，雷风相薄，水火不相射"⑦ 有相似之处，诸多学者认为可以相合为"天地定位，山泽通气，水火相射，雷风相薄"⑧，则可绘为图 1－17 如下：

---

① 京房：《京氏易传》，中华书局 1991 年版。
② 卫元崇撰：《元包经传》（卷一），《文渊阁四库全书》，台湾商务印书馆 1986 年版，第 803 册。
③ 《周礼注疏》，《十三经注疏本》，中华书局 1980 年版，第 803 页。
④ 邢文：《帛书周易研究》，人民出版社 1997 年版，第 87 页。
⑤ 廖名春：《〈周易〉经传十五讲》，北京大学出版社 2004 年版，第 68 页。
⑥ 廖名春：《马王堆帛书周易经传释文》，载杨世文等《易学集成》（三），四川大学出版社 1998 年版，第 3038 页。
⑦ 《周易正义》，《十三经注疏本》，中华书局 1980 年版，第 94 页。
⑧ 于豪亮、张政烺、李学勤均持此观点。参见于豪亮《马王堆帛书〈周易〉释文校注》，上海古籍出版社 2013 年版，第 5 页；张政烺《帛书〈六十四卦〉跋》，《文物》1984 年第 3 期；李学勤《周易溯源》，巴蜀书社 2005 年版，第 303—304 页。

<pre>
                鍵
         根   (乾)   筭
        (艮)   (巽)

       贛 (坎)   (离) 羅

          (震)   (兑)
        辰   (坤)   奪
                川
</pre>

图 1-17　帛书《周易》八卦图

此图从乾开始从左至右顺为：乾、艮、坎、震、坤、兑、离、巽，是为"八八成组"中的上卦经卦次序。依《衷》的"天地、山泽、水火、雷风"，从卦象还原顺为：乾、坤、艮、兑、坎、离、震、巽，是为"八八成组"中的下卦经卦次序。

由此构建过程可见，帛书《周易》卦序包含了《说卦》八卦取象的观念。《说卦》曾将八卦配以"父母六子"象：

> 乾，天也，故称乎父。
> 坤，地也，故称乎母。
> 震一索而得男，故谓之长男。
> 巽一索而得女，故谓之长女。
> 坎再索而得男，故谓之中男。
> 离再索而得女，故谓之中女。
> 艮三索而得男，故谓之少男。
> 兑三索而得女，故谓之少女。①

帛书经卦与《说卦》中所载八卦反映了相同的思想，《说卦》中除父母之外，六子是按照长、中、少而排先后。但在帛书中则是少、中、长而排，两者"形式上虽不完全一致，从大处着眼可以说是基本上相同的"②。可以说，在某种程度上帛书《周易》取序反映了《说卦》的思想。

---

① 《周易正义》，《十三经注疏本》，中华书局 1980 年版，第 94 页。
② 张政烺：《帛书〈六十四卦〉跋》，《文物》1984 年第 3 期。

此外，八八成组的卦序中还体现了阴阳关系交错的思想。帛书《周易》卦序反映的是重卦中的上下卦，即内外卦的变化。再看上卦八经卦的次序，如图1－18：

1.	2.	3.	4.	5.	6.	7.	8.
乾 ☰	艮 ☶	坎 ☵	震 ☳	坤 ☷	兑 ☱	离 ☲	巽 ☴

图1－18　帛书《周易》上卦八经卦的次序

据卦象和爻性可见，前四卦☰、☶、☵、☳，阳爻位置有规律变动，均为阳卦；后四卦☷、☱、☲、☴，阴爻位置依循前四卦规律变动，均为阴卦。再将阳卦、阴卦两两交叉相配，形成了下卦八卦的次序，如图1－19：

1.	2.	3.	4.	5.	6.	7.	8.
乾 ☰	坤 ☷	艮 ☶	兑 ☱	坎 ☵	离 ☲	震 ☳	巽 ☴

图1－19　帛书《周易》下卦八经卦的次序

这是明显的阴阳分立过程。在交错过程中，首先认为阳卦相对于阴卦具有优先性，所以在每一两两为组的交叉中，阳卦始终排在阴卦之前。其次，在阴阳交错过程中体现了阴阳相配、相反相成的思想。帛书卦序的作者明显清醒地认识到无论是在自然界还是社会家庭之中，阴阳的成对出现是一个普遍现象，也是社会伦理思想的表现，所以在阴阳配对上都是按照男女、长幼而分。

可见，帛书《周易》卦序结构具有规律性、推衍性，集中体现了八经卦和六十四别卦之间的演变关系，以“八八相重”为律则。如此，帛书《周易》六十四别卦序列是由八经卦的排列性质决定的，因为别卦系统的思想受经卦系统的思想影响，所以整体上必然包含了八卦取象和阴阳对立交错的观念。

此外，除帛书外，具有"八八成组"卦序结构意义的还有《清华大学藏战国竹简》，其中《别卦》文献记载了六十四卦卦名，其摹本①如下图1－20：

图1－20　清华简《别卦》

　　依据竹简摹本可整理如下（每一卦上一行为竹书原文，下一行为对应的通行《周易》卦名）：

---

① 清华大学出土文献研究与保护中心、李学勤主编：《清华大学藏战国竹简》（四），中西书局2013年版，第129页。

八	七	六	五	四	三（缺失）	二	一
☴	☲	☱	☷	☳	☵	☶	☰
小簹《小畜》	小又《大有》	般《夬》	乔《泰》	大臧《大壮》		大簹《大畜》	【乾】
觀《观》	蠿《晋》	罙《萃》	【坤】	介《豫》		僕《剥》	畐《否》
蒢《渐》	遞《旅》	慇《咸》	謙《谦》	少迗《小过》		【艮】	敆《遁》
中《中孚》	儚《暌》	【兑】	謹《临》	妹《归妹》		歔《损》	頦《履》
㥈《涣》	淒《未济》	困《困》	币《师》	纏《解》		愴《蒙》	讼《讼》
嚔《家人》	【离】	戜《革》	亡尼《明夷》	鄷《丰》		䡿《贲》	同人《同人》
恭《益》	燮《噬嗑》	懇《随》	遉《复》	【震】		顫《颐》	亡孟《无妄》
【巽】	鼎《鼎》	大迗《大过》	捷《升》	惩《恒》		砹《蛊》	緱《姤》

上述可见，清华简《周易》现存这七只简，每只简上的卦名为别卦卦名；卦象为经卦卦象，亦为此别卦所包含的上卦卦象；所载卦序以六画卦的上卦和下卦交互排列。每简七卦：上经卦悉同，简次出土已混淆，现存顺序为整理者排列，为☰、☷、☶（缺失）、☵、☳、☲、☱、☴。下经卦依照"☰、☷、☶、☵、☳、☲、☱、☴"为序，自上而下依次是卦象卦名，上下经卦同者不录。按照这种交互相荡方式推衍，缺失的第三简分别为：《需》《比》《蹇》《节》《坎》《既济》《屯》《井》，上下卦相同的八经卦被省略，所以《别卦》应有五十六卦，排列律则简单，也相对原始。

从卦序角度看，目前学界认为《别卦》"排列顺序与马王堆汉墓帛书《周易》一致，应是出于同一系统"①。但是我们认为这一说法值得商榷，

---

① 清华大学出土文献研究与保护中心、李学勤主编：《清华大学藏战国竹简》（四），中西书局2013年版，第128页。

无论帛书还是清华简每组下卦顺序固定，不存争议，但是上卦排列顺序则非一致。由于出土时简次混淆的原因，目前上卦排列顺序为☰、☳、（缺失）、☵、☶、☷、☴、☱，是依照在清华简《周易》之前出土的帛书《周易》的卦序而排，同时又遵循了"乾坤六子"之序的"乾坤父母领少、中、长六子"之序。

实际上，"乾坤六子"之序并非只有"乾坤父母领少、中、长六子"之序一种。据今本《周易》的《说卦》载："乾，天也，故称乎父。坤，地也，故称乎母。震一索而得男，故谓之长男。巽一索而得女，故谓之长女。坎再索而得男，故谓之中男。离再索而得女，故谓之中女。艮三索而得男，故谓之少男。兑三索而得女，故谓之少女。"① 这里，以乾坤父母为首，阴阳求合生六子。其中乾阳求合坤阴得男性：震、坎、艮。以坤阴求合乾阳得女性：巽、离、兑。合生六子之后，根据长幼可以产生不同排序。第一种为"父母、少、中、长六子"之序，也是目前出版的清华简《周易》选取的顺序：即父母（乾、坤），少（艮、兑），中（坎、离），长（震、巽）排列。继而又以每对中代表男性的阳卦排在前四位、代表女性的阴卦排在后四位，即乾、艮、坎、震、坤、兑、离、巽。

第二种顺序为"父母、长、中、少六子"之序，据《说卦》云："乾，健也。坤，顺也。震，动也。巽，入也。坎，陷也。离，丽也。艮，止也。兑，说也。"② 至此到最后，行文中所言八卦之象均遵守："乾、坤、震、巽、坎、离、艮、兑"的顺序，即为"父母、长、中、少"之序（亦为主爻所居位序之先后）。

由此可见，对于清华简《周易》来说，虽然选取了"乾坤六子"中的"父母、长、中、少六子"之序，但是因为出土之时简次已混淆，目前这一排序为七支简出土后为整理者所排，并非一定是原版之书的排列。又因为竹简形制特别，所以在每只简内容不变（即下卦排序不变）的情况之下，简次排序即上卦排序是可以有两种排法：既可以选择"乾坤六子"中的"乾坤父母领少、中、长"之序，也可以选择"乾坤父母领长、中、少"之序，所以整体卦序也还存在另外一种可能。

---

① 《周易正义》，《十三经注疏本》，中华书局1980年版，第94页。
② 《周易正义》，《十三经注疏本》，中华书局1980年版，第94页。

（3）符号以类

20 世纪 70 年代至今，除马王堆汉墓帛书[1]外，已有多种竹简易出土问世：阜阳汉简《周易》[2]、王家台秦简《易占》[3]、郭店楚墓竹简[4]，但是大多为残简断篇，很难复原卦序。相对而言，1994 年上海博物馆藏收藏的楚竹书《周易》中相对完整地记录了三十四卦（与今本《周易》相比较），对卦序研究而言具有一定的价值。

上海博物馆藏楚竹书《周易》五十八简，每一卦两到三简，共三十四卦，其中红色、黑色符号于每卦卦爻辞的前后各出现一次，即首符处于每卦第一简卦名后卦辞前，尾符位于该卦最后一简最后一个字之后。这样卦与卦之间具有了区分性、独立性。这种特殊的红黑符号共分六种：第一种为纯红色方块；第二种为纯黑色方块；第三种为红色“匚”框里套黑色小方块；第四种为黑色“匚”框里套红色小方块；第五种为红色方块中叠加黑色“匚”；第六种为黑色“匚”。将上博竹书《周易》三十四卦根据今本卦序和卦名对红、黑符号统计显示如下表：

				A	A	A	A							B	B	B	B								B	C							
乾	坤	屯	蒙	需	讼	师	比	小畜	履	泰	否	同人	大有	谦	豫	随	蛊	临	观	噬嗑	贲	剥	复	无妄	大畜	颐	大过	坎	离				
				A	A	A	A						B	B	B	B								B	F	B							
F	D	D					D	C	C				C	C			C	D			D	D			D			E					
咸	恒	遯	大壮	晋	明夷	家人	睽	蹇	解	损	益	夬	姤	萃	升	困	井	革	鼎	震	艮	渐	归妹	丰	旅	巽	兑	涣	节	中孚	小过	既济	未济
D	D	D					D	C				C	C			C	C				D			D				E			D	E	

（说明：表中 A 表示纯红色方块；B 表示纯黑色方块；C 表示红色“匚”框里套黑色小方块；D 表示黑色“匚”框里套红色小方块；E 表示红色方块中叠加黑色“匚”；F 表示黑色“匚”。）

① 1973 年，于湖南长沙马王堆三号汉墓出土，墓葬年代属西汉初文帝时期。

② 1977 年，安徽省文物工作队等单位在安徽阜阳双古堆 1 号墓发掘出土。据墓葬形制和随葬器物分析，墓主可能是第二代汝阴侯夏侯灶，卒于汉文帝十五年（公元前 165）。阜阳汉简《周易》共 752 片，有今本《周易》中的四十多卦，涉及卦辞、爻辞的约 200 片，与今本不同的卜事之辞约 400 片。卦辞与今本《周易》有若干异文，最明显的区别在于卦爻辞的后边，保存了许多卜问具体事项的卜辞。

③ 1993 年 3 月，于湖北江陵市荆州镇邱北村王家台 15 号秦墓出土。共有 394 枚约 4000 字的易占简书，证实了“三易”之一《归藏》的存在。

④ 1993 年 10 月，荆州市博物馆在湖北省荆门市沙洋区四方乡郭店村一座战国楚墓（M1）出土。郭店楚简中没有专门的写字文献，只有关于《易》的只言片语。

对此符号和卦序特征，学界持有几种态度：一是认为楚竹书《周易》卦序是与今本不同的另外一种卦序。濮茅左认为，"楚竹书《周易》中的红黑符号的变化，与《周易》的阴阳变化理论遥相呼应，彼此印证。"①红块代表阳盛，黑块代表阴盛。红黑符号之间的变化代表了事物在阴阳变化中转换，也是卦序行进的循环过程，是对于阴阳理论的外在表现。而《大畜》卦尾符和《咸》卦首符的黑色"匚"是上博竹书《周易》上下经的分界符：上卦序次为蒙、需、讼、师、比、蹇、解、夬、姤、萃、困、井、颐、大有、谦、豫、随、蛊、复、无妄、大畜。下卦次序为咸、恒、遁、睽、革、艮、渐、丰、旅、小过、涣、既济、未济。这种结构序次，与今本《周易》卦序不同之处在于，将今本下经的蹇、解、夬、姤、萃、困、井七卦移到上经；今本中处于《大畜》卦后面的《颐》卦至于《大有》卦之前。此外五类的彩色符号分类，明确地体现出二二相耦，对立统一的原则。②具体而言，除了《大畜》卦、《咸》卦、《颐》卦三个卦是同卦异符，其他都是同类同卦符号。其他卦与卦之间，对立成组的卦名都分别具有同类符号。

第二种观点是认为楚竹书《周易》卦序是与今本相同，持这一观点有姜广辉、李尚信等。姜广辉认为"楚竹书《周易》的卦序与今本《周易》的卦序是大致相同的"③，整理者可能将这些红黑符号的意义复杂化了，这六种符号仅仅是分篇分段用，目的在于筮者便于翻检而加。他尝试将楚竹书《周易》的卦序按照今本《周易》卦序的"理论模型"恢复为上经三段，下经四段，各段大体均分，具体如下图1－21：

这种排列方法出发点是依照彩色符号分布形态的理想化，但是实际上这种分布仅适合于下经的前三段，而彩色符号只有六种难以分为七段，以此推衍六十四卦全貌显然是不够准确的。

李尚信也赞同楚竹书《周易》的红黑符号与卦序有关系，"而且极可

---

① 濮茅左：《〈周易〉释文考释》，载马承源主编《上海博物馆藏战国楚竹书》（三），上海古籍出版社2003年版，第259页。
② 濮茅左：《楚竹书〈周易〉研究——兼述先秦两汉出土与传世易学文献资料》，上海古籍出版社2006年版，第33页。
③ 姜广辉：《上博藏楚竹书〈周易〉中特殊符号的意义》，《中国思想史研究通讯》2004年第2辑。

一	乾	坤	屯	蒙	需	讼	师	比	小畜	履	泰	否		
二	同人	大有	谦	豫	随	蛊	临	观	噬嗑	贲	剥	复	无妄	大畜
三	颐	大过	坎	离										
四	咸	恒	遯	大壮	晋	明夷	家人	睽						
五	蹇	解	损	益	夬	姤	萃	升	困	井				
六	革	鼎	震	艮	渐	归妹	丰	旅						
七	巽	兑	涣	节	中孚	小过	既济	未济						

图 1-21　楚竹书《周易》卦序分类之一

能就是今本卦序。"[1] 李尚信对于六种红黑符号再推测，认为还有一种大红块中叠加小黑块，这样就可以将楚竹书《周易》分为七段，也为上经三段，下经四段，如下图 1-22：

一、红块	乾	坤	屯	蒙	需	讼	师	比	小畜	履						
二、黑块	泰	否	同人	大有	谦	豫	随	蛊	临	观	噬嗑	贲	剥	复	无妄	大畜
三、大红块中叠加小黑块	颐			大过			坎			离						
四、黑色"匚"框里套红色小方块	咸		恒		遯		大壮		晋		明夷		家人		睽	
五、红色"匚"框里套黑色小方块	蹇		解		损		益		夬		姤		萃		升	困	井
六、黑色"匚"框里套红色小方块	革		鼎		震		艮		渐		归妹		丰		旅	
七、红色方块中叠加黑色"匚"	巽		兑		涣		节		中孚		小过		既济		未济	

图 1-22　楚竹书《周易》卦序分类之二

---

[1]　李尚信：《卦序与解卦理路》，巴蜀书社 2008 年版，第 102 页。

李尚信认为这种七段式的分法，使得上篇三段符合了天道演化的三个阶段，即从阳到阴再到阴阳和合；下篇四段是人类演化的四个阶段，从阴到阳再到阴最终走向阴阳和合，是一种对于宇宙、自然、人类的发展演化过程，体现了"一种前所未见的在阴阳学说统摄下的以'和合'为终极理想状态的包含'三段论''四段论'以致'七段论'为一体的丰富、系统而又独特的事物发展阶段论"①。

实际上，必须清醒的是，因上海博物馆藏楚竹书《周易》残简过半，且各卦不是连抄，所以相关分篇、排法均为推测。虽然对于上海博物馆藏楚竹书《周易》的红黑符号与卦序关系、结构分段存在聚讼不休状况，但是其中都保持了同类相聚的原则，这一原则既与早期典籍的编纂有关也与《易传》对于事物连类安排的思想同构。

《易传》中多处论及了分类思想。《文言》云："同声相应，同气相求。水流湿，火就燥，云从龙，风从虎，圣人作而万物睹。本乎天者亲上，本乎地者亲下，则各从其类也。""犹未离其类也。"《象传》论及："君子以类族辨物。"《系辞》也说："方以类聚，物以群分，吉凶生矣。""其称名也小，其取类也大，其旨远，其辞文，其言曲而中，其事肆而隐，因贰以济民行，以明失得之报。"由此可见，在《易传》解易时将归类看作是一种基本方法论和逻辑形式，这一思维也作用到了对于楚竹书《周易》卦序的排列和文本书写之中，通过不同的符号将同类卦分组聚集。

总体而言，在卦序问题上，历来说法甚多，解法也层见叠出，今本《周易》卦序、帛书《周易》卦序、竹书《周易》卦序、《连山》卦序、《归藏》卦序、唐石经本卦序（即王弼《注》本）、汉石经本卦序等。自宋始至今越来越多的学者运用图解的方式来对卦序进行分析，如序卦图②、后天《周易》序卦图③、文王六十四卦反对图④、六十四卦错综图⑤，诸多易学新说的产生，对于原版经文可能会存在一定的过度阐释现象，但是不同的卦序结构、秩序阐释仍代表了不同的观念认识。

---

① 李尚信：《卦序与解卦理路》，巴蜀书社 2008 年版，第 102 页。
② 杨甲：《六经图》，《文渊阁四库全书》，台湾商务印书馆 1986 年版，第 183 册，第 174 页。
③ 税与权：《易学启蒙小传》，《文渊阁四库全书》，台湾商务印书馆 1986 年版，第 19 册，第 8 页。
④ 胡一桂：《周易启蒙翼传》，《文渊阁四库全书》，台湾商务印书馆 1986 年版，第 22 册，第 222 页。
⑤ 王植：《皇极经世书解》（卷首下），《文渊阁四库全书》，台湾商务印书馆 1986 年版，第 805 册，第 292—293 页。

第二章 《周易》结构的历史演进

　　《周易》的建立经历了从文献到经典的漫长历史过程，经历了"人更三圣，世历三古"① 的创制和"十翼"的哲学阐释。这些构式都不是哪一代、哪一个人单独所能创作、完成的，而是历经几代，由多人接替不断思索和编排，精心而构。当其从万流汇聚成兼具实用功能、思想形态、文学性质的重要典籍时，必然蕴藏了集体的经验和历史文化变迁。因此，《周易》结构的历史演进过程，对于我们判断思想意味、语言变迁有着重要的意义。

第一节 从混沌到系统

　　《周易》的成书是众人历经多时累积的结果，卜筮形态的建立和素材来源必然是参差不齐的。早期易文献和占卜形式本身是分散的，非整齐划一，"《周易》是在多种占卜形式和文献的基础上编纂而成的。"② 所以在趋于完善的历程中首先会经历从混沌到系统的过程。③

一　占筮形式的规范化

1. 卜筮形态的递嬗过程

　　甲骨占卜非殷人所独有，而是可以追溯到新石器时代。据现有出土文

---

① 班固：《汉书·艺文志》，中华书局1964年版，第1704页。
② 过常宝：《制礼作乐与西周文献的生成》，中国社会科学出版社2011年版，第188页。
③ 孙鸣晨：《从混沌到系统：〈周易〉结构的历史演进》，《古籍整理研究学刊》2017年第3期，第84—89页。

献证明，早在八千年前龟卜就已经出现，河南舞阳裴李岗文化贾湖遗址中出现了刻有符号的龟甲①；又江苏省南京市北阴阳营遗址第三文化层出土了七件有坼纹和火灼痕迹的龟卜②，证明了龟卜一直从新石器时代流传到距今四千年前。而现存最早的骨卜距今五千五百年，为内蒙古昭乌达盟巴林左旗富河沟门遗址出土的鹿（或羊）肩胛骨③。河南境内淅川下王岗仰韶文化三期遗址与河南二里头文化遗址出土的卜骨④，也分别距今五千年、三千五百年左右。可见，虽然殷商之前甲骨占卜已经存在，但是仅就目前的资料表明，远古时代的甲骨占卜存在一定随意性。

甲骨占卜是殷商时期最重要的占卜方式。从殷墟出土的甲骨刻辞可见甲骨占卜是殷人用以决疑的重要手段。《尚书·洪范》云：

> 稽疑。择建立卜筮人，乃命卜筮。曰雨，曰霁，曰蒙，曰驿，曰克，曰贞，曰悔，凡七。⑤

可见殷商时期甲骨占卜内容丰富，涉及了生活的各个方面。殷商时期零散片段式地存在其他占卜方式。据出土文物可见，殷商时期还存在筮数占卜。张政烺最先指出甲骨文中的"奇数"是一种数字符号，存于商代的陶器、磨石、青铜器和甲骨上，其中殷墟甲骨中共有六片十一条刻有筮数符号。⑥ 但是这种占卜方式，在殷商时代并不占主要地位。

周人在殷商后期到周初延续了甲骨占卜的方式。《尚书·金滕》载：

> 乃卜三龟，一习吉。启籥见书，乃并是吉。⑦

---

① 冯沂：《河南舞阳贾湖新石器时代遗址第二至第六次发掘简报》，《文物》1989年第1期，第1—14页。

② 饶龙隼：《上古文学制度述考》，中华书局2009年版，第108页。

③ 中国科学院考古研究所内蒙古工作队：《内蒙古巴林左旗富河沟门遗址发掘简报》，《考古》1964年第1期，第1—5页。

④ 河南省文物研究所、长江流域规划办公室考古队河南分队：《淅川下王冈》，文物出版社1989年版，第306页。

⑤ 《尚书正义》，《十三经注疏本》，中华书局1980年版，第191页。

⑥ 张政烺：《试释周初青铜器铭文中的易卦》，《考古学报》1980年第4期。

⑦ 《尚书正义》，《十三经注疏本》，中华书局1980年版，第196页。

这则材料记载了周灭商后两年，武王病重，周公为其祷寿而卜。类似记载如《诗经·大雅·文王有声》云：

> 考卜维王，宅是镐京。维龟正之，武王成之。①

这里是周文王在建镐京之前，以龟卜方式验证建都是否可行的卜辞，反映出甲骨占卜依然是周代官方的占卜方式。此外，李学勤认为陕西岐山凤雏村西周宫殿遗址出土的周原甲骨卜辞"上起周文王，下及康、昭。"②可见在周初，龟卜仍为官方占卜方式。

在西周时期，梦占也是官方的重要占卜方式，并且存在多重印证的判断方式。西周时期梦占，如《周礼·春官·大卜》云："掌三梦之法，一曰致梦，二曰觭梦，三曰咸陟。……以八命者赞三兆、三易、三梦之占，以观国家之吉凶，以诏救政。"③据上可知，大卜的三梦之法常用于宫廷。《左传·成公十年》载"晋侯梦大厉被发及地"与《左传·襄公十八年》载"中行献子将伐齐，梦与厉公诉"两个事例中，君王都找释梦者解梦，可见梦占的习俗在周代君王中的应用很普遍。

西周时期筮占开始被广泛使用。筮占，或曰易占，以蓍草作为工具推衍出数字，然后依据卦象来判断吉凶。宋徽宗时出土的周昭王时期的方鼎上，载录有"惟臣尚中臣，七八六六六六，八七六六六六"筮占铭文，且近人于陕西淳化县境出土的西周陶罐，陕西长安县境出土的陶拍、西周时期的仲游父鼎、父戊卣、召仲卣等文物上的筮数，均说明筮占在西周时期已经被广泛接受。④相比于龟卜、梦占来说，易占则用于近期事件或者小事的占问上。据《周礼·春官·大卜》载掌管卜筮之事的太卜还通晓"三易"，分别为"连山""归藏""周易"，而体制均为"经卦皆八，其别卦六十有四"。目前比较流行的看法是认为三易为分属于夏、商、周的卜筮之书，也有认为其是三种不同的筮占方法⑤。无论是为三种卜筮之书还是三种卜筮方法，三易的分别存在即说明于西周时期有不同的筮占系统存

① 《诗经正义》，《十三经注疏本》，中华书局 1980 年版，第 527 页。
② 李学勤：《西周甲骨的几点研究》，《文物》1981 年第 9 期，第 11 页。
③ 《周礼注疏》，《十三经注疏本》，中华书局 1980 年版，第 803 页。
④ 参见李学勤《周易溯源》，巴蜀书社 2006 年版，第 203—242 页。
⑤ 李学勤：《周易溯源》，巴蜀书社 2006 年版，第 48 页。

在，呈多元形态发展。

值得注意的是，龟卜、梦占、筮占作为周人探索未来解决疑惑的重要手段，并非各自独立，而是互相交织、互相印证，结合用之。《尚书·洪范》云：

> 汝则有大疑，谋及乃心，谋及卿士，谋及庶人，谋及卜筮。①

这里的"卜筮"之"卜"指龟卜，"筮"是指筮占，即易占。《周礼·春官·筮人》载：

> 凡国之大事，先筮而后卜。②

这是明显将龟卜和筮占相结合考察。对此，郑玄注曰："当用卜者，先筮之，即事有渐也。于筮之凶，则止不卜。"③

春秋时期，易占成为主流的占卜方式，并且最终依赖于既定的文献《周易》来判断吉凶。在春秋时期龟卜方式依然流传，据统计《左传》中记载多达五十五例，占问的事情有征伐、命官、立储、营建、生育、疾病、婚姻、郊祭、雨、梦等④。但是时下，单独使用易占开始增多，据《左传》中所载当时易占则主要偏向于个体命运的卜例。这两种占卜方式在经过西周数百年的发展逐渐出现了分工。相比之下，这一时期易占的应用有了新的发展。首先，在筮法及经验证明上更多元，使用的筮占之书版本更多。据《左传·僖公十五年》载：

> 秦伯伐晋，卜徒父筮之，吉。涉河，侯车败。诘之，对曰："乃大吉也，三败必获晋君。其卦遇蛊䷑，曰：'千乘三去，三去之余，获其雄狐。'"⑤

---

① 《尚书正义》，《十三经注疏本》，中华书局 1980 年版，第 191 页。
② 《周礼注疏》，《十三经注疏本》，中华书局 1980 年版，第 805 页。
③ 《周礼注疏》，《十三经注疏本》，中华书局 1980 年版，第 805 页。
④ 陈来：《古代思想文化的世界：春秋时代的宗教、伦理与社会思想》，生活·读书·新知三联书店 2002 年版，第 21 页。
⑤ 《春秋左传正义》，《十三经注疏本》，中华书局 1980 年版，第 1805—1806 页。

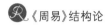

以上材料中的卦爻辞不见于今本《周易》，且于《左传》《国语》中提及易占事例多以"易"称或者"易象"，明确提到"周易"的仅十一例，可见同期存在易占系统增多。此外，对于同一事件的易占也会有不同的占筮方法和解说偏向。例如《国语·晋语四》载：

> 公子亲筮之，曰："尚有晋国！"得贞《屯》、悔《豫》，皆八也。筮史占之，皆曰："不吉。闭而不通，爻无为也。"司空季子曰："吉。是在《周易》，皆利建侯。……故曰《屯》。其繇曰：'元亨利贞，勿用有攸往，利建侯。'主震雷，长也，故曰元。众而顺，嘉也，故曰亨。内有震雷，故曰利贞。车上水下，必伯。小事不济，壅也。故曰勿用有攸往，一夫之行也。众顺而有武威，故曰'利建侯'。《坤》，母也。《震》，长男也。母老子强，故曰《豫》。其繇曰：'利建侯行师。'居乐、出威之谓也。是二者，得国之卦也。"①

从这一段文字看，筮史和司空季子分别根据两种占筮方法针对公子重耳的筮卜给出了不同的结论。筮史的解析是围绕着占筮的数进行分析，而司空季子则是根据卦象进行了推导立论，是两种不同的判断方法。

综上，经过新石器时代、殷商、周代直至春秋的占卜形式嬗变的梳理，可以发现在整个殷商时期龟卜都比较盛行，并存在少量的筮占记录。至于西周时期筮占盛行，逐渐与龟卜并行并用。降至春秋，易占大量应用，同时存在多种形态和方法，亦有多种筮占之书。对于易占来说，自西周到春秋的数百年发展中，不止存在着一种"易"，均可作为今本《周易》溯源。据此，我们可以得出这样一个结论，《周易》汇聚着西周巫卜人员的智慧和经验，这一过程并非一蹴而就，是在多种占卜形式的基础上厘定而成，存在多方史料同源的可能。

2. 每事皆卜到礼乐文化

《易经》作为具有重要实用价值的筮卜文献，撰定于周初。从历时性角度而言，这一时期占筮的内容、形态和功用也都较之商代不同，明显地由每事皆卜或一事多卜向制礼作乐的文化倾向发展，从巫术的迷茫逐渐走向了理性的晴朗。

---

① 左丘明：《国语》，上海古籍出版社 1978 年版，第 362 页。

首先，从每事皆卜到礼乐文化的变更，表现在有了专门筮占的官员，有意识地建立政治的秩序化和制度化。西周之前筮占由史官兼任，从甲骨卜辞中我们可以看到史官与祭祀活动关系极为密切，当时史官名目繁多，有"史""多卜""卜某"等。在早期的官吏中，巫史不分是一突出特色，对此陈梦家云："卜辞中，卜、史、祝三者权分尚混合，而卜、史预测风雨休咎，又为王占梦，其事皆巫事而皆掌之于卜史"。[1] 这一官制特点在官学掌于史的文化背景之下，从殷商时期一直延续到了西周。

到了西周时期，专门筮占的官员已经出现了，增强了易占的独立性和正统性。《尚书·洪范》载：

> 稽疑。择建立卜筮人，乃命卜筮。[2]

这一段文献记录了武王向箕子请教治国之道，箕子的建议中就有设立卜筮专职和制度。《周礼·春官》中有蓍人、占人均为专责筮卜的官员，甚至有详细的分类：

> 九筮之名，一曰巫更，二曰巫咸，三曰巫式，四曰巫目，五曰巫易，六曰巫比，七曰巫祠，八曰巫参，九曰巫环。以辨吉凶。[3]

对此，郑玄注曰："此九巫，读皆当为筮，字之误也"[4]。可见，筮占官员既有史官兼任，也有专责人员。

其次，表现在西周时期的占筮活动本身需要礼祀行为。这一时期的文物中也确实有关于筮人占筮的礼节上的记录，史懋壶铭文所载：

> 王才荼京淫宫，窥（亲）令史懋路（露）筭（筮），咸。王乎（呼）伊白（伯）易懋贝，懋拜頴首对王休，用乍父丁宝壶。[5]

① 陈梦家：《商代的神话与巫术》，《燕京学报》1936年第20期，第534页。
② 《尚书正义》，《十三经注疏本》，中华书局1980年版，第191页。
③ 《周礼注疏》，《十三经注疏本》，中华书局1980年版，第805页。
④ 《周礼注疏》，《十三经注疏本》，中华书局1980年版，第805页。
⑤ 马承源：《商周青铜器铭文选》（三），文物出版社1988年版，第159页。

上述"露筮"是指在占筮之前需要将蓍草置于夜空星宿之下，是一种于筮占之前的祭祀行为。而于西周时期，卜筮较多用于卜日吉祥与否，是影响祭祀活动日期的一项重要决策因素。《礼仪·少牢馈事礼》载：

> 少牢馈事之礼。日用丁、己。筮旬有一日。筮于庙门之外。主人朝服，西面于门东。史朝服，左执筮，右取上韇，兼与筮执之，东面受命于主人。主人曰："孝孙某，来日丁亥，用荐岁事于皇祖伯某，以某妃配某氏。尚飨！"史曰："诺。"西面于门西，抽下韇，左执筮，右兼执韇以击筮。遂述命曰："假尔大筮有常。孝孙某，来日丁亥，用荐岁事于皇祖伯某，以某妃配某氏。尚飨！"乃释韇，立筮。卦者在左坐，卦以木。卒筮，乃书卦于木，示主人，乃退占。吉，则史韇筮，史兼执筮与封以告于主人："占曰从。"乃官戒，宗人命涤，宰命为酒，乃退。若不吉，则及远日，又筮日如初。①

据此材料可见，西周时期，不仅筮占是为了进行仪礼活动而进行的占日手段，是属于启动礼仪活动的行为。同时因为筮占伴随着一定礼节，所以本身也属于西周礼仪活动的第一部分。此外，易占也是决定冠礼、丧礼、婚礼等日期和参与人员的一种方式，是人生重大礼仪顺利进行的保证。

上述种种可见，占卜在先秦时期是宗教仪式的一种，在社会生活中有着重要的地位。至于周礼精神，其目的是建设一个以礼教为特征的社会，所以这一时期由每事皆卜到制礼作乐行为，为西周人礼乐文化规范和改造观念的表现。处于这样的历史背景之下所编纂的《周易》，也因此被整理和规范，纳入制礼作乐文化建设中。

二 古经编纂的理性化

《周易》卦爻辞的起源到定型则呈现了更为复杂的过程。有学者认为："从历史的角度来看，卦爻辞的素材大部分是以前占筮活动的记录，即筮辞。那些在过去应验了的筮辞一般作为依据而保存下来，而卦爻辞即从它们之中抽出。因此，有时卦爻辞不只有一次占筮记录，还有两次或者两次

---

① 《仪礼注疏》，《十三经注疏本》，中华书局 1980 年版，第 1196 页。

以上的占筮记录。"① 这是将卦爻辞的来源看作与卜筮记录相关。《周易》中筮辞多为占卜时候的记录，从全书而言，起初应该是处于杂乱的语辞片断，这也是由于其卜史形态造成的。据《周礼·春官·占人》曰："凡卜筮，既事，则系币以比其命。岁终，则计其占之中否。"② 这里所载，卦爻辞为卜史的记录，一年之中所占结果一爻数占并有多种结果，在年终，再将所占记录汇集比对，查看所占准确与否，继而形成文本材料保存。因此，《周易》古经在形成今本书面形式之前，必然经过了不断地补订和选择。

1. 材料上的准备

周人在编纂《周易》卦爻辞时是一个旁征博引的过程，这一过程经历了太卜、筮人等集结许多材料编辑成书，再供后来占者参考。沿波讨源，占辞、述事象之辞中均具有丰富的语料来源。

首先，在占辞上，明显集甲骨卜辞中的语料。作为《周易》卦爻辞的常用断语"元、亨、利、贞"早已有之。在卜辞贞卜用语中，表示吉凶之辞有"吉、大吉、小吉、亡尤、亡尤"；卦爻辞中示吉凶之辞有"大吉"（《鼎》上九）、"厉吉"（《颐》上九）、"悔亡"（《咸》九四）等。《周易》与卜辞在言吉凶之时辞语相类的同时又有增繁。如"元"字，自周代文献到春秋文献中多有出现，含义也一脉相承。《诗经·六月》："元戎十乘"；《尚书·康浩》："元恶大憝"中的"元"都训为"大"，是周人常用语义。除断语外，占辞与卜辞也有继承关系。例如《周易》中的"君子以遏恶扬善，顺天休命"③"君子以永终知敝"④ 与卜辞中的："思即于休命。""思即于永冬"⑤ 有关。另，《周易》中的"旅贞吉"和卜辞中的"贞我旅吉"之间有相承关系。⑥ 由此可见，《周易》的占辞确实汲取甲骨卜辞的占断用语。

其次，《周易》中的述事象之辞也是汲取前代历史文献或公认的语料。

---

① 朱伯崑：《易学基础教程》，九州出版社 2003 年版，第 56 页。

② 《周礼注疏》，《十三经注疏本》，中华书局 1980 年版，第 805 页。

③ 《周易正义》，《十三经注疏本》，中华书局 1980 年版，第 30 页。

④ 《周易正义》，《十三经注疏本》，中华书局 1980 年版，第 64 页。

⑤ 1979 年 9 月于陕西扶风县出土的编号为 H3〔2〕·1 的龟腹甲刻辞。

⑥ 余永梁：《易卦爻辞的时代及其作者》，载顾颉刚编《古史辨》（三），上海古籍出版社 1982 年版，第 151—152 页。

《周易》卦爻辞中有五件可考的史事，分别是"王亥丧牛羊于有易"（《大壮》六五、《旅》上九）；"高宗伐鬼方"（《既济》九三、《未济》九四）；"帝乙归妹"（《归妹》六五）；"箕子之明夷"（《明夷》六五）；"康侯用锡马蕃庶"（《晋》），也有多条卦爻辞难以确考，约是与史事相关。《周易》虽非史书，但是明显记载了多件在编纂成书之前发生的史事，其中也并非发生于同一时间、国家，可见广泛收录了前代的历史文献。

部分卦爻辞虽然并非来自历史，但是为时下公认的权威语料。至于春秋时期，这类语辞已然成为了人们引经据典的来源，其目的是运用这类语料来佐证话语的权威性。"彰往而察来"是"以史为鉴"的萌芽，这里虽然不是真正的史鉴，也确是以比附的方式赋予这类语料现实意义。《文言》开篇就有一段著名的阐释"四德"的话，其言八句，谓：

> 元者，善之长也。亨者，嘉之会也。利者，义之和也。贞者，事之干也。君子体仁足以长人，嘉会足以合礼，利物足以和义，贞固足以干事。君子行此四德者，故曰："乾，元，亨，利，贞。"①

而与此相同的一段话也出现在《左传》里，《左传·襄公九年》记有穆姜"元、亨、利、贞"四德的阐释。这两处记录几乎完全相同，因此很容易想到是孔子袭用了《左传》中穆姜的话。但是我们必须明辨一点，《左传》中穆姜的话，也是引用，并不是穆姜本人的立论。穆姜论述"四德"的文辞是对《随》卦的解析，并不见于《随》卦经，《左传》与《易传》一样也是征引转述，而不是立论发明。因此，尚秉和于《易说评议》中为孔子申辩曰："又谓以元亨利贞为四德，乃穆姜之言，为左氏所记，以是证《文言》非孔子作。按穆姜述四德既已曰然故不可诬也，谓此古易说可信也，然则此为古易说，穆姜述之，《文言》覆述之，有何可疑？必谓此八语见于左氏，《文言》再见，即为抄袭左氏，有是理乎？"② 这里认为四德之说原为古训，穆姜与孔子都引古训而论。上古时代文献被反复引用是一个普遍现象，因此于经典之中形成了一个有趣的史料同源的学术现象。

与《周易》相关的史料同源现象中，资料的来源是丰富的，大多是以

---

① 《周易正义》，《十三经注疏本》，中华书局1980年版，第15页。
② 尚秉和：《易说评议》，光明日报出版社2006年版，第37—38页。

西周筮占和甲骨卜辞而来，是《周易》理性化的铺垫。迟至春秋，互相征引情况加多。《左传·宣公十二年》载：

> 知庄子曰："此师殆哉。《周易》有之，在《师》䷆之《临》䷒，曰：'师出以律，否臧，凶。'执事顺成为臧，逆为否，众散为弱，川壅为泽，有律以如己也，故曰律。否臧，且律竭也。盈而以竭，夭且不整，所以凶也。不行谓之《临》，有帅而不从，临孰甚焉？此之谓矣。果遇，必败，彘子尸之。虽免而归，必有大咎。"①

这段话是知庄子在对管理军队纪律进行说理，妆时并没有卜筮活动，却一再征引《周易》，用《易》文辞作为话语训义的理性支持。此外，于《左传·昭公元年》医和征引《周易》，《左传·昭公三十二年》史墨征引《周易》，均是脱离筮占应用而直接用以说理。虽然没有确切材料可证西周时期已经有了征引情况，但是从史料同源角度而言，《周易》相关语料常为时下论理的理论支撑。恰如过常宝而言，"至少，周人以象论筮，编纂卦爻辞，在理论和材料上为它的经典化做了准备。"②

再次，《周易》卦爻辞中最大的特色就是依象取义，诸多语辞来源于日常，被时人广泛传播。如《渐》卦爻辞中"鸿渐于干""鸿渐于磐""鸿渐于陆""鸿渐于木"以鸟类行迹来言吉凶。《左传·僖公十六年》载："'六鹢退飞，过宋都'，风也。周内史叔兴聘于宋，宋襄公问焉，曰：'是何祥也？吉凶焉在？'"③ 而《史记·殷本纪》载："帝武丁祭成汤，明日，有飞雉登鼎耳而响，武丁惧。"④ 这两则材料中"鹢""雉"均为鸟类，以飞鸟之象来预言吉凶。《周易》中取象之辞甚多，以强调事象的形象性特征来表意，既有日常生活之象也有自然鸟兽之象，这种象占方式是："人们见了，以为跟他有密切关系，因而探究神旨，推断吉凶的一种占验。"⑤ 所以，《周易》中的这一类卦爻辞在文成之前，涉及内容庞杂，并且与其他相类占筮互相影响，经过收集整理才成为一部系统而集中的占

---

① 《春秋左传正义·宣公十二年》，《十三经注疏本》，中华书局 1980 年版，第 1879—1880 页。

② 过常宝：《制礼作乐与西周文献的生成》，中国社会科学出版社 2015 年版，第 203 页。

③ 《春秋左传正义》，《十三经注疏本》，中华书局 1980 年版，第 106 页。

④ 司马迁：《史记》，中华书局 1959 年版，第 103 页。

⑤ 李镜池：《周易探源》，中华书局 1978 年版，第 123 页。

筮书籍。

另外，在《周易》的卦爻辞中具有明显的古歌谣特征，多有韵语。也有学者认为这些歌谣比《诗经》更为古老。① 在先秦时期爻辞广布于世，于《左传》《国语》载爻辞皆称"繇"，而"爻"则专指爻位而言。以《左传》为例，繇辞凡七见，"或见于今之《周易》，或是春秋人自作歌谣，没有爻位，均是有韵的诗体歌谣。"② 繇不仅与谣相通，亦谓之颂，据此，卦爻辞与上古时代的诗歌流传确实息息相关。童谣、谚要、歌辞均以韵语的形式流传，这些具有浓重的民间意味的语言被写进繇辞用来预言命运的悲欢，是因为在原始思维中，人们相信语言的神奇魅力。《国语·晋语》载："童谣有之曰：'丙之晨，龙尾伏辰，均服振振，取虢之旂。鹑之贲贲，天策焞焞，火中成军，虢公其奔。'火中而旦，其九月十日之交乎？"③ 另《国语·郑语》载："宣王之时有童谣曰：'檿弧箕服，实亡周国。'"④ 这种来自民间的童谣，包含着神秘的语言，并且在口耳言传中为人们所信服。上古时期人们在祭祀之时，也偏好使用韵语，后又与音乐相通，通过歌谣来达到天人合一的愿望，对此《尚书·舜典》曰："诗言志，歌永言，声依永，律和声。八音克谐，无相夺伦，神人以和。"⑤ 至此，诗语和音乐相结合的手段，被视为具有神性，可以用来召示判断吉凶。这种来自民间的歌谣语言，历史悠久，在先秦时期风行，成为了中国文化中最具阐释性也是普及程度最高的经典文献之一，最终作为语料收集进卦爻辞之中。

2. 语言形式、惯语的定型和简化

今本《周易》六十四卦形式结构整齐，每一卦均为"卦名—卦辞—爻题—爻辞"；在卦爻辞经常反复出现复沓句式和层次清晰的占断辞，具有清晰的惯语模式。"周人在编纂《周易》卦爻辞时是一个旁征博引的过程"⑥，汲取了甲骨卜辞、《归藏》、史料、古歌等多重语料，逐渐从丰富

---

① 高亨：《周易古经今注》，中华书局 1987 年版，第 17 页。
② 傅道彬：《〈周易〉的诗体结构形式与诗性智慧》，《文学评论》2010 年第 2 期，第 36—44 页。
③ 左丘明：《国语》，上海古籍出版社 1978 年版，第 299 页。
④ 左丘明：《国语》，上海古籍出版社 1978 年版，第 519 页。
⑤ 《尚书正义》，《十三经注疏本》，中华书局 1980 年版，第 131 页。
⑥ 孙鸣晨：《从混沌到系统：〈周易〉结构的历史演进》，《古籍整理研究学刊》2017 年第 3 期，第 87 页。

冗杂的语料发展到现有的语言形式和惯语。具体体现在以下几个方面。

首先，周人在编纂《易经》文本时，在形式层面上比殷商以前的卜辞更为整齐和简化。一条完整的甲骨卜辞，可分为前辞、命辞、占辞、验辞等部分。前辞，也叫叙辞，记占卜的时间和人名。命辞，指所要占卜的事项。占辞，记兆文所示的占卜结果。验辞，记事后应验的情况。但是甲骨卜辞记事不成系统，条目繁多，目前所见的大量甲骨卜辞之间的关联性体系性不清，所以所呈的组织形式相对杂乱。而《易经》卦爻辞的形式明显经过加工编纂，六十四卦形式结构整齐，穿连一体，均为"卦名—卦辞—爻题—爻辞"。另外，卦爻辞的释象形式简短洗练，大部分都是仅描述卦爻象，不繁加其义。《易经》上下经文共5000多字，《兑》卦最少，为43字，《困》卦最多，为108字，平均每卦78字。相比较而言，从甲骨卜辞到《易经》卦爻辞的文本形式，明显经历了杂乱到相对整齐规律的进步。

其次，《易经》在占辞上将繁复的贞卜辞进行了层次上的简化。占筮作为预测行为，在早期的传承中并无固定的文本可循，赖于一代代筮人的耳闻口传。正如口头史诗的传诵一样，记忆是筮人主要的传习方式之一。但对后代的筮者来说，他们所要记忆的并不是全部的筮辞，而只是其中的一部分，尤其是关键性的、常用的语词，这些常用的贞卜语辞进入筮者的脑海以后，就成为可以反复利用的"程序"。又因为口语的可变性和个体性强，所以早期的占筮语言复杂多样，远远超越今本《周易》中的占筮语言。例如，在甲骨卜辞的贞卜用语中，示吉凶之辞极其丰富，与"吉"相关的就有"吉、小吉、上吉、大吉、引吉、弘吉、不吉"等。但是甲骨中丰富的贞辞并没有表现更多的意义，反而使含义混淆，程度不清，令人理解困难。《易经》在文本编纂时，一方面汲取甲骨卜辞的占断用语，一方面也进行了简化和分层次，即去掉了烦琐重复性的断语，再根据程度进行划分。例如与吉相关的有"贞吉、元吉、吉"，程度清晰、层次分明。

再次，《易经》在卦爻辞逐渐定型的过程中，有着明显的口语向专有名词发展的特点。早期的筮辞中口语较多，这也是人类知识在书写形制尚未普及时的普遍传播和记述方式。列维－布留尔在《原始思维》中对早期人类的表达方式总结道："在早先，专门化的名词的使用和对细节的无微不至的注意，并不是有目的和有意识的努力的结果，而只是表现方式所促成的必要性的结果。心象—概念的表现和传达，只能是或者借助于某种画面，或者借助于真正的手势，或者借助于作为一种声音手势的口头表现。"① 这种口语化的传播方式在夏商周三代的文献中也极其常见。在甲骨占卜中，存在口耳相传的传习方式，无固定的文本可寻，贞卜用语是少数人才能掌握的语言。所以现在所见甲骨卜辞记事比较简单，对于细节的描述也多口语化特点，少经加工。这种口语化的语言，是对于所见最直接的反映，保持了商代记事文字的原貌。

到了《归藏》时期，口头性语辞仍有保留，但具有惯语性质的书面语开始出现。秦简《归藏》第 207 简载："介曰：北黄鸟，杂彼秀虚；有丛者□□，有□□人民□。"此繇辞中的语素在《诗经》中多有出现，如"交交黄鸟，止于棘。"②"睍睆黄鸟，载好其音。"③ 民间歌谣最大的特征就是口耳相传，所以"这就意味着'北北黄鸟，杂彼秀虚'句实际上源自口头创造，而不是书面文本"④。《归藏》中这一类语句很可能也都是源自原始歌谣，是初民们对于生活实践的一种表述形式。进步的是，这一时期比口语更为简化的书面语开始出现，惯语逐渐开始定型。如秦简《归藏》的叙述型繇辞中，就有一些重复词，如"昔者""贞卜""支占"等，具有明显的书面性质。甚至有些句式也为反复出现，例如"卜亓邦尚毋有咎"更是出现了六次。⑤ 并且与此相类句式也屡屡出现于其他出土文献之中，如"尚毋又（有）咎。占之，盲贞吉，少未已。（包山楚简，394）"⑥"以瘥，尚毋以亓（其）古（故）又（有）大咎。占之恒贞。（望山楚简，40）"⑦ 这一类性质的语辞，是对前代筮占口语的承继，又超越了前面单纯依赖一代代筮人口耳相传无文本可循的状态，成为一种固定的"程序"，这说明一些专业性惯语已经开始作为定式流传。

---

① ［法］列维－布留尔：《原始思维》，丁由译，商务印书馆 1985 年版，第 169 页。
② 《毛诗正义》，《十三经注疏本》，中华书局 1980 年版，第 373 页。
③ 《毛诗正义》，《十三经注疏本》，中华书局 1980 年版，第 302 页。
④ 倪晋波：《王家台秦简〈归藏〉与先秦文学——兼证其年代早于〈易经〉》，《晋阳学刊》2007 年第 2 期，第 109 页。
⑤ 据王明钦《王家台秦墓竹简概述》所公布的原始释文。参见王明钦《王家台秦墓竹简概述》，载艾兰、邢文编《新出简帛研究：新出简帛国际学术研讨会文集》，文物出版社 2004 年版，第 26—49 页。
⑥ 湖北荆沙铁路考古队编：《包山楚简》，文物出版社 1991 年版，第 33 页。
⑦ 朱德熙、裘锡圭、李家浩：《望山一、二号墓竹简释文与考释》，载湖北省文物考古研究所编《江陵望山沙冢楚墓》，文物出版社 1996 年版，第 240 页。

卦爻辞是口头"言语"向"语言"过渡的一个标本,其中引用了大量的民间谚语、歌谣乃至俗语、成语,都是与此以远一代代先人口头创作的成果。[1] 到了《周易》阶段,惯语的出现则使文本组织状态更为简化并且成体系,这也是今本《周易》更易于流传和接受的原因之一。

3. 理论上的准备

西周筮占的理性化倾向与易占的礼乐文化功能密不可分,它以周代天命的革新思想为出发点,以现实人生为基本态度,从文化角度为《周易》成书做好了理论上的准备。具体表现有三:其一,从专一依赖卜筮到强调人的作用;其二,因忧患意识而产生建立秩序的准备;其三,从敬畏依赖思想到乐观理性心态。

首先,在具体应用之中,从专一依赖卜筮发展到开始强调人的作用。在殷商时代,占卜为君王所用,无事不卜,寄托于通过神灵的指示来引导社会生活。周代所载的卜筮之中,多见"龟卜""龟蓍""卜筮"等词,而"骨卜"等名词却少见,因为在殷商之际,牛在农业生产中备受倚用,出现了牛骨不敷用的现象。而制定新的天人交通的方法是古代天命改易的手段,也是社会、文化、政治逻辑化的必然。所谓"文王演易"发生于文王被殷纣王囚羑里期间,他潜心研制新的筮术,将易占与周代天命的革新措施相依傍。

相对于龟卜来说操作相对简便的易占,承担着建设社会价值秩序的任务。西周易占重视以德行取信于神,既是对殷商过度占卜的反拨也是强调人的主体价值的起点,因此迅速得到了社会的广泛认可。《尚书·洪范》曰:

> 立时人作卜筮,三人占,则从二人之言。汝则有大疑,谋及乃心,谋及卿士,谋及庶人,谋及卜筮。[2]

这段话中箕子的观点认为,在卜筮时候并非仅有一种权威的解释,要多加考量。如果君王有疑问而占卜时,应该先自我反思,然后征求智者卿士意见,再观照庶人需求,最后再去卜筮。这是西周对于卜筮的新思想,强调

---

[1] 陈良运:《〈周易〉与中国文学》,百花洲文艺出版社1999年版,第167页。
[2] 《尚书正义》,《十三经注疏本》,中华书局1980年版,第191页。

了人的主体价值作用。

其次，是表现在因强烈的忧患意识而产生的具有训诫大义的辞语，致力于建立具有秩序性、内敛性的新文化内容。周人的强烈忧患意识与当时的社会变革有关，出现了深刻的反思："《易》之兴也，其于中古乎？作《易》者，其有忧患乎？"① "《易》之兴也，其当殷之末世，周之盛德邪？当文王与纣之事邪？是故其辞危。"② 《易》中所载的忧患思维，是先秦时期人们受到历史变革震慑后的写照。《左传·昭公三十二年》载史墨论季氏驱逐国君之事："社稷无常俸，君臣无常位，自古以然……在易卦，《雷》乘《乾》曰《大壮》☳，天之道也。"③ 这里史墨借《大壮》卦来解释君主和天道的关系，因此可推测在西周时期已经有了关于君王应该敬畏天命的思想。如果想要趋吉避凶就要知晓和顺应自然规律，《礼记·曲礼上》载："卜筮者，先圣王之所以使民信时日，敬鬼神，畏法令也。所以使民决嫌疑，定犹与也。故曰：'疑而筮之，则弗非也。日而行事，则必践之。'"④ 据此可见，在先秦时期卜筮是可以作为判断和解决事情的一个依据，具有浓烈的社会信仰，并且含有训诫大义，从君至民都要以敬畏态度服从。而卦爻辞就为这种教化要义提供了文本支持。

因此，我们可以看到《周易》作为筮占产物，其言辞之中包含了明显的礼乐习俗和节制精神，对其社会秩序建设起着推广的作用。兰甲云于《周易古礼研究》中对于卦爻辞的推研，统计出"涉及吉凶军宾嘉五礼的卦爻辞合计有 77 条。……其他有关礼制问题的卦爻辞有 19 条。《周易》中涉及所有礼制内容的卦爻辞共计共有 99 条。"⑤ 这些内容几乎涵盖了周代的各种礼仪活动，以宴饮馈宾之礼为例，在西周时期是重要的礼节活动，能够适用宗法社会形态，沟通族群关系，所以《礼记·礼运》中有："夫礼之初，始诸饮食。"⑥ 而《周易》中关于宴饮的记述，不仅仅为当时社会生活的反映，并通过筮占手段来指导礼仪活动，颇有维护秩序、训诫行为之义。例如：

---

① 《周易正义》，《十三经注疏本》，中华书局 1980 年版，第 89 页。
② 《周易正义》，《十三经注疏本》，中华书局 1980 年版，第 90 页。
③ 《春秋左传正义》，《十三经注疏本》，中华书局 1980 年版，第 2128 页。
④ 《礼记正义》，《十三经注疏本》，中华书局 1980 年版，第 1252 页。
⑤ 兰甲云：《周易古礼研究》，湖南大学出版社 2008 年版，第 218 页。
⑥ 《礼记正义》，《十三经注疏本》，中华书局 1980 年版，第 1415 页。

需于酒食，贞吉。(《需》九五)

入于穴，有不速之客三人来，敬之，终吉。(《需》上六)

樽酒，簋贰，用缶，纳约自牖，终无咎。(《坎》六四)

有孚于饮酒，无咎。濡其首，有孚失是。(《未济》上九)

上述《周易》中关于宴饮礼仪的爻辞，既有对于诚信谦虚态度的肯定，也有对于放纵酒食的训诫。这些卦爻辞极有可能是礼乐制度或者歌谣中采集而来，也可能为顺利进行礼仪活动占卜留下的占辞，然后根据实际卦爻象编于文本某一位置。可见，这类具有训诫大义的卦爻辞是对于西周理想人格和行为的向往，也是礼乐文化下典雅、温厚的时代特点。

再次，体现在乐观理性上，具体表现为对于自然规律的积极探索。《周易》中对于宇宙观有着深刻的思考，认为万物依理而行，自然宇宙存在有序的"道"。虽然存在天命变化、吉凶互转的神秘特征，但是如果能够顺天应德，是可以趋吉避凶的。在行文中以卦爻辞、象比附，既从形式上比甲骨卜辞多了一分理性，也在行为上削弱了占卜的不确定性。

"易占"思想并没有完全沉溺于对于神秘未知的悲观接受，对于宇宙发展和吉凶关系有明确的总结。《系辞上》曰："易有太极，是生两仪，两仪生四象，四象生八卦，八卦定吉凶，吉凶生大业。"[1] 这种科学理性思维的萌芽，与"变易"思想相关，认为事物含有一定的法则。程颐于《易传序》中有："易，变易也，随时变易以从道也。其为书也，广大悉备，将以顺性命之理，通幽明之故，尽事物之情而示开物成务之道。圣人之忧患后世可谓至矣。"[2] 但是《周易》中的"变易"思想又使得吉凶之间的逆转并非所有人都能够掌握，必须具有足够的智慧和道德修养，具体到行为之中便需要以适中的"度"来平衡矛盾双方。这是一种深刻的历史意识、社会意识，是自觉反思的结果，《周易》卦爻辞凸显了西周人民勇于探索、勇于把握、勇于改正的精神，也为后来义理的发展提供了理论基础。

综上，《周易》之前和同期行世的占筮文献、占卜形式不止一种，《周易》便是在这样的基础上结合多种占筮形态编排而成。在这样的编纂过程

---

① 《周易正义》，《十三经注疏本》，中华书局1980年版，第82页。

② 程颐：《易程传》，商务印书馆1936年版，第1页。

中以庞杂混沌的来源为基础，不断进行着易占规范、语言材料和理论思想上的准备，不断构建整体形态构建之基，继而创造出一部具有系统性、权威性的筮卜文献。因此，《周易》的复杂结构不是迅速建立的，也不是简单的凑合，不管是卜筮形态、卦符还是文辞都是历经几代，由多人交替，集体完成的。

第二节　从内涵到形式

《周易》一书在编纂成书的过程中，包含了对于内外结构融合的考量，即广大悉备的内涵和结构形式的融合。这一创举使《周易》文本形成了一种符合占筮实践内涵的"有意味的形式"。

一　经传编纂的经典化

在今本《周易》编纂成书的历程中，有两个问题至关重要。一是关于经传生成的年代、作者及历史状态；二是经传分合关系以及所包含的编纂思想。

1. 经传生成的历史状态

《易经》《易传》的生成年代问题上，众说不一，传统的说法是"人更三圣，世历三古。"[1] 即伏羲氏始画八卦和六十四卦，周文王为六十四卦编制了爻辞，孔子做《易传》以昌明《易经》。这种观点在汉代以后广为流行。但是从 20 世纪 20 年代开始，《周易》的作者和时代问题引发了学术界的再次讨论。

首先，关于《易经》生成年代的争论。总结起来主要有四种说法：殷末说、西周初叶说、西周末年说、战国说。其一，殷末说。高文策根据《乾》《坤》两卦的古经，结合商代农业生产、节气及天象的关系得出结论，认为《易》成书于殷末安阳地区。[2] 其二，为西周初叶说。持此说的

---

① 班固：《汉书·艺文志》，中华书局 1964 年版，第 1704 页。
② 高文策：《试论易的成书年代与发源地域》，《光明日报》1961 年 6 月 2 日。

有余永梁、顾颉刚、汤逸鹤、高亨、李景春、任继愈等人。余永梁认为《易》是出自龟卜，是周初卜巫者的作品。① 顾颉刚、高亨从卦爻辞中的历史故事论证了这一说。其三，为西周晚期说。持此观点者为李镜池，他将《周易》中的歌谣与《诗经》进行比较时，认为爻辞与西周末年之诗相类。② 其四，为战国说。郭沫若认为在《周易》古经中数次出现的"中行"，就是《周易》非文王所作的证据；他认为"中行"就是《左传》中屡见的春秋时期晋国的荀林父，由此断定《周易》绝对不会产生在春秋中叶以前。又认为"汲冢所出的《周易》及《易繇阴阳卦》，都是孔子以后，即战国初年的东西"③。

总的来说，在这所有的观点中，以顾颉刚为代表的"西周初叶说"对本世纪中国易学研究的影响最大。有学者指出："顾氏此文征引宏博，论证详密，为学者所遵信，可以说基本确定了《周易》卦爻辞年代的范围，是极有贡献的。后来有些论著沿着顾文的方向有所补充，但其结论终不能超过顾先生的论断。"④ 就此现代学术界一般认为，《周易》的六十四卦经文形成于殷末周初，反映了周文王与殷纣王时期的事情，六十四卦出自文王之手，而卦爻辞是周公所作。

二是，《易传》的生成年代及作者问题，这一问题又给经传合璧的成书时间带来了不同结论。具体有以下几种观点。

第一种观点，认同孔子为《易传》作者，这一观点于汉唐时期被广泛接受。此说始于司马迁的《史记·孔子世家》：

> 孔子晚而喜《易》，序《彖》、《系》、《象》、《说卦》、《文言》。读《易》，韦编三绝。曰："假我数年，若是，我于《易》则彬彬矣。"⑤

这里，司马迁言及孔子对于《易》的喜好，明确《彖》《系》《象》《说

---

① 余永梁：《易卦爻辞的时代及其作者》，载顾颉刚编《古史辨》（三），上海古籍出版社1982年版，第169页。

② 李镜池：《周易筮辞续考》，载李镜池《周易探源》，中华书局1978年版，第72页。

③ 郭沫若：《郭沫若全集·历史编·青铜时代》（第一卷），人民出版社1982年版，第377—404页。

④ 李学勤：《周易经传溯源》，长春出版社1992年版，第1—2页。

⑤ 司马迁：《史记》，中华书局1959年版，第1937页。

卦》《文言》诸篇为孔子作。而其中"序"字是为"作"义还是指十翼之一的"《序卦》",成为争议的焦点。对此《正义》云:"序,《易》《序卦》也。"①力证孔子为《易传》作者。诸多学者对此反复论证,班固《汉书·艺文志》载:"孔氏为之《彖》、《象》、《系辞》、《文言》、《序卦》之属十篇。故曰《易》道深矣,人更三圣,世历三古。"②班固明确论述了孔子作《易传》,并且十篇均为其作。

孔子作《十翼》观点于唐代亦少有疑义。孔颖达曰:"其《彖》、《象》等'十翼'之辞,以为孔子所做,先儒更无异论。"而陆德明曰:"周公作爻辞,孔子作《彖辞》、《象辞》、《文言》、《系辞》、《说卦》、《序卦》、《杂卦》十翼。"可知,孔颖达、陆德明不仅延续了汉代孔子作十翼的思想,并且能将篇名详细言之,同时更明晰称"十翼"为之"传",至此孔子作《易传》在文献上已经有较为完备的记载。宋以后的程颐、朱熹、王安石、王夫之、来知德、李光地、皮锡瑞,以及近人金景芳、李学勤等人对此观点亦无异辞。

第二种观点,十翼非孔子所作。自宋代欧阳修质疑孔子作《易传》始,疑古之风渐起,《易传》的作者及成书时代又多有争议,降至清代更是详加申说,至于近人多方论证。最早打破孔子作《十翼》观点,认为部分为孔子作,其他部分非一人之作为欧阳修。《易童子问》卷三论之:

童子问曰:"《系辞》非圣人之作乎?"曰:"何独《系辞》焉,《文言》《说卦》而下,皆非圣人之作,而众说淆乱,亦非一人之言也。"③

此后,叶适《习学记言》序目④,崔述《洙泗考信录》⑤都前承欧阳修的"杂取以资其讲说,而说非一家"观点,详加申说,认为《易传》并非孔子所作,这便给《周易》经传合璧的成书时间带来了不同结论。

到了近代,康有为《新学伪经考·汉书艺文志辨伪》中将《系辞》归

① 司马迁:《史记》,中华书局1959年版,第1937页。
② 班固:《汉书·艺文志》,中华书局1964年版,第1704页。
③ 欧阳修:《欧阳文忠公全集·易童子问》,中华书局1989年版,第391页。
④ 叶适:《习学记言序目》,中华书局1977年版,第39页。
⑤ 崔述:《洙泗考信录》,商务印书馆1937年版(中华民国二十六年),第77页。

为孔门弟子所作；《序卦》《杂卦》为刘歆伪作；《说卦》亦为汉时所托。①
李镜池《周易探源》中分组论证，将十翼七种按照创作时期分为三类。②
郭沫若《〈周易〉之制作时代》中对于李镜池的结论全表同意，并指出
《说卦》《序卦》《杂卦》这三篇为秦前的作品；《彖》《系辞》《文言》三
篇是秦时荀子弟子所写；而《象》则摹仿《彖》，作者是齐、鲁间的儒
者，大约成于秦、汉之际。此外，持有《易传》作者非孔子的还有钱穆、
冯友兰、朱伯崑、陈鼓应、高亨等。

　　第三种观点，《易传》与孔子相关，但是并非成于孔子一人。对此，
范文澜曰："孔子讲授《易经》，弟子们记载下来，叫作《易传》。其实
《易传》杂凑而成，不一定全出孔子之口。"③ 范氏认为，《说卦》《序卦》
《杂卦》是为后人补作，但是《彖》《象》《系辞》是孔子所作，理由就是
这三篇包含的哲学思想和儒学基本观念相通，是孔子哲学的根本所在。刘
大钧《周易概论》则认为孔子一定和《周易》发生了某些关系，因为在
《论语》中，孔子明确地说过"五十以学《易》"，也引用过《周易》
《恒》卦的九三爻辞"不恒其德，或承之羞"，最终考证《易传》为思孟
学派（即子思和孟子）所作。④ 郭沂《从早期〈易传〉到孔子易说》根据
出土文物和古籍相关内容进行推断，将《易传》中《彖》《象》《序卦》
《杂卦》《说卦》前三章之外的部分、《文言》的第一节，称为"早期《易
传》"，是为孔子之前的《周易》文献。其余篇章为孔子易说，为孔子所
作，或其弟子所记。⑤

　　可见《易传》作者争论已久，至今仍未有定论。据王国维提出"二重
证据法"，我们可以与"地下之新材料"相结合，进一步了解信息。

　　首先，孔子肯定与《易》相关。司马迁、班固在史书中也肯定孔子晚
年喜欢《易》，除了这类传世史料文献之外，出土文献马王堆帛书《周
易》也可为证。例如，帛书《周易》的《要》篇载：

---

① 康有为：《康南海先生遗著汇刊·新学伪经考》（一），宏业书局1987年版，第43—44页。

② 李镜池：《周易探源》，中华书局1978年版，第301页。

③ 范文澜注：《中国通史简编》（第一编），人民出版社1953年版，第84页。

④ 刘大钧：《周易概论》，齐鲁书社1988年版，第11—37页。

⑤ 郭沂：《从早期〈易传〉到孔子易说——重新检讨〈易传〉成书问题》，载朱伯崑《国际易学
　研究》第3辑，华夏出版社1997年版，第129—159页。

　　夫子老而好《易》，居则在席，行则在囊。……子曰：《易》我后亓其祝卜矣！我观亓德义耳也。①

据此，我们可以推断以下几点。第一，"夫子老而好《易》，居则在席，行则在囊。"说明孔子晚年确实执迷《易》，几乎随手阅读，与《史记·孔子世家》中"孔子晚而喜《易》""读《易》，韦编三绝"相合，并且证明《论语·述而》所述准确无误，可作为质疑上文钱穆观点的证据。第二，孔子这里言明读《易》是观其德义，这与《易传》中所阐释的道德之义、《论语》中的仁义思想均与儒家的基本思想原则一致。此外，帛书《易传》的其他篇章《二三子问》《系辞》中均出现关于孔子论易讲易的记载，所以《易传》与孔子息息相关，不足为异。

　　其次，从古书编纂特点可以判定《易传》的形成具有一定的过程性，并非一蹴而就，一人所为。欧阳修在怀疑《易传》与孔子无关时，以《文言》与《左传》中相同文辞之处为证。认为《左传》所载穆姜对所谓"元、亨、利、贞"四德的阐释，与《文言》除两字外，完全相同。对此，欧阳修认为《文言》非孔子所作，是袭用穆姜之言。这里我们必须明辨，如果《易传》与《左传》都是征引，那么就没有理由因此而否定孔子作了《文言》，此观点前文已证。

　　不可忽略的是，"古书从思想酝酿，到口授笔录，到整齐章句，到分篇定名，到结集成书，是一个长过程。它是在学派内部的传习过程中经众人之手陆续完成，往往因所闻所录各异，加以整理方式不同，形成各种传本，有时还附以各种参考资料和心得体会，老师的东西和学生的东西并不能分得那么清楚，所以我们不能以今天的著作体例去衡量古书。"② 西周初年到孔子时代大约五百年间肯定会有诸多解释经文的著作出现，今本《易传》在编纂的过程中引用时代流行语料、记录前人遗闻，没有明晰出处，都是古代编书的正常现象。近年来逐渐被发现的古代简帛典籍，使得我们对于古书的形成有了新的认识，在先秦的著述中史料同源、口耳相传、家学传承现象诸多，这给篇章、书籍编纂带来了诸多可能。以帛书《周易》

① 廖名春：《马王堆帛书周易经传释文》，载杨世文《易学集成》（三），四川大学出版社 1998 年版，第 3043—3044 页。

② 李零：《出土发现与古书年代的再认识》，《九州学刊》（香港）1988 年第 3 卷第 1 期，第 105—136 页。

为例,包括两件帛书,文本的编纂结构上卷为《六十四卦》、《二三子问》上下篇,下卷为《系辞》《易之义》《要》《缪和》《昭力》。其中《六十四卦》为帛书经文部分,其余篇章为帛书《易传》,两部分书写风格一致,所以帛书经传部分是同一书手抄写,但是传文内容并非一时所作。例如孔子的称呼,在《二三子问》中为"孔子",《系辞》《易之义》中为"子",《要》中为"夫子",可见传文并非作于一时一人之手。除了马王堆帛书《周易》外,清华简《易》、海昏侯《易》都有类似的情况。出土《周易》的发现,说明《易传》的形成确实经历了一个相当漫长而且复杂的过程。①

综上,通过对古籍成书的通例和简帛书籍的考查印证,虽然《易传》的作者并非一定为孔子本人,但是孔子一定和《周易》发生了某些关系。《易传》中"子曰"的言论及浓厚儒家的思想,可能是孔子传授《周易》时所述,似可说明其内容和孔子关系至大。若非孔子亲撰,也是学生根据孔子讲授内容,加以整理、补充编纂而成于春秋战国时期。

2. 经传分合与文本形式

三易的记载、简帛《周易》的出土以及《左传》《国语》中论易语词,均说明先秦时期的《易经》《易传》有多种版本流传。今天我们所见通行本《周易》上、下经与"十翼"并存形式,有经传分编和经传合编两种不同的版式,这两种版式编撰的历史过程、思想观念也有不同。

(1)经传分编

《周易》经、传原本是分开流传的。《易经》成于西周初年,《易传》十篇成于春秋战国时期,生成的历史时间不同,书籍载体形式有限,加之早期经典常单篇流传的特点,致使经传合一之前都是单独流传。至于汉代,司马迁《孔子世家》中言孔子作《易传》云:

孔子晚而喜《易》,序《彖》、《系》、《象》、《说卦》、《文言》。读《易》,韦编三绝。曰:"假我数年,若是,我于《易》则彬彬矣。"②

———————————

① 李学勤:《周易溯源》,巴蜀书社2005年版,第105页。
② 司马迁:《史记》,中华书局1959年版,第1937页。

将经传分开讨论，说明此时，《易经》和《易传》是分开而言。

宋代对《周易》的作者、时代、性质等问题有了新的见解和诠释，主张经传应该分别编撰。其原因是：依照费直、郑玄、王弼、孔颖达解易的思想，《彖》《象》《文言》入经后，在文本形式上为《易经》上下两篇、《系辞》上下两篇、《说卦》《序卦》《杂卦》七篇，所以通行本《周易》体例实际上由原来的十二篇变成了七篇，违背了《周易》原貌，需要重新编定。经传分观最终被朱熹《周易本义》所采用，成为了《周易》另外一种通行本形式，并于《书临漳所刊四经后·易》解释道：

> 自诸儒分《经》合《传》之后，学者便文取义，往往未及玩心全经，而遽执《传》之一端，以为定说。于是一卦一爻，仅为一事，而《易》之为用，反有所局，而无以通乎天下之故。①

朱熹支持经传分观是考虑深远的，他认为《易经》是以卜筮为主，但是经文里面微言大义，常以吉凶断语寓以一定的训诫之义，而《易传》仅将经文中的一部分进行举要，无法全面解析所包甚广的经文。换言之，"《易》道广大"，《易传》只是"略举其一端"，所以经传不能尽合。对此，舒大刚总结道："明确区分经与传主旨之不同，是宋人治易的鲜明特点。"② 宋易学风一直延续到清代，其间明儒何凯编撰的《古周易订诂》，清儒李光地撰《周易折中》都保持经传分开编次。

这种经传分观，在 20 世纪初的疑古思潮中再次被重新审视，《周易》的文本形式讨论再次成为焦点。时下，贯彻经传分观的是高亨，他认为"《易传》的解经，诚然有正确的成分，但是有许多地方不符合经文的原意。而且《易传》的作者们常假借经文，或者误解经文，或者附会经文，来发挥自己的哲学观点，又夹杂一些象数之说。讲《周易》固然不能抹杀象数，然而总是讲不圆满，反而使人迷乱。"③ 他分注《周易古经今注》《周易大传今注》，并且强调了经传不同的文化差异、时代差异。高亨的经

---

① 朱熹：《朱子全书·晦庵先生朱文公文集·书临漳所刊四经后》，上海古籍出版社、安徽教育出版社 2010 年版，第 3890 页。
② 舒大刚：《试论宋人恢复古周易的重要意义》，《四川大学学报》（哲学社会科学版）1999 年第 2 期，第 51 页。
③ 高亨：《周易古经今注·序》，中华书局 1987 年版，第 7—8 页。

传分观在其注疏中多有体现。例如《周易正义》《周易集解》中对于经文中《乾》卦辞里的"贞"字解释，参考《易传》之义，于《象》中均训"贞"为"正"。但是高亨在注释"元、亨、利、贞"说时，是以《易经》本经中"贞"字用例为研究基础，又据许慎《说文解字》最终释"贞"为"贞卜之贞"，并明确表明"《文言》《左传》妄以四德释之，千载学者为其所蔽，至《周易》古经之初旨晦翳不明，甚可慨也。"① 由此可见，经传分观并不完全持以《易传》来解释《易经》的，认为二者之间也有本质性的差别。

（2）经传合编

通行本《周易》文本编撰上还有一种版式是将经典化的成果集结于一起，经传合璧，将传入经而排，这一体例也是经历了一个历史过程。

经传分排流传到了班固时期开始发生转变，据《汉书·艺文志》载：

> 《易经》十二篇，施、孟、梁丘三家。
>
> 《易传周氏》二篇。《服氏》二篇。《杨氏》二篇。《蔡公》二篇。《韩氏》二篇。《王氏》二篇。《丁氏》八篇。《古五子》十八篇。《淮南道训》二篇。《古杂》八十篇，《杂灾异》三十五篇，《神输》五篇，图一。《孟氏京房》十一篇，《灾异孟氏京房》六十六篇。五鹿充宗《略说》三篇，《京氏段嘉》十二篇。《章句》施、孟、梁丘各二篇。
>
> 凡《易》十三家，二百九十四篇。②

以上材料可知，这一时期易学问题的焦点不在形式本身，而是因传《易》方法不同，产生不同典籍。这里在言三家易学时候，将经传"十二篇"统称为"经"，说明《易经》和《易传》已被视为一体。

把经文与传文合编在一起，始于西汉的费直。晁说之云：

> 先儒谓费直专以《彖》《象》《文言》参解易爻，以《彖》《象》

① 高亨：《周易古经今注》，中华书局1987年版，第124—125页。
② 班固：《汉书·艺文志》，中华书局1964年版，第1703—1704页。

《文言》杂入卦中者，自费氏始。①

费直传《易》是将《易传》中的《彖》《象》《文言》杂入经中，与官学《京氏易传》的"绝不诠释经文，亦绝不附和易义"不同，是"以《传》解经"。费氏易学虽然不是官学，但确影响了新的经传本，至此这种新的经传格局也逐渐兴盛起来。

自费直之后，马融、郑玄、王弼、孔颖达均主张经传合编的形式。《后汉书·儒林列传·孙期》载：

> 陈元、郑众皆传《费氏易》，其后马融为其传。融授郑玄，玄作《易注》，荀爽又作《易传》，自是费氏兴，而京氏遂衰。②

且《四库全书总目·经部·易类·周易郑康成注》云：

> 考元（郑玄）初从第五元先受《京氏易》，又从马融受《费氏易》，故其学出入于两家，然要其大旨，费义居多。③

至于《邵氏闻见后录》曰：

> 孔颖达又谓王辅嗣之意，《象》本释经，宜相附近，分爻之《象》辞，各附当卦。④

根据上述材料，可以推断出通行本篇章结构的定型过程。首先马融受《费氏易》之后，后传之以郑玄，郑玄杂糅了今文、古文两派，合《彖》《象》于经，是为"学者寻省易了"。至魏晋王弼，将《彖》《象》按六十四卦拆开，分附于每卦卦爻辞之后，将《文言》分附于《乾》《坤》之后，孔颖达奉命编定《五经义疏》，在撰《周易正义》本时以王弼注文为

① 李光地：《周易折中》，巴蜀书社 2006 年版，第 3 页。
② 范晔：《后汉书》，中华书局 1965 年版，第 2554 页。
③ 永瑢等：《钦定四库全书总目》，《文渊阁四库全书》，台湾商务印书馆 1986 年版，第 1 册，第 56 页。
④ 邵博：《邵氏闻见后录》，中华书局 1983 年版，第 37 页。

根本作疏，承袭了以传附经的格局，最终成为目前通行的权威版本。

据此，我们今天所见的《周易》存在两种篇章编纂形式，一是经传合璧的版本，《彖》《象》《文言》入经，《系辞》《序卦》《杂卦》《说卦》列于经后；一种是经传分观的版本，即《易经》于最前，十翼七种按序分篇列后。

（3）经传观念与文本编订

两种不同的经传观念，影响了两种《周易》文本形式的编订，是明显从思想意味走向形式的成书状态。

经传分编，是从历史角度对于经传本义进行分别探索，并不是简单地割裂《周易》经传之间的关系，是对于其性质、年代等问题的明显区分。其优点是以实证的精神来整理古代文献，能够清醒地认识到经传之间的异同。但是也有明显的局限性。从卦象角度来说，持有经传分观的学者，认为阴阳爻为源头，从八卦起源来探寻六十四卦；卦爻辞则是和占筮之辞息息相关；卦名的义理问题被忽略，不以卦象之间的关联为参考，仅就古书命名角度来探究。在这样的情形下探讨《周易》，《易传》中的相关信息没有被充分利用，经文真正的文本演变历程很难被厘定，随着马王堆汉墓帛书《周易》等简帛材料出土后，这样的观念受到了冲击。

经传合编，长处是强调以综合的方法来阐释经传思想，更有助于还原一个完整的思想体系。《易传》解经，各篇可独立存在，又能够互有关联，之所以有这样的独特之处最主要原因是十篇传文虽然从不同角度专门阐释古经，但是研究的对象是一个整体。据此，我们可以参考这一观点："古往今来说《易》之书，总有二蔽。一蔽于单纯地视《周易》为卜筮之书，而不承认《周易》里边有深邃的哲学思想。二蔽于只斤斤于一词一句的诠释，而无视《周易》六十四卦的结构中存在着完整的思想体系。"[1] 可见，以传解经这种解易思想正是通行本《周易》厘定文本形式的决定因素。

经传合璧的观念中，认为《周易》文本编订是一个逐渐深入发展的动态过程，在文本结构上存在继承性、历史性，因此经传的性质和年代等问题逐渐被解决，相关的阐释也进入到易学视野之中。金景芳论说："历史有继承性，前人遗说可以在后人之书里保存。如，《易经》爻皆称九六，九六的意义，只有《易传》所记筮法能给以完整的、具体的说明，证明筮

---

① 金景芳、吕绍刚：《周易讲座》，吉林大学出版社1987年版，第1页。

法就是在后人著述里所保存的前人遗说。"① 至于经传合璧的种种成说，杨庆中总结："或者强调《周易》经、传的内在联系，或者强调二者之间具有彼此相通的哲学本质，总之都是认为《传》之解《经》，虽然有发挥，有创新，但总体上是值得信赖的，其开拓的解经思路是值得遵循的。"② 黄寿祺、张善文③等人都持有这一观点，并且在注疏的《周易》版本中也坚持以《传》入《经》的编排方式，可见这种治易思想又反过来影响了近代《周易》流行文本的编订。

通过对《周易》"经""传"关系、文本形式的历史梳理表明，经传分合的文本编排反映了时代思想观念的变迁。可以说，《周易》经传分合的历史过程，表面上看是文本形式演变的过程，但是在演变之中也都包含了一定的时代风气标识，具有独特的历史语境、文化和思想意味。

二　爻题附辞格式的生成

从意味到形式的历史进程，不仅在经传合璧的编纂体例上表现，在数字爻题的形成历程中也有明显表现。今本《周易》数字爻题格式统一，包括爻数和爻位，专指每卦六爻所居位次和性质：以"六""九"分别示爻性的阴、阳；以数字示爻位，分别为初、二、三、四、五、上。今本《周易》的爻题是固定卦爻辞、构建爻象结构、连接卦与爻不可或缺的组成部分，对其文本结构整体的建设起到了重要的简化和固化作用。④

1. 爻题的生成与易筮演化

在最初的易筮文本中是没有数字爻题的，数字爻题附辞形式最晚出于战国时期，而这一演变与易筮演化有关。

（1）爻题的历史生成过程

《周易》古经的爻题并非一开始便以今本数字爻题格式出现，最早可能是文字式爻题，于《左传》《国语》中爻题形式便指称为"某卦之某卦"。《左传·昭公十二年》载："南蒯枚筮之，遇《坤》䷁之《比》䷇，

---

① 金景芳：《学易四种》，吉林文史出版社 1987 年版，第 141 页。

② 杨庆中：《周易经传研究》，商务印书馆 2005 年版，第 229—230 页。

③ 黄寿祺、张善文：《周易译注》，上海古籍出版社 2008 年版，第 10—14 页。

④ 孙鸣晨：《〈易经〉文本体例形式的构建及演进》，《辽宁师范大学学报》（社会科学版）2021 年第 6 期，第 145—150 页。

曰：'黄裳，元吉'。"① 这里"黄裳，元吉"是《坤》六五爻辞，但是没有六五之爻题，而是以"《坤》之《比》"的文字式爻题表示。这种文字式爻题与数字式爻题相比，无法将爻位和爻性了然，所以高亨认为数字爻题："标明各爻之爻位与爻性，此《周易》组织上之一大进步也。"② 至战国时期，数字爻题在《周易》文本及相关易筮事例中普遍存在。所以可以推断，《周易》古经的爻题是经历以卦名为主体的文字式爻题向以九、六为主体的数字式爻题的演变。

至于数字爻题的出现时间，在简帛出现之前学界普遍认为是汉代，如清惠栋③、今人李镜池④都持这一观点，但是根据新近的出土文献可以证明数字爻题在汉以前已经确立。在马王堆汉墓帛书《周易》中，每卦诸爻皆有数字式爻题，其中明确将阴阳爻有所区分，阳爻题为"初九、九二、九三、九四、九五、尚九"，阴爻题为"初六、六二、六三、六四、六五、尚六"⑤，"尚"通"上"，说明在帛书《周易》传本中已有爻题。另，阜阳汉简《周易》中，也可见残存的爻题，完全与通行本一样⑥。这两部汉初抄写的《周易》传本，可以证明在汉初乃至汉代以前爻题已经确立。

真正对于惠栋、李镜池观点产生冲击的是上海博物馆藏战国楚竹书《周易》。作为现存最早的《周易》版本，其中确称爻题，并明晰阴阳及序位，阳爻分别称为"初九、九二、九晶、九四、九五、上九"，阴爻则为"初六、六二、六晶、六四、六五、上六"。上博简中以"晶"作"三"，"与甲骨文'晶'（《殷墟文字甲编》六七五片）等字形同，象三星形，甲骨文、简文'晶'当'参'之本字"⑦，因此上博简《周易》中

① 《春秋左传正义》，《十三经注疏本》，中华书局1980年版，第2063页。

② 高亨：《周易古经通说》，中华书局1958年版，第10页。

③ 清惠栋《易例》云："古文《易》上下本无初九、初六及用九、用六之文。故《左传·昭公二十九年》蔡墨述《周易》，于《乾》初九则曰《乾》之《姤》，于用九则曰其坤。说者谓初九、初六皆为汉人所加。"参见惠栋《易例》，载王先谦《清经解续编》（第一册卷一百三十七），上海书店1988年版，第777页。

④ 李镜池于《周易通义》云："六十四卦中每一卦画都有六行，每一行叫一爻。每一爻没有名称说起来也很不便。所以大概到了汉朝人编《易传》时，就根据每一爻的位置、性质，安上个'初九'、'六四'之类的称呼。"载李镜池《周易通义》，中华书局1988年版，第6页。

⑤ 马王堆汉墓帛书整理小组：《马王堆帛书〈六十四卦〉释文》，《文物》1984年第3期，第1—8页。

⑥ 韩自台：《阜阳汉简〈周易〉研究》，上海古籍出版社2004年版，第87—95页。

⑦ 马承源主编：《上海博物馆藏战国楚竹书》（三），上海古籍出版社2003年版，第136页。

"九晶""六晶"与今本"九三""六三"为同称，这也就说明在战国时期数字式爻题确已存在。此外，西晋出土的汲冢竹书也是一个有力的证据。《晋书·束皙传》载汲冢竹书相关云："其《易经》二篇，与《周易》上下经同。"[1] 杜预《春秋左传正义》后序论汲冢竹书："《周易》上下篇与今正同。"[2] 虽然汲冢竹书已不存，但是根据杜预与《晋书》所记，汲冢竹书《易经》与今本《周易》一样有爻题存在。且《礼记·深衣》载："坤六二之动，直以方也。"[3] 与今本《周易》中《坤》六二爻辞相同，这几条材料均说明在战国时期爻题已经开始使用。综上，我们也认同爻题最晚出于战国时期。

爻题是战国或者战国以前何时出现，近人亦有种种异说。对此，潘雨廷认为《左传·昭公二十九年》中所载蔡墨之言与爻名本义相合，所以成在蔡墨之后，又论及汲冢本之《易》（当魏襄王之二十年）似已有爻名，因此得出结论："爻名之成约当战国初期之三晋地区。"[4] 高亨则认为："《周易》古经，初时殆无爻题，爻题似晚周人所加。《左传》《国语》凡记筮事，皆云遇某卦之某卦，所谓遇某卦之某卦者，乃筮得本卦而某爻变（阳爻变为阴爻，或阴爻变为阳爻），因而转为别一卦也。以筮法言之，主要在观本卦之变爻，然则可云遇某卦某爻，而《左》《国》决不云遇某卦某爻，其所以如此，盖彼时尚无爻题也。……每卦中各爻爻辞之间，可能皆有空格，晚周人加以爻题，标明各爻之爻位与爻性，此《周易》组织上之一大进步也。"[5] 高亨又将爻题出现的时间向前推进到晚周，结合现有出土文献，高氏之说多属可信。虽然，学者们对于爻题出现时间有所争议，但是在古经初始无爻题、为成书编撰时所加这一点上的认识是一致的。

（2）数字爻题与易筮演化

今本《周易》数字爻题的生成与易筮演化密切相连。易筮演化则是与阴阳思想和数纪思想为基本理论依据。

在先秦时期，阴阳思想影响到了周初的诸多占卜形式。《周礼·春

---

① 房玄龄等：《晋书》，中华书局 1974 年版，第 1432 页。

② 《春秋左传正义》，《十三经注疏本》，中华书局 1980 年版，第 2187 页。

③ 《礼记正义》，《十三经注疏本》，中华书局 1980 年版，第 1664 页。

④ 潘雨廷：《易学史发微》，复旦大学出版社 2001 年版，第 99—100 页。

⑤ 高亨：《周易古经通说》，中华书局 1958 年版，第 9—10 页。

官·占梦》载:"占梦,掌其岁时,观天地之会,辨阴阳之气,以日月星辰占六梦之吉凶:一曰正梦,二曰噩梦,三曰思梦,四曰寤梦,五曰喜梦,六曰惧梦。"① 这里明确记录了对于梦占来说,必须要兼顾岁时、天象、阴阳等多方面情况才能判断吉凶,由此可见在周初的占卜形式中阴阳作为重要参考因素是普遍现象。《易经》中虽然没有将"阴阳"二字连用或专解之句,但是却系统地体现了中国的阴阳文化。阴阳是先秦人们对于经验知识的概括,以及对于宇宙两性并存现象最基本的认识。"随着人类认识世界的深入便演绎出天地、刚柔、有无、父母等一系列对立统一的观念,阴阳正是对一系列观念的概括归纳"②,因此阴阳观念是隐藏在古老民族文化深层结构之中,是文化原始意象进入抽象哲学的成果,最终在易筮之中被具体运用。

同期,数纪思想的产生直接影响了《周易》的筮法取数。以九六代表阴阳属性,九标示阳爻,六标示阴爻,以"初、二、三、四、五、上"标明爻位次序,这与易筮方法休戚相关。据大衍筮法成爻之时,以蓍四策为一揲,四营运筹后,所余蓍草数目或为二十四,或为二十八,或为三十二,或为三十六,因此营数六、七、八、九。六为老阴,七为少阳,八为少阴,九为老阳。成爻之前,以老阳九者为变,少阳七不变;老阴六者为变,少阴八不变,六九为示。这样可得初爻,再将以上九六之变重复五遍,则可得二、三、四、五和上爻,成为一卦。也就是说,通过揲蓍的方法可以得到九、七、八、六四个数字的六个组合,构成一卦六爻。由此可见,爻题是易筮结果的表现形式。九、六合之以阴爻阳爻用以作题,"其九者,生数一三五之积","其六者,生数二四之积也"。另有说法认为,从大衍筮法"九、八、七、六"四个营数,再到以十为纪数,其中阳数最大者为九,其次为七,九为阳变之极,故可作为阳数变化之象征。阴数是以十为大者,但是大衍筮法不能得之,故退以八和六,阳数以大为变,阴数则反以小变,所以以六为阴数变化。

阴阳思想和数纪思想是易筮的根据,并且最终把数扩展到天地变化的表现,经过发挥和提炼,产生数字爻题。数字爻题最大特点是能将爻位和爻性标示清晰,其形式将易筮中所包含的阴阳属性、数纪方法、变易思想

① 《周礼注疏》,《十三经注疏本》,中华书局 1980 年版,第 807—808 页。
② 傅道彬:《阴阳五行与中国文化的两个系统》,《学习与探索》1988 年第 1 期,第 43 页。

直接体现出来，比文字式爻题更为明朗洗练。综上，爻题的最终确立是经过了演变和总结，是《易经》编者根据筮法、内涵意味而创造具有表现力的形式，也就此奠定了《易经》文本的基本形态和发展范式。

2. 爻题的称引与作用

今本《周易》数字爻题的确立，不仅对《周易》的文本形态的稳固洗练起到了作用，对其应用的准确性和可阐释性也起到了重大影响。

首先，爻题对爻辞的称引起到了附辞成卦的作用。爻辞的出现先于爻题，只是排列与今本所见不同。先前的每一卦虽然也是单独的篇章片断，但是卦中各爻爻辞并没有形成一个层次分明、逻辑清晰的有机整体，而是处于混沌一体的状态。从语言形式上来看，这可能是由诗体歌谣和占断辞杂糅而成的。由于单句之中往往存在多种相似的事物，这就导致爻辞内部缺乏有机联系。但是，爻题出现之后，卦、爻辞内部的逻辑体系形成了，每一卦的爻辞均按相应的爻题爻位设置六段文字。作为形式的爻题，既表现了阴阳属性、结构位置，同时也保证了语篇各部分与中心话题的连贯和衔接，保持了主旨的一致性。这对于每一卦形成一个相对完整的篇章具有重要的作用。程福宁认为文章形成的标准之一是具有中心主题和首尾要素，"此外，标题能否标举中心也是文章成熟水平的一个表现"①，就这一角度而言，爻题系辞将语义群进行了划分，是一种清晰的具有层级性的连接方式，既使其单独成为篇章，也保持了《周易》内在的联系性和整体性。

其次，各爻题明确标示了各爻在卦中所处方位。爻题与方位之间的关系，本然是多层次的复杂的。潘雨廷认为，定爻名层次有三：第一层次是时空，第二层次是阴阳，第三层次是爻等。② 在第一层次中"初"表示时间，"上"表示空间，以乾卦为例，爻名中从"初九"到"上九"，是时空的结合。在第二层次中，阳爻为九，阴爻为六，这是对于爻性的明显区分。在第三层次中，爻等分为上、中、下位的区别，即上爻位上位，二、三、四、五爻位中位，初爻位下位。这三个层次不仅仅分出了时间、空间、性质，也是解读卦爻辞的基础。此外，爻位的结构还有同位、尊贵之位、阴阳之位、刚柔居尊位、阴阳得位与不得位、刚柔相应，不同层次结

① 程福宁：《中国文章史要略》，西藏人民出版社1996年版，第10页。
② 潘雨廷：《周易表解》，上海社会科学院出版社2004年版，第37—38页。

构寓示着不同的吉凶和义理。六爻在一定规律内呈现出阴阳变化，在上下浮动、内外交替的结构转换中各成章法。这种章法明显蕴含着时人对于抽象空间的理解。爻题直指爻位结构，以位序和定义的方式提醒人们对时空的关注和理解。如果没有爻题的标示，当积爻成卦之后，是以什么方向、角度去解析卦爻，可能也会成为争论不休的问题。

再次，爻题明晰了由六爻卦符号构成的认知关系。《易》中每一卦的符号构成从初爻到上爻，各有所指，这就是爻位之象。《系辞下》曰："《易》之为书也，原始要终，以为质也。六爻相杂，唯其时物也。其初难知，其上易知，本末也。"① 这里"原始要终"是指初爻之始和上爻之终，其符号意为"叩其两端"的"始"与"终"。当"初"与"始"的框架定型之后，六爻相杂也可以在一定范围内变动不居。一卦之中的六爻，本身存在着一定的刚柔、上下、多寡等结构变化，正是爻题的存在使得这种变化有迹可循，表现了作为集合体的符号的秩序性和关联性。

最后，爻题的出现为《周易》的文本结构带来了质的变化。"表面上看，它只是在文本中添加了一个爻的称谓，免去了变卦之累而直呼其爻，实际上，它标志着《易》文本对于占筮的解放成为独立的解释对象。"② 也就是说，以变卦的形式来指称某爻，说明当时的占筮定爻依赖于筮法。但是，确定专门爻称则说明易学对于《周易》的研究开始转向了具体的文本，将其视为具有独立意义的思想理论研究对象，成为文本独立性凸显的一个标志。

综上所述，《周易》的素材来源于占筮实践和思想的累积，其形式结构是经过加工而成。称名爻题形式化编纂构建，是将卦象和卦爻辞系统化，逐渐尝试用相对稳固的结构来体现某种观念，是一种将实践内涵付诸文本形式的过程。《易经》发展为结构渐全的完整文本经历了漫长的时代和文化演进，虽然它仍然有着浓郁卜筮的特征，但是因其结构所寓的思想内容却发生了与时代和文化演进相应的变化。没有时代思潮的变更和吸收，爻题的产生是不可能的，今本《周易》的面貌也就不会出现。

---

① 《周易正义》，《十三经注疏本》，中华书局1980年版，第90页。
② 吴前衡：《春秋〈易〉文本》，《周易研究》1997年第1期，第19页。

第三节　从具象到抽象

朱熹云："《易》难看，不比他书。《易》说一个物，非真是一个物，如说龙非真龙。"① 所谓"龙"是《乾》卦所取之具象，六爻符号、爻辞将具象引申到事物抽象的"刚健"德象，《周易》就是在从具象到抽象中完成了象征系统的构建。而《周易》数、象、辞三种形式之所以能够表意，都经历了从具象到抽象的历史演进过程。

一　数字的具象到抽象过程

数本身是具有具象特征的。恩斯特·卡西尔说："数学理性是人与宇宙之间的纽带，它使我们能够自由地从一端通向另一端。数学理性是真正理解宇宙秩序和道德秩序的钥匙。"② 卡西尔认为数是人类理性思考的产物，是自然、社会中的物象、事例的表现形式，这与毕达哥拉斯学派主张的"万物皆数"思想一脉相承。而《周易》中的数，也是来自一种具体的数量关系。

《周易》中使用的数纪，代表了一种数量关系，表示事物的比例，本身是一种科学的切实的存在。一般认为，易占是通过数以取象，并从象中推论出吉凶。脱离了象的数字只能作为占筮的结果，本身没有意义，如果肯定其背后有意义的"象"，数字则为通往象辞的路径。《周易》中的数最终能够进行占筮，是因为在实践中它不仅仅是一种理性的总结，而是对于生命的抽象概括。对于先秦占筮来说，"数"是天地之道的一种表现形式。杨万里认为："天地之道不在数也，依于数而已。"③ 也就是说，"数"是代表天地自然，例如具象的天地抽象为数字二，天地人三材概括为三，春夏秋冬为四等。《周易》之所以被用以预知未来，是因为数沿袭了对于

---

① 朱熹：《朱子语类》（卷六十七），中华书局 1986 年版，第 1660 页。
② ［德］恩斯特·卡西尔：《人论》，甘阳译，上海译文出版社 1985 年版，第 22 页。
③ 杨万里：《诚斋易传·说卦》，上海古籍出版社 1990 年版，第 249 页。

"天地之道"的抽象，进而延伸到"人间之事"。

宗白华对这一问题的论述也有借鉴意义，他认为："中国之数，遂称为生命变化妙理之'象'矣！"① 也就是说，当数具有象征意义之后，与"象"便互为一体，相互交融逐渐形成成熟形态的象征系统。从考古材料来看，西周时期的数字卦中，没有以象说卦的记录，真正建立了明确的象征系统是在今本《周易》之中。也就是说，随着"数"在占筮系统中的历史积淀，易占中的"象"也逐步发展起来。

二 符号的具象到抽象过程

卦爻符号最大的特点是简单，最主要的构成就是阴阳"－－""—"两个卦画符号，八卦符号也只有三画。即便是最复杂的六十四卦也就仅有六画，形式上都是阴阳两爻不同配置的结果。从阴阳符号的确立到六十四卦的丰富符号系统，同样经历了从具象到抽象的过程。②

在西周之前的甲骨刻辞中的符号还处在一个比较具象化的形态。这一时期没有阴阳爻的表现方法，而是以形式化的线条图形的方式表意。据现有的出土文献证明，早期甲骨占卜所用的龟壳占卜，成象的纹路比"－－""—"符号复杂得多。龟壳占卜时通常先将龟壳进行火灼，占卜者再根据火灼而产生的裂纹进行解读。这种占卜方式所产生的线条图形，在形式和规律上都相对复杂和随意，无法完全进行理性化的归衍和总结。在紧随甲骨卜辞出现的青铜铭文中才开始有类似阴阳爻的数字卦，有学者认为阴阳爻表意开始于此。其中比较有影响的是张政烺先生，他从周初的青铜器铭文搜集的三十二例筮数符号中总结③，发现其中"六"和"一"两数最多，是为阴阳爻的萌芽。另外，在陕西岐山周墓出土的甗、安徽阜阳汉简的竹简上也都有"－－""—"，也都代表了"一"和"六"。虽然，阴阳"－－""—"作为占筮符号，其原型可能存在多

---

① 宗白华：《宗白华全集》（一），安徽教育出版社 1994 年版，第 598 页。
② 孙鸣晨：《〈易经〉文本体例形式的构建及演进》，《辽宁师范大学学报》（社会科学版）2021 年第 6 期，第 145—150 页。
③ 张政烺：《试释周初青铜器铭文中的易卦》，《考古学报》1980 年第 4 期，第 3—15 页。

种解释①，但是，在西周时期阴阳二爻的出现明显呈现出由具象的线条雏形走向抽象阴阳爻萌芽的发展过程。

卦画符号从阴阳爻到三爻卦再到六爻结构，这三步是观念符号逐渐上升和发展的过程，其象征意义也开始由具象向抽象发展。具体为：

第一步，"– –""——"爻符，是对于天地、阴阳、男女的模拟，是最基本的以象表意。

第二步，三爻画的形成，是因为"二画之体，虽象阴阳之气，未成万物之象，未得成卦，必三画以象三材，写天地雷风水火山泽之象，乃谓之卦。"② 三画成八卦之象，是将阴爻和阳爻最大限度地运用，但是当符号成八卦之后，仅以此表意为"天、地、雷、风、水、火、山、泽"八种初级的基元事物之象，是具体的物象、本象。

第三步，由三画卦重为六画卦，是因为"初有三画，虽有万物之象，于万物变通之理犹有未尽，故更重之而又六画，备万物之形象，穷天下之能事。"③ 结构上的由简至繁，是符号象征走向高级和复杂的重要一步。而且经此历程不仅仅卦象丰富，超越原来的两经卦的本义，在组合而成新的六爻卦后每一爻也都指代了新的意义。如《泰》卦䷊，下乾上坤，阴爻居于外卦，阳爻居于内卦，意味阳者盛而来阴者衰而往，所以在上下卦象中阳气上升阴气下降，上下之间相互交合，则万物生养通畅，因此《象》曰："天地交，泰。"④ 又何妥曰："此明天道泰也。夫泰之为道，本以通生万物。若天气上腾，地气下降，各自闭塞，不能相交，则万物无由得生。明万物生由天地交也。"⑤ 如果《泰》卦䷊上下颠倒，画为《否》卦䷋，结构相反，则意义也随之相反。

---

① 关于卦画意义的由来，历来言非一端：计有生殖崇拜说（参见郭沫若《〈周易〉时代的社会生活》，载郭沫若《郭沫若全集·历史编·中国古代社会研究》，人民出版社 1982 年版，第 33 页）；结绳记事说［参见陈道生《重论八卦的起源》，《孔孟学报》（台）1966 年第 12 期］；占筮竹节说（参见高亨《〈周易〉古经通说》，中华书局 1958 年版，第 112 页）；龟甲刻纹说［参见余永梁《易卦爻辞的时代及其作者》，载顾颉刚编《古史辨》（三），上海古籍出版社 1982 年版，第 149—150 页］；筮数说［参见张政烺《易辨——近几年根据考古材料探讨周易问题的综述》，《中国哲学》（第十四辑），人民出版社 1988 年版，第 1—15 页］。
② 《周易正义》，《十三经注疏本》，中华书局 1980 年版，第 13 页。
③ 《周易正义》，《十三经注疏本》，中华书局 1980 年版，第 13 页。
④ 《周易正义》，《十三经注疏本》，中华书局 1980 年版，第 28 页。
⑤ 李鼎祚：《周易集解》，商务印书馆 1937 年版，第 75 页。

上述三步设定是由单一至系统，由具象到抽象的过程，这一过程可以概述如图2－1：

图2－1 卦象从具象到抽象过程

从八卦的本象、物象，发展到六十四卦的德象、变象，是从具体到抽象的过程，也是意义丰富的过程。这是因为符号形态从具象发展到抽象之后，既可以保持与物象相即不离的关系，也能够不拘泥于物象，衍生出更多的观念文化。最终，《易经》文本与先秦其他典籍不同，以符号象征为表达方式之一，摆脱了时间空间对语言表意的制约，以象征保持了表意的形象性、多义性和衍申性，比语言言说更具有传达丰富意义的能力。

三 语辞的具象到抽象过程

早期的数字卦仅见数字符号，筮辞较少。在数字卦的筮占中，语言的作用并没有被完全发挥出来。在《周易》之前的数字卦中，数字作为抽象的代码，背后有"象"，据"象"便可以了解判断结果。但是，从甲骨卜辞到《周易》，语辞成为了重要的意义载体，逐渐从单纯的具体记录发展到更多的意义表现。

首先，甲骨卜辞的"观象制度"往往取自史料，具有明显的具象记录性质。例如《左传·僖公二十五年》载："狐偃言于晋侯曰：'求诸侯，莫如勤王。诸侯信之，且大义也。继文之业而信宣于诸侯，今为可矣。'使卜偃卜之，曰：'吉。遇黄帝战于阪泉之兆。'"① 这段龟卜中有"遇黄帝战于阪泉之兆"，是卜偃根据兆纹所显示的征兆，认为是黄帝与炎帝在阪泉战争中的神圣历史呈象。这一语辞不仅仅借助早期的史料作为占断依据，并以这段历史而命名，以历史上曾经灵验的占例来比拟当前所占卜的

---

① 《春秋左传正义》，《十三经注疏本》，中华书局1980年版，第1820页。

事件。此卜辞可见，"遇黄帝战于阪泉之兆"原本是指历史上的一段具体史实，把有细节的、具体的事象与抽象的兆纹相融合，"甲骨占卜的过程中不仅要观'抽象'之纹，还要观'具象'之义，甲骨占卜自有自己的一套'观象'制度。这种'观象'制度连接了抽象与具象，连接了'兆纹'与'历史'。"① 可见甲骨卜辞中的语辞，是"象"的一种记录方式，抽象的"兆纹"本身没有意义，但是由文字载录之后，将具体的事象通过语辞记录下来。

在甲骨卜辞中，还存在具有隐喻性质的繇辞，这部分繇辞开始蕴含一定的抽象意义。例如《史记·孝文本纪》载汉文帝登基前龟卜所得繇辞："卜之龟，卦兆得大横。占曰：'大横庚庚，余为天王，夏启以光。'"② 这段繇辞是引入夏代史事，暗暗象征文帝之位虽非正统（嫡长子），却也能世袭帝位。这段韵语繇辞具有非常明显的隐喻特征，以历史昭示命定之数，隐晦地表达吉凶祸福，语辞正是将史事和"象"相勾连，阐释和沟通了具象事物现象和抽象意义之间的关系。

其次，在甲骨卜辞之后，《周易》之前的竹简《归藏》也有关于隐喻性的爻辞。例如在辑本《归藏》的《贲》卦中有繇辞："昔者桀筮伐唐（汤），而支占荧惑，曰：'不吉，不利出征，微利安处，彼为狸，我为鼠，勿用作事，恐伤其父。'"③ 这段文献所载之辞，是以隐喻之"象"透露占卜的吉凶之兆，这种语辞形式，正如章学诚所言："故道不可见，人求道而恍若有见者，皆其象也。"④ 抽象的神谕，以具体的"象"来表达，能够精妙地将观念喻义赋予其中，这也是占断语辞中以具象向抽象发展早期的形态。

最后，借用语辞来记述和阐释形象这一思维，被《周易》继承下来。《系辞上》云："圣人有以见天下之赜，而拟诸其形容，象其物宜，是故谓之象。……极天下之赜者存乎卦，鼓天下之动者存乎辞。"⑤ 在古人观察万物到制成八卦的思维过程中，所取之物，均是自然、生活中的具体事物，

---

① 李振峰：《甲骨卜辞与殷商时代的文学和艺术研究》，博士学位论文，哈尔滨师范大学，2012年，第186页。

② 司马迁：《史记》，中华书局1959年版，第414页。

③ 马国翰：《玉函山房辑佚书》，长沙嫏嬛馆刻本，光绪九年癸未版。

④ 章学诚：《文史通义校注》，中华书局1985年版，第18页。

⑤ 《周易正义》，《十三经注疏本》，中华书局1980年版，第83页。

赋予一定观念之后再通过符号和语辞来表述，这时的语辞便开始具有抽象意义。我们可以用一个图式来表示《周易》从具象到抽象的演进，如图2-2：

图2-2 《周易》从具象到抽象的演进

当语言仅就现象进行记述的时候，还处于理性逻辑记录阶段，但是当其将概念和观点融入其中，作为一种表意媒介的时候，就消除了语言的逻辑界限。语辞在甲骨卜辞和《归藏》中更多的是作为理性记录，并且具有形象和观念的萌芽，到了《周易》的语辞，这一特点得到了进一步的发展，语言的形象特征、符号特征、阐释特征被推到了突出的地位上。

语辞从具象到抽象的过程中，是将已知形象赋予更多的意义，无穷的意义，最终达到意象境界。这种思维在《易传》中多有表现，例如：

> 是故阖户谓之坤，辟户谓之乾，一阖一辟谓之变，往来不穷谓之通。见乃谓之象。形乃谓之器。制而用之谓之法。利用出入，民咸用之谓之神。
> 形而上者谓之道，形而下者谓之器。①

正如《系辞上》云："在天成象，在地成形，变化见矣。"② 象是《系辞》中提到的"形"，《周易》中的天、地、人不是"巨大的幻象"，而是认为形象为自然实有，所以"在天成象，在地成形"。

在观象知理的过程中，联想和想象能力是必备的。如《谦》䷎卦为例，地上山下，地中有山，这是对某种自然现象的描述，是具象的表现，但是认为"山高地卑"中的思想，便是对于"地中有山"的抽象概括，并且赋予具象事物以"高低尊卑"的观念，就是一种抽象思维，进而联想至

---

① 《周易正义》，《十三经注疏本》，中华书局1980年版，第82、83页。
② 《周易正义》，《十三经注疏本》，中华书局1980年版，第76页。

君子行为中"谦"意，便是一种联想。可见，形象思维将具有原型的符号赋予观念，还可以转换成更多的形象，阐明更为宽广的内容。

可见，《周易》的语辞形态，既继承了甲骨卜辞、《归藏》中的"以史为象"和"隐喻之象"的思维特点，又超越了这一表达方式。在今本《易经》中大部分卦爻辞反映了较高级的思维特征，将易象从具象系统更进一步推向象征意蕴系统。

纵观本章，《周易》文献编纂和构建程式是开放的，在语料准备、阐释传播、思想升华进程中构建而起，最终沉淀于中国文化的深层意蕴之中。当《周易》从万流汇聚成兼具实用功能、思想形态、文学性质的重要典籍时，必然蕴藏了集体的经验和历史文化变迁。

第三章 《周易》结构的象征形态

《周易》作为哲学专著的独特性在于，兼具卦形符号和语言文辞两大要素。"象征首先是一种符号"①，阴阳二爻、八卦、六十四卦无疑都是符号，以象为主的表意形式使《周易》哲学奠下了符号象征的基础。但是仅仅依靠想象表意，没有一定的律则，必然容易在广大悉备、无所不包的意象中穿凿附会，所以人们开始对象进行选取和建立，并遵循了一定的律则性和约定性，保持了象征和意义之间的联系。

卦形符号的建立，是古人发现了"立象以尽意"的奥秘后，通过设立符号形式作为实现意义的路径。卦爻辞倚象而后起，说明创制者在认识到语言的局限性的同时，并没有放弃语言，而是将丰富的象征和诗意的语辞相融合，营建了"文象并构"表意方式，体现了对语言、哲学的深刻认识。因此，在复杂神秘的象征系统中，掌握"取象—立象—释象"的构建方式、"释义—说象—明理"的表意程式，能够帮助我们理解《周易》"文象并构"的象征结构。

第一节 观察取法的取象系统

上古人类在最初观察世界思索世界的时候，以"仰则观象于天，俯则观法于地"的方式，相应于易象系统之六十四卦、三百八十四爻。《左传·鲁昭公二年》记载晋国重臣韩宣子到鲁国访问，"观书于太史氏，见《易象》与鲁《春秋》，曰：'周礼尽在鲁矣。吾乃今知周公之德，与周之

---

① ［德］黑格尔：《美学》（二），朱光潜译，商务印书馆1996年版，第10页。

所以王也。'"① 春秋时把《周易》称为《易象》，足以说明"象"在《周易》中的重要地位。《系辞上》谓："圣人有以见天下之赜，而拟诸形容，象其物宜，是故谓之象。"② 可见，众象组成一种"特定境况"，以此来环绕人间遭遇，既能够穷尽生活的具体层面又能够超越表面状态。古代先哲们在将物象取于己用的过程中，经历了从摹仿上升到观念的进阶，具体为两个阶段：其一为"仰观吐曜，俯察含章"；其二为"观物取象，观象取法"。

一　仰观吐曜　俯察含章

第一个阶段取象原则为"仰观于天，俯察于地"③。古代先哲们对于自然的敬畏和崇拜始于当下的生存状态：自然界既是可以观察和模仿的存在，又是一切物质需求的来源。这种天候上的变化与深山大泽中珍禽异兽的伏藏，几乎是当时人们物质生活的来源和全部的思想活动对象。当时的自然界不仅仅满足了他们的物质生活需求也是精神生活的基点，促使他们产生表达自然生活的欲望。因此，宏阔的天地成为了人们最初观察摹仿的对象，也是《周易》象征结构的最初启示物。

人们对于自然万物的仰观俯察是具有明显的来源性的。首先以八卦取象为基，《系辞上》云：

> 在天成象，在地成形，变化见矣。
> 鼓之以雷霆，润之以风雨。日月运行，一寒一暑。
> 是故法象莫大乎天地，变通莫大乎四时，悬象著明莫大乎日月。④

人类生活在自然，与其有着亲情关系，头上是茫茫无际的天空，脚踏生命的土壤，时间在太阳与月亮的运行中推演前行，这天、地、日、月便是初民最先认识的自然环境。渐渐人们又认识到，除此四大自然现象之外，天

---

① 《春秋左传正义·昭公二年》，《十三经注疏本》，中华书局1980年版，第2029页。
② 《周易正义》，《十三经注疏本》，中华书局1980年版，第79页。
③ "仰则观象于天，俯则观法于地"，见于《周易正义》，《十三经注疏本》，中华书局1980年版，第86页。
④ 《周易正义》，《十三经注疏本》，中华书局1980年版，第76、82页。

有风雨雷电，地有高山湖泊。在客观的环境中天、地、日、月、山、泽、雷、电是很难以人的意志为转移的，是广阔且具有生机，同时又能主宰人类最初物质、精神生活。因此，这八种自然现象不仅仅组成人类基本生活的客观环境，也是《周易》中最初的取象来源，加之符号可以归纳为如下图 3 - 1：

乾☰	坤☷	震☳	巽☴	坎☵	离☲	艮☶	兑☱
天	地	雷	风	水	火	山	泽

图 3 - 1 八卦及其符号象征

这是制卦者将八种基元事物按三爻排列进行对位，以符号的方式还原了一个微型的自然世界。

至于六十四卦，也是"仰观于天，俯察于地"取象方法的最直接体现。《乾》《坤》两卦是易之门户，是对天空与大地的描绘，《乾》卦☰卦爻辞：

> 初九，潜龙勿用。
> 九二，见龙在田，利见大人。
> 九三，君子终日乾乾，夕惕若，厉无咎。
> 九四，或跃在渊，无咎。
> 九五，飞龙在天，利见大人。
> 上九，亢龙有悔。
> 用九，见群龙无首，吉。①

这是先哲们仰望天空并且进行了细致的描摹。闻一多认为"《乾卦》言龙者六（内九四'或跃在渊'虽未明言龙，而实指龙），皆指东方苍龙之星，故《象传》曰：'时乘六龙以御天'也。"② 闻一多经过考证，发现《乾》卦中"龙"从潜到见而跃，从飞到亢至无首描绘的是二十八星宿中

---

① 《周易正义》，《十三经注疏本》，中华书局 1980 年版，第 13—14 页。
② 闻一多：《璞堂杂识·龙》，载闻一多《闻一多全集》（十），湖北人民出版社 1994 年版，第585 页。

苍龙七星的运行轨迹。因此有学者认为："《乾》卦正是通过东方苍龙七星一年四季的起降升潜的变化，展示了天空的壮丽景观。"①

《坤》卦▤▤则是对秋天大地之景的观察：

> 初六，履霜，坚冰至。
>
> 六二，直方大，不习无不利。
>
> 六三，含章可贞，或从王事，无成有终。
>
> 六四，括囊，无咎无誉。
>
> 六五，黄裳，元吉。
>
> 上六，龙战于野，其血玄黄。②

自上可见，初爻"初六，履霜，坚冰至"，霜降始现为秋天开始。"是月也，霜始降，则百工休"③，便是阴气凝结，季节转换。继而在坦荡无垠的大地上，出现了五彩斑斓的色彩。这是万物成熟的季节，人们开始将粮食果实"括囊"进口袋，大家穿着黄色的衣裳与秋天的金黄融为一体，一派祥和的气氛。最后两条蛇在初来的寒冷中相互盘绕。这是人们对于秋天大地的观察，也是对土地孕育人类生命的感恩，因而大地成为最初始的取象之源。

人类在对于世界的观察过程中，大多数的感知信息都来自视觉。我们所了解的观象，首先是来自对于周围客观环境的观察，作为一种视觉符号进入人们的头脑。亚里士多德认为："人们总爱好感觉，而在诸感觉中，尤重视觉。无论我们将有所作为，或竟是无所作为，较之其它感觉，我们都特爱观看。"④ 经过视觉观察过的事物会作为一种经验保存在人的记忆之中，在某种条件或者心理动因的转换，再被处理为感觉。所以观象也是人类对于视觉符号进行思维加工的最基本条件，也是"天垂象，见吉凶，圣人象之"思维的前期阶段。因此从自然界林林总总的事物中取象是人类对于自然和生活紧密联系的亲情关系的直接反映，也是观物取象原则的实践。

---

① 傅道彬：《诗可以观》，中华书局 2010 年版，第 35 页。

② 《周易正义》，《十三经注疏本》，中华书局 1980 年版，第 18 页。

③ 《礼记正义·月令·季秋》，《十三经注疏本》，中华书局 1980 年版，第 1379 页。

④ ［古希腊］亚里士多德：《形而上学》，吴寿彭译，商务印书馆 1995 年版，第 1 页。

二 观物取象 观象取法

第二个阶段取象原则为"观物取象"和"观象取法"。当符号由简单的、初级的象征，走向更为复杂的、高级的阶段，全由"摹仿"来完成是很难完全满足了。所以《周易》的象征系统除了"有天地自然之象"，也开始"有人心营构之象"①，以更有意义和更有活力的角度去取象。

当自然基元事物被选取之后，先哲开始审视自身，于是有了"近取诸身，远取诸物"②的取象角度。这一点在八卦取象中已然很明显，除本象之外，在性别上开始有区分，即：

> 乾道成男，坤道成女。③

在动物中又扩展为：

> 乾为马。坤为牛。震为龙。巽为鸡。坎为豕。离为雉。艮为狗。兑为羊。④

在人体中分有：

> 乾为首。坤为腹。震为足。巽为股。坎为耳。离为目。艮为手。兑为口。⑤

在人伦上有：

> 乾，天也，故称乎父。坤，地也，故称乎母。震一索而得男，故谓之长男。巽一索而得女，故谓之长女。坎再索而得男，故谓之中

----

① 章学诚:《文史通义校注》，中华书局1983年版，第18页。
② 《周易正义》，《十三经注疏本》，中华书局1980年版，第86页。
③ 《周易正义》，《十三经注疏本》，中华书局1980年版，第76页。
④ 《周易正义》，《十三经注疏本》，中华书局1980年版，第94页。
⑤ 《周易正义》，《十三经注疏本》，中华书局1980年版，第94页。

男。离再索而得女，故谓之中女。艮三索而得男，故谓之少男。兑三索而得女，故谓之少女。①

在方位上有：

> 震，东方也。……巽，东南也。……离也者，明也，万物皆相见，南方之卦也。……乾，西北之卦也。……坎者，水也，正北方之卦也……艮，东北之卦也。②

可见，八卦取象除了基本的自然物外，从人象、物象、方位都有选择，甚至对于观念世界中的人伦等抽象角度也有参考。

在对于人象、物象的取象中还处于静态的"观物取象"层面。《井》卦䷯，下巽上坎，巽为木，坎为水，木在水中，《象》曰："木上有水井。"③ 孔颖达更细述为："井者，物象之名也。古者穿地取水，以瓶引汲，谓之为'井'。"④ 朱熹曰："木上有水，津润上行，井之象也。"⑤ 所取物象为水井。又《鼎》卦䷱，巽下离上，巽为木，离为火，《彖》曰："以木巽火，亨饪也。"⑥《象》曰："木上有火，鼎。"⑦ 所取之"鼎"为器物之象。可见"观物取象"处于具象过程，属于观的形象描写。

但是"观物取象"不能够将动态或者抽象意义取尽，所以就有了更加广泛地"观法取象"。这种取象方式将人类对事物的简单描摹发展向了富有意义的抽象性表达。在《周易》象征系统中，既可以看到上述直观的象征；也可以看到大量"观法取象"的抽象性的象征。如《同人》卦䷌，下离上乾，下离为火为日，上乾为天，《象》曰："天与火，同人。君子以类族辨物。"⑧ 对此一为从性质角度火性炎上而天体也在上，所以孔颖达曰：

---

① 《周易正义》，《十三经注疏本》，中华书局1980年版，第94页。
② 《周易正义》，《十三经注疏本》，中华书局1980年版，第94页。
③ 《周易正义》，《十三经注疏本》，中华书局1980年版，第60页。
④ 《周易正义》，《十三经注疏本》，中华书局1980年版，第59页。
⑤ 朱熹：《周易本义》，北京大学出版社1992年版，第129页。
⑥ 《周易正义》，《十三经注疏本》，中华书局1980年版，第61页。
⑦ 《周易正义》，《十三经注疏本》，中华书局1980年版，第61页。
⑧ 《周易正义》，《十三经注疏本》，中华书局1980年版，第29页。

"天体在上，火又炎上，取其性同，故云：'天与火，同人'。"① 二为从空间角度，天在上空而太阳也在天空上同居一起，所以《集解》引《九家易》曰："谓乾舍于离，同而为日，天日同明，以照于下，君子则之，上下同心，故曰'同人'。"② 两说从不同角度象征"和同于人"这一抽象概念。又《谦》卦☷，下艮上坤，艮为山，坤为大地，《象》曰："地中有山，谦。"③ 对此郑元曰："艮为山，坤为地。山体高，今在地下。其于人道，高能下下，谦之象。"④ 这是以卑而蕴高，内实高大而涵养他人，为"谦"这一道德的抽象之象。再《临》卦☷，下兑上坤，兑为泽，坤为大地，象征了监视临查，《象》曰："泽上有地，临。君子以教思无穷，容保民无疆。"⑤ 而《集解》中引荀爽解曰："泽卑地高，高下相临之象也。"⑥ 在水泽上有大地，全卦寓以德临众人，因此为由上视下以尊临卑的抽象之象。这里《谦》卦、《临》卦均为"以法取象"，但是也都是先象自然之物，以此为基础根据物象的性质指示更广泛的德象，是通过"自然—人伦—社会"的思想体系来进一步取象。

《周易》中的取象有选有择，从"观物取象"到"观法取象"，是以自然物象为中心，加之思想观念，再择取更广泛的能够容纳人伦、行为的德象。这是一个不断调和和发展的取象过程，形成了从具体性事物向抽象性哲学演化的特点。在从具象到抽象这一过程中，"观"具有了哲学意义。对此成中英说：

> 在《易经》中，可以说"观"是前理解的一种自然能力，它暗示了对事物的一种自然开放的态度。也可以把"观"比做海德格尔的"沉思"，在海德格尔的这个概念中，存在物或者事物将作为"存在"的表现而被体验到。我们可以说，在这个意义上，它暗示了"存在"的一种普遍观点，因为它提供了一种阐述的方式，使得事物能够被看

---

① 《周易正义》，《十三经注疏本》，中华书局 1980 年版，第 29 页。

② 李鼎祚：《周易集解》，商务印书馆 1937 年版，第 84 页。

③ 《周易正义》，《十三经注疏本》，中华书局 1980 年版，第 31 页。

④ 李鼎祚：《周易集解》，商务印书馆 1937 年版，第 91—92 页。

⑤ 《周易正义》，《十三经注疏本》，中华书局 1980 年版，第 36 页。

⑥ 李鼎祚：《周易集解》，商务印书馆 1937 年版，第 109 页。

见和发现。①

也就是说，"观"是人类认识客观事物和主观思想的前提，是事物存在的一种方式，是通向普遍存在之思的基础。《周易》象征结构的取象阶段是属于易学自身考察、思考、构建作为整体的世界或宇宙存在的前提。

第二节　分类所指的立象系统

对于《周易》来说，立象就是其符号化、意义化的过程。所谓"立象尽意"，就是通过以象征的形式来实现对于"意"的表达，是对于语言局限的补充，将选取的象通过一定手段和方法涵盖意蕴。这一阶段并非只是将象征的"精神意义"和"感性意义"直接结合，而是利用抽象符号来表现其多样性与多义性。《周易》通过遵循一定的立象原则，将"仰观俯察""取物取法"而来的林林总总的象，归于特定卦爻符号之中。

一　方以类聚　物以群分

以一个符号名称来代替一个易象很难具有意义，但是多种卦象要概括进一个符号中，就要有意识地探寻其中的共通和相似之处。《周易》立象系统的第一个根本原则为"以类立象"，具体可概括为"方以类聚，物以群分"②。

通过对《说卦》中所举的一百四十三象③，加之对《彖》《象》的分析，可以发现《周易》"以类博取"的立象过程。择要所列如下：

---

① 成中英：《易学本体论》，北京大学出版社 2006 年版，第 89 页。
② 《周易正义》，《十三经注疏本》，中华书局 1980 年版，第 76 页。
③ 《说卦》全章所举卦象一百一十二例，《释文》引《荀爽九家集解》本多出三十一例，共一百四十三例。

卦名	自然原象	卦义	方位	动物	人体	人伦	植物	人事	物器	颜色	德行
乾	天	健、战、寒	西北	马	首	父	木果	君	环、玉、金、冰	大赤	君子
坤	地	顺、藏、养	西南	牛	腹	母		众	布、斧、大舆、柄	黑	吝啬、文
震	雷	动、出	东	龙	足	长男	苍筤竹、萑苇			玄黄	躁
巽	风	入、散、齐、长、高	东南	鸡	股	长女	树木		绳直	白	谦逊、进退
坎	水、月、雨	陷、润、劳、通	北	豕	耳	中男	刺木	盗	弓轮	赤	阴险、隐伏
离	火、日	丽、烜、明	南	雉、鳖、蟹、蚌、龟	目	中女	枯木、科上槁	戈兵	甲胄		光明正大
艮	山	止、成	东北	狗、鼠	手	少男	果蓏、坚木	阍人、寺人	门阙		贤人
兑	泽	悦、说	西	羊	口	少女		巫、妾			附决

这里八卦的本象："天、地、雷、风、水、火、山、泽"，分别象征"健、顺、动、入、陷、丽、止、悦"抽象卦义，然后再对于物象、人体和性质进行了衍申。

虽然八卦之象的衍申意义至为复杂，但是均以本象本义为基本，再将内涵相似的立为一类。以《乾》卦为例，本象象为天，在上，顺应古人"天圆地方""天动运转"的思想为圆；《乾》卦全部为阳爻，属性最为阳性刚健，所以卦义为健、君、战、雄；刚健强坚性质对应于世间之物，《乾》可以代表玉、金之石；又因为在古人观念中天为万物之始，高高在上，象征父系社会中的君、父；用以描绘健伟壮美之景的暖色大赤。对于类同之象立于一组，《正义》有所解释：

> 乾既为天，天动运转，故为圜也。为君为父，取其尊道而为万物之始也。为玉为金，取其刚之清明也。为寒为冰，取其西北寒冰之地

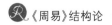

也。为大赤，取其盛阳之色也。①

这里孔颖达认为良马、老马、瘠马、驳马四种马，均为骨骼凸显、刚猛之
马，均合"健"。至于木果则含义诸多，尚秉和云："木果形皆圜"②，木
果大部分为圆形，合"健"之说；亦有象群星于天之意，宋衷云："群星
著天，似果实著木，故为木果"③，顺应"乾为天"。

又如《坤》卦可见，自然之象为地，大地宽厚善生善养，所以卦义为
"顺、藏、养"。在人类社会中，母亲是善任生育，母爱慈善，所以"母
亲"合"顺"意。至于立象为"布"，尚秉和认为"坤德遍布万物以致
养，故为布"④，坤之取布象也似合"顺"义。而"为釜，为吝啬，为均，
为子母牛，为大舆"这五象能够立为《坤》之象，孔颖达认为是："为
釜，取其化生成熟也。为吝啬，取其地生物不转移也。为均，取其地道为
均也。为子母牛，取其多蕃育而顺之也。为大舆，取其能载物也。"⑤ 此五
象均合"顺"意。《乾》卦、《坤》卦中所列之象，均与其原象和象义相
似，以此为基本性质，再将同类性质的象归类立象。

分类是事物结构划分的体现，易象通过符号意义上的区分，将事物概
括分类，类同的事物之间有着内在相同的结构。对此《文言》曰："同声
相应，同气相求。水流湿，火就燥，云从龙，风从虎，圣人作而万物睹，
本乎天者亲上，本乎地者亲下，则各从其类也。"⑥ 可以说，分类拟象的方
式继承了天地自然结构层次，从而有效地表现宇宙万事，将某些现象有条
理地表现出来。

二　引而伸之　触类长之

"以类立象"的原则表现为，通过对"外在形象"的归纳，将各类、
各层次系统划分区域。然而，若仅仅停留于此，则无法达到"易含万象"

---

① 《周易正义》，《十三经注疏本》，中华书局 1980 年版，第 95 页。
② 尚秉和：《周易尚氏学》，中华书局 1980 年版，第 327 页。
③ 李鼎祚：《周易集解》，商务印书馆 1937 年版，第 417 页。
④ 尚秉和：《周易尚氏学》，中华书局 1980 年版，第 327 页。
⑤ 《周易正义》，《十三经注疏本》，中华书局 1980 年版，第 95 页。
⑥ 《周易正义》，《十三经注疏本》，中华书局 1980 年版，第 16 页。

的境界。这就需要《周易》立象系统的第二个根本原则为"延伸立象",具体可概括为"引而伸之,触类而长之"①。

圣人立象最根本目的在于"尽意",设卦的目的在于"尽情伪",《周易》中具体的象多还是象少并非是其根本意义,象背后的意义、性质和内涵,才是决定物象到底属于哪一类的根本。相似的实质使得不同的卦象具有同一种特质,继而能够举一反三、触类旁通,这也是易含万象的奥秘。即由一物而普及万物,由有限而指示无限,以此来体现事物的多样性。

"引而伸之,触类而长之"的立象方式与联想和想象密不可分,以此将同一类别的象延伸和扩张,使其与符号之间相互渗透。以《离》卦☲为例,本义代表日、火、电,"离也者、明也,万物皆相见,南方之卦也""离,丽也",具有光明、亮丽性质的象均被立于此卦卦象体系中。除此性质为《离》立象的根本外,其立象从卦爻形状上也有引申。☲两阳爻在外,一阴爻在内,所以凡是外坚内柔的物象也都以离来代表,因而《说卦》曰:

> 离为火,为日,为电,为中女,为甲胄,为戈兵。其于人也,为大腹,为乾卦。为鳖,为蟹,为蠃,为蚌,为龟。其于木也,为科上槁。②

这里的"甲胄""戈兵"这类象之所以能够归于离卦,均是为外部坚硬而内在肉身,即外刚内柔之物象、人象,符合"离中虚"的卦形。虞翻曰:"此五者,皆取外刚内柔也。"③ 这里解释了"鳖""蟹""蠃""蚌""龟"五种甲壳类水族动物也是因为肉体处于硬壳之内。可见,象与物联系起来,无论在卦义和卦形上能够类聚的根本便是遵循了本质上的相似原则。

在立象阶段象与物的联系不单单体现在对于卦义的遵循和延伸,对于卦形的联想和想象也是其中重要的衍申方式。六十四卦中的《鼎》卦䷱,从卦义角度来说为火在木上为风鼓之,"象折木以炊也"④。其物象为鼎,

---

① 《周易正义》,《十三经注疏本》,中华书局1980年版,第80页。
② 《周易正义》,《十三经注疏本》,中华书局1980年版,第95页。
③ 李鼎祚:《周易集解》,商务印书馆1937年版,第427页。
④ 许慎:《说文解字》,中华书局2008年版,第143页。

在帛书《周易》卦符为 ䷱，最下面的阴爻 ▬▬ 为鼎足，中间的三个阳爻为鼎体，六五阴爻为鼎耳，最上方的一个阳爻如同鼎铉，完全是效法鼎的形象，据此联想，才能够将此象立于阴阳爻排列组合的 ䷱ 符之下。

可见，《周易》的象征系统是丰富而多义的，但是也具有一定的发展形势，包含了"取象—立象"的过程。这一过程也是《周易》结构象征形态的符号基础，是沟通形式与意义之间的一条重要路径。

第三节　言象互动的释象系统

《周易》是借助象、数、辞三种具有意义的符号系统来表意的，其中"以象表意"是其最突出的表达特色。象比语言言说更具有传达丰富意义的能力。这一方式的出现源于人类发现对于世界的体验和认识，是不能够全部用语言表达的。《周易》中以抽象符号为表述形式，不受时间空间的制约，以象征保持了表意的形象性、多义性和衍申性。

单纯的符号和图像不能够满足人们表意和流传的愿望，就有了更为明确的解释系统，即卦名、卦爻辞。"易学与其他哲学殊不相同的面貌特点之一，就是它的'象'。象就是符号，易学的创立是先有符号，筮数及文字均为倚象而后起。"① 在《易》的庞大易象体系中，不仅仅有着丰富的取象方式、规律的立象特征，也有着精雕细琢的语言系统，象征和语言并构，二者之间互渗融合，是一个具有言象互动的结构体系。

一　卦名与卦象

对于《周易》卦名来源的讨论，一种常见的观点认为卦名是单纯从卦爻辞中挑字而出的。上古时期很多书籍为集体之作，在成书之前均为散篇，一般不给每一篇取名。篇名在成书之时追题，犹如《书》《诗》之篇名。很多篇章命名是以文章句首一字或者若干词为名，也有的是以文中出现频率较高的词汇为名，以《诗经》为例，《樛木》《茉苣》等诗名都是

① 高怀民：《先秦易学史》，广西师范大学出版社 2007 年版，第 8 页。

为诗中出现较多之词，而《关雎》《桃夭》等亦是取诗中主要部分，这是古代题名的一种方式。现代部分学者延此思路，从卦爻辞开始研究卦名，因为六十四卦中只有《坤》《小畜》《泰》《大有》《中孚》卦五卦的卦名和卦辞无关，其余五十九卦的卦名都和卦爻辞相关，朱伯崑云："开始的时候，只有卦爻辞，各卦间只靠卦画区分，后来，才根据筮辞加上了卦名。"① 高亨也认为："疑筮辞在先，卦名在后，其初仅有六十四卦形以为别，而无六十四卦名以为称，依筮辞而题卦名，亦后人之所为也。"②

但是，我们认为卦名作为一种语言文本形式，和符号象征之间有着藕断丝连关系。《周易》的文辞意义内容与象千丝万缕，所以无论是从哪一种角度所做的标记，既不可能完全离开卦辞更不可能离开卦象。象征的符号体系有多元的意味内涵，但它必须借助文字才能保存和传播。按照《周易》成书的角度来说，必然先有象，在"取象—立象—释象"之后，有了感知世界的意识，并以此来表现人与自然关系，形成一个个有意义的内在系统，然后才题有卦名。如此，卦名未必是直接示象，但是一定与象之间存在直接或者间接的互动关系。

第一，部分卦名与卦符所模拟的形象有关。这一观点首要是从八卦之象与古文字关系可证，《易纬·乾凿度》曰：

☰，古文天字。☷，古僵、地字。☴，古风字。☶，古山字。☵，古坎字。☲，古火字。☳，古雷字。☱，古泽字。③

对于古代象形文字和符号之间的对应关系上，梁启超认为"八卦是古代的象形文字却很可信。"④ 对此，刘师培也做了详解：

乾为天，今天字草书作**ゑ**，象乾卦☰之形。坤为地，古坤字或作**巛**，象坤卦☷之倒形。坎为水，篆文水字作**ᴡ**，象坎卦☵之倒形。离

① 朱伯崑：《易学基础教程》，九州出版社 2003 年版，第 38 页。

② 高亨：《周易古经今注》，中华书局 1987 年版，第 24 页。

③ 安居香山、中村璋八：《纬书集成·易纬·乾凿度》，河北人民出版社 1994 年版，第 77—78 页。

④ 梁启超：《古书真伪及其年代》，载《饮冰室合集》（十二），中华书局 1989 年版，第 73 页。

为火，古文火字作，象离卦☲之倒形。①

这种观点认为卦名和卦形相关联，八卦来源于自然界中事物形象的观察，卦名与每卦所模拟的形象有关。如《鼎》卦䷱作为器物之象，在帛书《周易》卦符为䷱，完全是效法鼎的形象，在卦名、卦辞、卦象上是吻合的，上文已述。再如《丰》卦䷶，为丰盈硕大之象，郑玄注《仪礼·燕礼》"公尊瓦大两，有丰"为："丰形似豆，卑而大。"② 而金文丰字写作𧯫，从卦形上看，"䷶之二爻若看作'八'字形，四爻两端上翘，则䷶之卦形便成豐豆之象了。"③ 这种观点是与汉字的形成方式中的象形息息相关，认为汉字和卦象表意之间是相通的。但是这一说法也并不能将六十四卦悉数释通，对此有学者谨慎地认为"以卦画为形象，只有颐卦是唯一的证据。"④ 所以，对于《周易》而言，是部分卦名与卦符所模拟的形象有关。

第二，以物象为卦名。在今本《周易》中，《颐》《噬嗑》《鼎》《夬》《中孚》《丰》卦均为取于物为名，是卦名对于本卦卦象比较明显清晰的概括。这一现象在帛、竹《周易》等出土文献中也均有出现。以今本为底，谨列清华大学藏战国竹简《别卦》⑤、上海博物馆藏战国楚竹书《周易》⑥、马王堆汉墓帛书《周易》⑦、海昏竹简《易占》⑧、阜阳汉简《周易》⑨、汉石经《周易》⑩、王家台秦简《归藏》⑪、马国翰辑本《归

---

① 刘师培：《经学教科书》，上海古籍出版社 2006 年版，第 212 页。

② 《仪礼注疏》，《十三经注疏本》，中华书局 1980 年版，第 1015 页。

③ 姜广辉：《〈周易〉卦名探原》，《哲学研究》2010 年第 12 期，第 52 页。

④ 李镜池：《周易探源》，中华书局 1978 年版，第 288 页。

⑤ 参见清华大学出土文献研究与保护中心、李学勤主编《清华大学藏战国竹简》（四），中西书局 2013 年版，第 10—11 页。

⑥ 参见濮茅左《楚竹书〈周易〉研究——兼述先秦两汉出土与传世易学文献资料》，上海古籍出版社 2006 年版，第 189—198 页。

⑦ 参见于豪亮《马王堆帛书〈周易〉释文校注》，上海古籍出版社 2013 年版，第 15—38 页。

⑧ 参见李零《海昏竹书〈易占〉初筮》，载朱凤瀚主编《海昏简牍初论》，北京大学出版社 2020 年版，第 254—267 页。

⑨ 参见韩自治《阜阳汉简〈周易〉研究》，上海古籍出版社 2004 年版，第 45—86 页。

⑩ 参见屈万里《汉石经〈周易〉残字集证》，联经出版事业公司 1984 年版。

⑪ 参见王明钦《王家台秦墓竹简概述》，载艾兰、邢文《新出简帛研究：新出简帛国际学术研讨会文集》，文物出版社 2004 年版，第 26—49 页。

藏》① 卦名异同表如下：

《周易》传世文献卦名异同表

今本《周易》	清华大学藏战国竹简《别卦》（公元前305年）	上海博物馆藏战国楚竹书《周易》（公元前390年）	马王堆汉墓帛书《周易》（公元前168年）	海昏竹简《易占》（公元前59年）	阜阳汉简《周易》（公元前165年）	汉石经《周易》（175年—183年）	王家台秦简《归藏》（公元前278—前206年）	马国翰辑本《归藏》
乾			键*	建		乾		
坤			川*	川*		川*		
屯			屯	屯				
蒙	愢	尨*	蒙	蒙	蒙	蒙		蒙
需			襦*					
讼	讼	讼	讼	讼		讼	讼	讼
师*	帀*	帀*	师*	师*	帀*	师*	师*	师*
比			比	比		比		
小畜	少管		少蓺				少督	小毒畜
履	顡		礼*	履	履	履	履	履
泰	忞	泰	泰/奈*	泰		泰	奈*	泰
否	畐		妇*	否		否		
同人	同人		同人		同人		同人	同人
大有	小又	大有	大有	大有	大有	大有	右	大有
谦	谦	厤*	嗛*				陵*	兼
豫	介	参	徐	豫	豫	豫	介	分
随	愳	陸	隋*		隋*			马徒
蛊*	蛅	蛊*	简	蛊*		蛊*	夜*	蜀
临	蕅		林*		林*		临	林祸
观	观		观	观	观	观	灌	观
噬嗑*	毚		筮闸*	筮□	噬闸*	噬□*	筮*	

---

① 参见马国翰《玉函山房辑佚书》，长沙娜嬛馆刻本，光绪九年癸未版。

今本《周易》	清华大学藏战国竹简《别卦》（公元前305年）	上海博物馆藏战国楚竹书《周易》（公元前390年）	马王堆汉墓帛书《周易》（公元前168年）	海昏竹简《易占》（公元前59年）	阜阳汉简《周易》（公元前165年）	汉石经《周易》（175年—183年）	王家台秦简《归藏》（公元前278—前206年）	马国翰辑本《归藏》
贲	繁		蘩*	贲	贲	贲		
剥	僕			剥	剥	僕	剥	僕
复	復	復		復	复	復	復	復
无妄	亡孟	亡忘	无孟		无亡		毋亡	毋亡
大畜	大嘼	大𡘳	泰蓄					大毒畜
颐*	䪐	颐*	颐*	颐*	颐*	颐*	亦	颐*
大过	大迅	泰过	泰过		大过		大过	大过
坎			赣	欲		欲		
离			羅*	离		离		
咸	慾	钦	钦		钦		咸	钦
恒	悫	丞	恒	恒		恒	恒我	恒
遯	敓	𦟼	掾		椽		遂	遂
大壮	大臧		泰壮	大壮		大壮	大壮	
晋	䫜		溍*				菩缙	晋
明夷	亡𡰥		明夷				明夷	明𡰥
家人	𠯵		家人				㪔	散家人
睽	𢝊	楑	乖	睽		睽	瞿	瞿
蹇			蹇	蹇		寋		
解	繲	繲	解	解				荔
损	歔		损	损	损	损	损	员
益	䣋		益	益		益		諴
夬*	叚	夬*	夬*	决		夬*	𡘓	规
姤	緱	敂	狗*	句				夜*
萃	翠	嘩	卒*				卒*	萃
升	揰		登	升	登	升	升	称
困	困	困	困	困		困	困	困

续表

今本《周易》	清华大学藏战国竹简《别卦》（公元前305年）	上海博物馆藏战国楚竹书《周易》（公元前390年）	马王堆汉墓帛书《周易》（公元前168年）	海昏竹简《易占》（公元前59年）	阜阳汉简《周易》（公元前165年）	汉石经《周易》（175年—183年）	王家台秦简《归藏》（公元前278—前206年）	马国翰辑本《归藏》
井*		茉*	井*	井*		井*		
革	悫	革	勒	茸		革		革
鼎*	鼎		鼎*	鼎*		鼎*		
震			辰*	震		震		
艮			根*	艮		艮		
渐	蒲	渐	渐	渐		渐	渐	渐
归妹	遲妹		归妹	归妹		归妹	归妹	归妹
丰*	鄂*	豐*	豐*	豐*		豐*	豐*	豐*
旅	遬	遬	旅	旅	旅	旅	旅	旅
巽			筭*	巽		巽		
兑			夺	兑		兑		
涣	悆	鬻	涣				涣	奂
节			节	节		节		
中孚*	中		中復				中絕	
小过	少逃		少过	少过		小过	小过	小过
既济			既济					
未济	漮	未凄	未济					未济

　　上表中带＊卦名均为名词，取于物，几乎与每卦卦爻辞内容相关，为最直接的以象尽意的特征。其中《帛书》周易中物象为卦名的卦有二十三卦，为通行本《周易》中比例最高，虽然其中个别卦名和物象之间的联系不明显，例如《狗》卦（通行本《姤》卦），但是与其他版本的《周易》此卦读音相近，可以通假。上海博物馆藏战国楚竹书《周易》，残存有卦名简为二十六卦①，其中有九卦卦名为名词。

---

① 上海博物馆藏战国楚竹书《周易》共五十八简，三十四卦，竹简上存有二十六卦卦名，其余八卦是从简文中推断而出。

第三，以象之所用而为卦名。孔颖达对此观点的解说与王弼、韩康伯注"鄙视取象的观点"① 不同，而是将取象和取义相结合。以《乾》卦☰为例，物象本为天，没有以物为名，而取"乾"名，对此孔颖达疏有：

> 此既象天，何不谓之天，而谓之"乾"者？天者定体之名，"乾"者体用之称。故《说卦》云："乾，健也。"言天之体，以健为用。圣人作《易》本以教人，欲使人法天之用，不法天之体，故名"乾"，不名天也。天以健为用者，运行不息，应化无穷，此天之自然之理，故圣人当法此自然之象而施人事，亦当应物成务，云为不已，"终日乾乾"，无时懈倦，所以因天象以教人事。②

此说是认为"乾"名虽然非物象，但是却为物象"天"之所用，是"作《易》本以教人"的体现，以所用为卦名却仍与其卦象息息相关。在马王堆帛书《周易》中☰卦名为"键"，既不同于"乾"也同样非"天"象，但本义是与"健"同义。"帛书作'键'，盖键字与𨱗字、健字均从建字得声，可以通假"③，且武亿《经读考异》中认为古代"乾"字不作"乾"："愚谓乾古字作𨱗，见《古今韵会》，传《易》者因转写作健，是健即乾字之转。"④ 这是将"乾"与"健"视为通假字而解卦名，继而延伸而论。《说卦》有："乾，健也"⑤，是因为天以健者为用，"健"是天的自然之理，"健""键"相通，故马王堆帛书《周易》以"键"为名也为物象"天"之所用。

再如，《坤》卦☷，马王堆帛书《周易》、汉石经《周易》海昏竹简《易占》中均命名以"川"。☷本象征地，《说卦》中有"坤，顺也。""坤，地也。"⑥ 所以"坤"以地为象，以顺为义，即"坤"德在于柔顺，且坤与顺古音相近，取名为"坤"是"以象之所用而为卦名者"。而"汉

---

① 廖名春、康学伟、梁韦弦：《周易研究史》，湖南出版社1991年版，第191页。
② 《周易正义》，《十三经注疏本》，中华书局1980年版，第13页。
③ 于豪亮：《马王堆帛书〈周易〉释文校注》，上海古籍出版社2013年版，第41页。
④ 武亿：《经读考异》，乾隆五十四年小石山房刊本卷一，第2页。
⑤ 《周易正义》，《十三经注疏本》，中华书局1980年版，第94页。
⑥ 《周易正义》，《十三经注疏本》，中华书局1980年版，第94页。

人书坤作《，《即川字，川与顺古音同也。"① 取名"川"与取名"坤"的象征意义是相同的。这里无论为"乾"名还是"键"名，无论为"坤"名还是"川"名，在取字上有所区别，但是因为象征的根本一致，所以无论名称为何内在思想层次上仍然保持统一。

第四，虽取物象，乃以人事而为卦名。单纯以物象之名概括卦义是很难贯彻所有卦。从爻象角度看，或取天地阴阳之象，或取万物杂象，或取人事以为象，所以卦名中也有以"人事为卦名者"。如《家人》卦䷤，其卦爻辞为：

> 家人：利女贞。
>
> 初九，闲有家，悔亡。
>
> 六二，无攸遂，在中馈，贞吉。
>
> 九三，家人嗃嗃，悔厉，吉。妇子嘻嘻，终吝。
>
> 九四，富家，大吉。
>
> 九五，王假有家，勿恤，吉。
>
> 上九，有孚，威如，终吉。②

是以家庭结构为基本象，其中六二爻和九五爻的爻辞为家中女子居于内，男子居于外，均处于爻位的正位，象征着父系社会中男尊女卑、男主外女主内的社会伦理。而家庭又为社会结构的根本，各正其家、尊卑有序便是天下治定的现象，这种家庭和谐观符合当时的"齐家治国平天下"③ 的思想。故孔颖达疏有：

> "家人"者，卦名也。明家内之道，正一家之人，故谓之"家人"。④

这种修家内之道的思想是来源于当时的家庭伦理意义，卦名"家人"是取之物象，而言人事。

---

① 林义光：《〈周易〉卦名释义》，《清华学报》1928 年第 1 期，第 1502 页。

② 《周易正义》，《十三经注疏本》，中华书局 1980 年版，第 50 页。

③ 《礼记正义》，《十三经注疏本》，中华书局 1980 年版，第 445 页。

④ 《周易正义》，《十三经注疏本》，中华书局 1980 年版，第 50 页。

再言,《归妹》卦䷵,其卦爻辞为:

> 归妹:征凶,无攸利。
> 初九,归妹以娣,跛能履,征吉。
> 九二,眇能视,利幽人之贞。
> 六三,归妹以须,反归以娣。
> 九四,归妹愆期,迟归有时。
> 六五,帝乙归妹,其君之袂,不如其娣之袂良。月几望,吉。
> 上六,女承筐,无实。士刲羊,无血,无攸利。①

从古代题名角度而言,"归妹"以此在卦爻辞中反复出现,为本卦之名亦理所应当,而"妹"为少女之称,《说文》解"归"为"女嫁也。"② "归妹"是为嫁妹之象,又为"人之终始也"③,实为人事,故孔颖达对此疏:

> 归妹者,卦名也。妇人谓嫁曰归,"归妹"犹言嫁妹也。然《易》论归妹得名不同。《泰》卦六五云:"帝乙归妹。"彼据兄嫁妹谓之"归妹"。此卦名归妹,以妹从娣而嫁,谓之"归妹"。故初九爻辞云:"归妹以娣"是也。上《咸》卦明二少相感,《恒》卦明二长相承,今此卦以少承长,非是匹敌,明是妹从娣嫁,故谓之归妹焉。④

《归妹》取象归妹,主要在于"妹",是言古代少女出嫁为人侄娣的婚嫁,这种婚嫁形态不符合当时的礼仪。《归妹》卦兑上震下,是少女嫁与长男,从具体的夫妇关系上来说这种婚嫁在古代是缺少夫妇之义,难以终老的,故为"虽取物象,乃以人事而为卦名者"。实际上,这种取名方式既符合了古代题名规则,也是"托象以明义"的反映。

总之,"以物象而为卦名者",能够比较直接反映《周易》立象尽意的本质特征,更符合了先有内在系统,然后才有提名的命名规则。"以象之所用而为卦名者"和"虽取物象,乃以人事而为卦名者"很难完全区分,

---

① 《周易正义》,《十三经注疏本》,中华书局1980年版,第64页。
② 许慎:《说文解字》,中华书局2008年版,第38页。
③ 《周易正义》,《十三经注疏本》,中华书局1980年版,第64页。
④ 《周易正义》,《十三经注疏本》,中华书局1980年版,第64页。

其中存在着一定交叉，这是由于卦象本身意味深邃造成的。但是，"物有万象，人有万事，若执一事，不可包万物之象；若限局一象，不可总万有之事。故名有隐显，辞有踳驳，不可一例求之，不可一类取之。"① 此认为人有万事，物有万象，所以取象的方法和角度不一，但是卦名作为每一卦篇章之名，和卦象并不矛盾和脱离。

二 卦爻辞与卦象

和卜辞相比，卦爻辞明显地经过分类加工。自《易传》起，历代易学家均对卦爻辞进行过分类讨论。《系辞下》云："辨物正言，断辞则备矣。"② 干宝曰："辨物类也。正言，言正义也。断辞，断吉凶也。如此，则备于经矣。"③ 朱熹将其分为三类："易有象辞，有占辞，有象占相浑之辞。"④ 蔡渊细分为"理、事、象、占、断"五类。对此近代学者们也各有见地。高亨认为可分四类：记事之辞，取象之辞，说事之辞，断占之辞。⑤ 居乃鹏认为卦爻辞是由"设象辞""纪事辞""占断辞"构成⑥。李镜池归纳为"贞兆之辞——断辞""叙事之辞——告辞""象占之辞——示辞"⑦。而张善文提出卦爻辞的内容虽然纷杂，但其构成的节本成分却不外乎"拟象辞"与"占验辞"两部分⑧。

无论任何一种分法，都可以看到卦爻辞和象之间存在必然的联系。单从历史角度看卦爻辞为占筮活动的记录，没有通律可循，亦有文句重复的现象，因此有学者认为卦爻辞和卦爻象之间没有逻辑的必然联系。⑨ 但是从《周易》编纂的角度来看，卦爻辞和卦爻象之间不可能完全背离。如果完全无关，各卦爻辞便可以随意互换，而实际卦象卦义只能各成体系。故《周易》通过卦爻象表现复杂性和无限性的同时，也通过语言对于细节或

① 《周易正义》，《十三经注疏本》，中华书局 1980 年版，第 13 页。
② 《周易正义》，《十三经注疏本》，中华书局 1980 年版，第 89 页。
③ 李鼎祚：《周易集解》，商务印书馆 1937 年版，第 384 页。
④ 朱熹：《朱子语类·易三》（卷六十七），中华书局 1986 年版，第 1669 页。
⑤ 高亨：《周易古经今注》，中华书局 1987 年版，第 46 页。
⑥ 居乃鹏：《〈周易〉与古代文学》，《国文月刊》1948 年第 74 期，第 10—15 页。
⑦ 李镜池：《周易探源》，中华书局 1978 年版，第 130 页。
⑧ 张善文：《〈周易〉与文学》，福建教育出版社 1997 年版，第 26 页。
⑨ 朱伯崑：《易学基础教程》，九州出版社 2003 年版，第 56 页。

者某一部分进行了更明晰或者更现实的解释。所以我们认为，卦爻辞作为语言文字系统，并不是阐释意义的唯一手段，它和《周易》的符号一起建立了象系统，即便是不直接拟象的卦爻辞，其中所记述的内容也和象义契合。

1. 卦辞与卦象

卦辞紧跟在卦名之后，言一卦总旨和吉凶。作为卜筮者记录的每一卦并没有整齐划一。为了称说上的便利，可将卦辞中的述事象之辞、吉凶占断之辞分列如下：

卦辞语言形式分类表

卦名	述事象之辞	吉凶占断之辞
乾		元，亨，利，贞
坤	君子有攸往，先迷，后得主，……西南得朋，东北丧朋	元，亨，利牝马之贞。……利。……安贞吉
屯		元亨，利贞。勿用有攸往，利建侯
蒙	匪我求童蒙，童蒙求我。初筮告，再三渎，渎则不告	亨。……利贞
需		有孚，光亨，贞吉。利涉大川
讼		有孚窒惕，中吉，终凶，利见大人，不利涉大川
师		贞，丈人吉，无咎
比		吉。原筮，元永贞，无咎。不宁方来，后夫凶
小畜	密云不雨，自我西郊	亨
履	履虎尾，不咥人	亨
泰		小往大来，吉，亨
否	否之匪人	不利，君子贞，大往小来
同人	同人于野	亨。利涉大川，利君子贞
大有		元亨
谦	君子有终	亨
豫		利建侯，行师
随		元亨，利贞，无咎
蛊	先甲三日，后甲三日	元亨，利涉大川

续表

卦名	述事象之辞	吉凶占断之辞
临		元亨，利贞。至于八月有凶
观	盥而不荐，有孚颙若	
噬嗑		亨，利用狱
贲		亨，小利有攸往
剥		不利有攸往
复	反覆其道，七日来复	亨。出入无疾，朋来无咎，……利有攸往
无妄		元亨，利贞。其匪正有眚，不利有攸往
大畜		利贞，不家食吉，利涉大川
颐	观颐，自求口实	贞吉
大过	栋桡	利有攸往，亨
习坎		有孚，维心亨。行有尚
离	畜牝牛	利贞，亨。……吉
咸		亨，利贞。取女吉
恒		亨，无咎，利贞，利有攸往
遯		亨，小利贞
大壮		利贞
晋	康侯用锡马蕃庶，昼日三接	
明夷		利艰贞
家人		利女贞
睽		小事吉
蹇		利西南，不利东北。利见大人。贞吉
解		利西南，无所往，其来复吉，有攸往，夙吉
损	曷之用？二簋可用享	有孚，元吉，无咎，可贞，利有攸往
益		利有攸往，利涉大川
夬	扬于王庭，孚号有厉，告自邑	不利即戎，利有攸往
姤	女壮	勿用取女
萃	王假有庙	亨，……利见大人，亨利贞。用大牲吉，利有攸往
升		元亨，用见大人，勿恤，南征吉
困		亨，贞，大人吉，无咎。有言不信

续表

卦名	述事象之辞	吉凶占断之辞
井	改邑不改井，无丧无得，往来井井。汔至亦未繘井，羸其瓶	凶
革	巳日乃孚	元亨，利贞，悔亡
鼎		元吉，亨
震	震来虩虩，笑言哑哑，震惊百里，不丧匕鬯	亨
艮	艮其背，不获其身，行其庭，不见其人	无咎
渐	女归	吉，利贞
归妹		征凶，无攸利
丰		亨，王假之。勿忧，宜日中
旅		小亨，旅贞吉
巽		小亨，利有攸往，利见大人
兑		亨，利贞
涣	王假有庙	亨，……利涉大川，利贞
节	苦节	亨，……不可，贞
中孚	豚鱼	吉，利涉大川，利贞
小过	飞鸟遗之音	亨，利贞。可小事，不可大事，……不宜上，宜下，大吉
既济		亨小，利贞。初吉终乱
未济	小狐汔济，濡其尾	亨。……无攸利

　　上述可见，并非所有卦辞均言事象，但从"述事象之辞"而言，为倚象而发，这与上述卦名与象的关系有异曲同工之处。概而述之，"述事象之辞"可以分为：仅述物象之辞、假物象喻意之辞、仅述人事之辞、假人事象喻用于人事之辞四类。

　　第一，仅述物象之辞。这一类辞，既有对于卦象的直接描述，也有对于卦象引申类比之后的新象的描述，或为自然之象、生活之象，或对于自然规律的描述。

　　如《复》卦☷☳，外坤内震，雷在地下，震为动，为地下有萌动之象，且一阳在最下初动，生于内，上五阴爻交合引以为朋，所以卦辞有"出入无疾。朋来无咎。"《复》卦虽只有最下一爻为一阳爻，但是向上而升蕴含生机，犹如冬至时节，大地虽冰天雪地，而万物即将萌发，生生之势不可阻挡。《复》卦卦爻辞"反覆其道，七日来复"，是对于自然规律的描述，反转回复都是沿着一定的规律，七日之后又会到回复之时。七日在周代初期的时候为日序周期，当时将每月分为四期，为"初吉、既生霸、既望、既死霸"①，每期七天，故《象》曰："'反覆其道，七日来复'，天行也。"② 这是对大自然的运行法则的描述。

又如《颐》卦▤，下震上艮，上为动下为止，上节言卦名与象时已述"颐"是以物象为名。"颐"本义为下巴，篆文为▣，像口中含物，此卦六爻上下两爻为阳爻，中间为阴爻，外实而中虚，正合口腮之象。而卦象下震上艮是为上动下止，正象动止中嚼物，有"颐养"之义。《周易集解》中引郑元曰："颐中，口车辅之名也。震动于下，艮止于上，口车动而上，因辅嚼物以养人。"③ 故卦爻辞也为"观颐，自求口实"，这里口实就是粮食，人口饮食，用以养身。此卦卦爻辞与卦象、卦名均相合。

再如《小过》卦▤，下艮上震，至于"飞鸟"。《周易尚氏学》曰："小过下艮故曰鸟，上震故曰飞鸟，而震为覆艮，是上下皆鸟。"④ 这是依据"艮为鸟"，而震为覆艮，是将卦象与卦辞中"飞鸟"相吻合。而震为动为声音，"下艮为反震，口向下若送音于人者，故飞鸟遗之音。"⑤ 因而卦辞"飞鸟遗之音"为述物象之辞。此外，《革》《大过》《井》《小畜》《离》等卦辞均为明显的述物象之辞。

第二，为假物象喻意之辞。一般情况下是借助卦辞来比喻卦象蕴含的意义，"即拟取人们生活中习见常闻的物象，通过文字的具体表述，使卦形、爻形内涵的象征旨趣更为鲜明、生动。"⑥

例如《观》卦▤，下坤上巽，风行地上，吹遍万物，周观之象。且二阳爻居于上位，四阴爻在下，亦有观仰之义，好似天子处于尊位被众民所

① 王国维：《观堂集林》，中华书局 1961 年版，第 19—26 页。

② 《周易正义》，《十三经注疏本》，中华书局 1980 年版，第 38—39 页。

③ 李鼎祚：《周易集解》，商务印书馆 1937 年版，第 141 页。

④ 尚秉和：《周易尚氏学》，中华书局 1980 年版，第 273 页。

⑤ 尚秉和：《周易尚氏学》，中华书局 1980 年版，第 273 页。

⑥ 黄寿祺、张善文：《周易译注》，上海古籍出版社 2008 年版，第 4 页。

瞻仰，所以卦辞则以"盥而不荐，有孚颙若"来比喻观仰要以最庄严可观。在商周时期以祭祀宗庙之礼庄严之至，因此王弼曰："王道之可观者，莫盛乎宗庙。宗庙之可观者，莫盛于盥也。"① "盥"和"荐"均为祭祀典礼，"盥"是古礼在祭祀开始的时候要盥手，洗净为精诚严肃心境的表现；而"荐"是在祭祀中间为神明贡献祭品。《观》卦是以祭祀之象来喻意在下者通过对于庄严之事的观仰来领受美好的教化，此卦辞是以象表意。

又如《中孚》卦䷼，下兑上巽，为风行泽上而感于水中，且六爻四阳爻在外，二阴爻在内，内外皆实而中虚，故曰"中孚"。卦辞为"豚鱼"，是明显地借物来喻意，"豚"为小猪，"豚鱼"为小猪小鱼，以此喻幽隐微贱之物，意为诚信而无私心，甚至感动到小猪小鱼，那么世上就没有什么不能感动不能孚信。《周易折中》引《周易集说》曰："'鱼'者虫之幽隐，'豚'者兽之微贱。内有诚信，则虽微隐之物信皆及矣。"② 至此，《中孚》卦辞则是明显的假象喻意之辞。

再如《未济》卦䷿，下坎上离，水性炎下，火性炎上，上下卦背道而驰故不相交，不相为用，所以为"未济"。而卦辞为小狐渡河之象："小狐汔济，濡其尾。"小狐狸在渡河接近成功的时候，却被水沾湿了尾巴，这里是喻示小狐狸尚未脱出险阨，以此象来喻事情尚未圆满之时"君子以慎辨物居方"③ 之意，属假物象喻意之辞。

第三，仅述人事之辞，这一类辞表面看似与卦象不同，但实际或涉及人事之象，或顺承卦象分类所指，或总体上顺应了以类立象原则。

如《蒙》卦䷃，上艮下坎。《序卦》曰："屯者，物之始生也。物生必蒙，故受之以蒙。蒙者蒙也，物之稚也。"④ 《屯》《蒙》两卦相临，是表示物始生之后，表示万物处于朦胧幼稚的初生状态，而童蒙未发则是稚小的特点。卦体艮为山为止，坎为水为险，是下有险而上不能行之象；且"坎为智，为隐伏为故曰仁智隐伏"⑤ 亦是智慧受到阻碍之象，凡此二象均和物之始生、朦胧幼稚状态相符。这种蒙昧不明的状态需要一定的启发成

① 王弼：《王弼集校释·周易注》，中华书局1980年版，第315页。
② 李光地：《周易折中》，巴蜀书社2006年版，第307页。
③ 《周易正义》，《十三经注疏本》，中华书局1980年版，第73页。
④ 《周易正义》，《十三经注疏本》，中华书局1980年版，第95页。
⑤ 尚秉和：《焦氏易林注》，中央编译出版社2012年版，第281页。

长，因此《象》以"山下出泉"①之象，延伸其旨趣为渐启蒙稚，培育美德。而《蒙》卦的卦辞："匪我求童蒙，童蒙求我。初筮告，再三渎，渎则不告。"记录了一个幼稚的孩童向他人讨教，在初次祈问施以教诲后，并不真诚求学反而接二连三地渎乱，所以他人不告也。这虽然是一个求学经历的描述，也切合了卦义。

又如《晋》卦䷢，下坤上离，为日出大地之象。《正义》曰："离上坤下，故言'明出地上'。明既出地，渐就进长，所以为'晋'。"②晋长之义为卦象释义。而此卦卦辞"康侯用锡马蕃庶，昼日三接"，这里"锡"通赐，"蕃庶"为众多，所记之事为公侯受到天子赏赐的诸多车马，受亲宠数频，一日之间便被天子三次接见，契合人事在"晋长"时的情况。顾颉刚和高亨均认为《晋》卦的卦辞是对于周初历史事件的记载③，其中"康侯"为周武王之弟卫康叔。所以，此卦为与卦象相合的故事而系之辞。

第四，假人事象喻用于人事之辞。这类卦辞在人事象之后，对于相应的卦德或者解释或者举例，将其引申往往会有"应当……"之义，旨在对于某种境遇下人们行为的指导。此类"假人事象喻用于人事之辞"的卦辞在《周易》中比较多。

如《履》卦䷉，下兑上乾，下和悦应上强健之象。八卦中乾为至健，兑为至弱，至弱蹑于强健之后，必然会有危机，但是和悦为一种谦卑欢喜态度，即使遇上最凶猛的事，也能够安然无恙。此卦卦辞为"履虎尾，不咥人"，《正义》曰："以六三在兑体，兑为和悦，以应乾刚，虽履其危，而不见害，故得亨通，犹若履虎尾不见咥啮于人。此假物之象以喻人事。"④可见虽然取象奇特，但实际是借行走于虎尾之后却不被伤，而喻人处于危机之时更应该小心谨慎，坚守正位。

《同人》卦䷌，下离上乾，天体在上，火性亦炎上，其性相同，二者关系为天与火相亲和。且六二、九五居中且正，二者志同相应，与"同人于野"之"同人"事象契合。"同人"谓"和同于人"，这里"野"多被

① 《周易正义》，《十三经注疏本》，中华书局1980年版，第20页。

② 《周易正义》，《十三经注疏本》，中华书局1980年版，第49页。

③ 参见顾颉刚《周易卦爻辞中的故事》，载顾颉刚《古史辨》（第三册），上海古籍出版社1982年版，第17—44页；高亨《周易大传今注》，齐鲁书社2003年版，第238页。

④ 《周易正义》，《十三经注疏本》，中华书局1980年版，第27页。

释为广阔磊落之地，但其实是国野之"野"，在周代王都城郭以内称"国中"，距城百里之内称"郊"，"郊"以外称"野"。此国野之"野"不仅为广阔之义更喻其广远，指的是国家最边远之地。因此，此卦爻辞以与天下人同之事象喻君子守持正固则能通天下之志。

《谦》卦☷，下艮上坤，下艮上坤，艮为山，坤为大地，《象》曰："地中有山，谦。"① 自然现象中本来是山高大而地卑下，这里卦象却是以卑而蕴高，内实高大而涵养他人。卦辞"君子有终"，是指只有内心充实之人越谦逊，所以只有真正的君子才能保持谦德至终，也是以此人事物之象来喻人应该"谦尊而光，卑而不可踰"②。

2. 爻辞与卦象

相对于卦辞而言，爻辞的产生与卜筮的积累关系更为明显。商代的数字卦表明最初卜筮是以卦占，随着占法的变化和增多，爻占成了占筮主体，相关的爻辞才会逐渐累积。依据上文卦辞的分类方法，爻辞可以看作述事象之辞、吉凶断语两部分。需要明晰的是，爻是卦的组成部分，爻象必然与卦象互为表里，而爻辞作为爻象的解释之辞，与卦象之间也存在紧密的联系。

第一，部分卦的爻辞与卦象一以贯之。如《井》卦☵，卦辞为"改邑不改井，无丧无得。往来井井。汔至亦未繘井，羸其瓶，凶。"爻辞则按讲述事象之辞和吉凶占断之辞分开可列为如下：

爻题	述事象之辞	吉凶占断之辞
初六	井泥不食，旧井无禽	
九二	井谷射鲋，瓮敝漏	
九三	井渫不食，为我心恻。可用汲，王明并受其福	
六四	井甃	无咎
九五	井洌，寒泉食	
上六	井收，勿幕	有孚，元吉

《井》卦卦象为水井。初六、九二爻辞，言井下之象，井泥井谷均为

---

① 《周易正义》，《十三经注疏本》，中华书局1980年版，第31页。
② 《周易正义》，《十三经注疏本》，中华书局1980年版，第31页。

废井之象，无法汲水。九三、六四爻辞，井渫井甃为损坏能修之象，是即将见于用的井。至于九五、上六爻辞，井洌井收均为汲上可用之象，最终水井功事以成。所以，《井》卦爻辞与卦象相贴切。且其爻辞不仅与卦象相贴合，爻义也明显与卦义相关甚密。其上六"井收勿幕"井水汲出井口，见其养人之功，与卦辞中"改邑不改井，无丧无得。往来井井。"施用无穷之义相吻合。

又如《鼎》卦䷱，卦辞为"元吉，亨。"爻辞可分列如下：

爻题	述事象之辞	吉凶占断之辞
初六	鼎颠趾，……得妾以其子	利出否，……无咎
九二	鼎有实，我仇有疾，不我能即	吉
九三	鼎耳革，其行塞，雉膏不食，方雨亏悔	终吉
九四	鼎折足，覆公𫗧，其形渥	凶
六五	鼎黄耳金铉	利贞
上九	鼎玉铉	大吉，无不利

《鼎》卦与《井》卦均为直接取器物为象。《鼎》卦象征鼎器，卦名、卦辞、卦象上是吻合，而各爻爻辞均以鼎的形象着眼，且爻辞位置与鼎的各个构成部分相应。鼎器有足在下，所以初六为卦爻初始位置，爻辞"鼎颠趾"就言鼎足在下支撑鼎器。鼎器之中为鼎腹，有盛物的功用，九二、九三、九四爻辞取"实""雉膏""𫗧"之辞均言腹部盛物之象。上至六五，爻辞为"鼎黄耳金铉"，所言为鼎器配着黄色的鼎耳，切合鼎耳在上之象。至于卦最上位置的上九，爻辞为"鼎玉铉"，则是鼎外有玉制的鼎杠之象。将所有爻辞所述之象合起来，正是一个完整的鼎器形象。可见，《鼎》卦爻辞所述之象完全和鼎器相应部分的功能相关，与其卦象间条贯不紊。

再如《渐》卦，卦辞为"女归吉，利贞。"爻辞述事象之辞和吉凶占断之辞可分为如下：

爻题	述事象之辞	吉凶占断之辞
初六	鸿渐于干	小子厉，有言，无咎
六二	鸿渐于磐，饮食衎衎	吉
九三	鸿渐于陆，夫征不复，妇孕不育	凶，利御寇
六四	鸿渐于木，或得其桷	无咎
九五	鸿渐于陵，妇三岁不孕，终莫之胜	吉
上九	鸿渐于陆，其羽可用为仪	吉

《渐》卦象征渐进，卦辞以女子出嫁为设喻，指向渐进之理，强调进而有序。六爻辞更是以鸿鸟飞行设喻，从初六到上九，爻辞顺序为"鸿渐于干""鸿渐于磐""鸿渐于陆""鸿渐于木""鸿渐于陵""鸿渐于陆"，鸿鸟飞行所历有水涯、磐石、小山、高树、丘陵、高山，由近及远，由低向高，是为有序而进之象，与卦象及卦义相合。此外，《明夷》卦等也属于此类。

第二，在爻辞与卦象编撰过程中，并非六爻全部和卦象融汇贯穿到底，也可能还涵盖其他多种关联。这一类卦通常以卦义取象。如《大过》卦，卦辞为"栋桡，利有攸往，亨。"爻辞按照述事象之辞和吉凶占断之辞可列为如下：

爻题	述事象之辞	吉凶占断之辞
初六	藉用白茅	无咎
九二	枯杨生稊，老夫得其女妻	无不利
九三	栋桡	凶
九四	栋隆	吉。有它，吝
九五	枯杨生华，老妇得其士夫	无咎无誉
上六	过涉灭顶	凶，无咎

《大过》卦象征大为过甚。其六二爻辞为"枯杨生稊，老夫得其女妻"，本爻辞所含两个象，一为枯杨生出新枝条，二为年长的男子娶得少妻。此二象看似不同事类，但同性，均为自然与社会中物象反常之象，与《大过》卦大为过甚的事状相似。

六十四卦中爻辞以卦义或卦象的引申义取象的亦不在少数。如《噬嗑》卦，卦辞为"亨，利用狱。"爻辞按照述事象之辞和吉凶占断之辞可列为如下：

爻题	述事象之辞	吉凶占断之辞
初九	屦校灭趾	无咎
六二	噬肤，灭鼻	无咎
六三	噬腊肉，遇毒	小吝，无咎
九四	噬干胏，得金矢	利艰贞，吉
六五	噬干肉，得黄金	贞厉，无咎
上九	何校灭耳	凶

《噬嗑》以物象为卦名，象征啮合。《正义》云："假借口象以为义，以喻刑法也。"[1] 是以口中有物，引申为刑罚，各爻辞也均与用刑相关：初爻爻辞"屦校灭趾"喻触刑受罚之人；六二至六五爻辞"噬肤，灭鼻""噬腊肉，遇毒""噬干胏""噬干肉"是喻施刑于人；上九爻辞"何校灭耳"与初九一样，是述受刑人之象，它的肩上荷着刑具，重刑之象。诸如此类的还有《睽》《无妄》卦等，此类爻辞取象与爻象关系并不紧密，多为从卦义出发。

3. 爻辞与爻象

卦象为一组合体的象，而爻象则为卦象中的某一个单位，爻辞也具言象功能，只是所言为爻象。爻辞与爻象之间的阐释关系可有如下特征。

（1）爻辞是以爻的动象立言

《系辞》中多处皆言此义，如：

> 象者，言乎象者也。爻者，言乎变者也。
> 爻象动乎内，吉凶见乎外。
> 爻也者，效天下之动者也。[2]

---

[1] 《周易正义》，《十三经注疏本》，中华书局1980年版，第37页。

[2] 《周易正义》，《十三经注疏本》，中华书局1980年版，第77、86、87页。

爻象代表了事物在变化历程中刚柔相推、往来交错力量的变动，爻辞也就从阴阳交互作用之动象上立言。《本义》更进一步解释："内，谓蓍卦之中；外，谓蓍卦之外。变，即动乎内之变；辞，即见乎外之辞。"① 爻辞的意义是由爻与卦之间、爻与爻之间的变动关系而产生。制卦者据此结构变动而参照人事的立场，留下时人经验与智慧，以便后世占者能够受用。

（2）爻辞表现形式是"假象寓意"

对于一卦六爻来说，有六爻共同描述一象的不同形态，共喻一个统一的意义。如《坤》卦☷六爻皆为阴爻，每一爻爻辞形容了秋天大地不同景象。初六"履霜"是秋天霜降之时；六二"直方"是秋天辽阔的大地；六三"含章"是色彩斑斓的秋景；六四"括囊"是秋天丰收景象；六五"黄裳"是穿着黄色的衣服立于秋天土地上；上六"龙战"是秋寒时两蛇盘绕之象。《坤》卦所有爻辞爻象组合在一起则是气象饱满的大地之象，最终以喻大地能够生养万物，德合无疆。

又如《小畜》卦☴九三爻辞"舆说辐。夫妻反目。"爻辞取车脱辐与夫妻失和两象来喻九三爻象。从爻位上看，"三"本多凶之位，此九三既为六四所乘，有柔乘刚之象，又为六四所蓄止，不能前行，故凶。而"舆脱辐"是说车身与车轴相联结的纽带脱落了，车不能行走了，而且这种现象也不吉利。另一象不是指物，而是说人。"夫妻反目"，夫妻间的和谐没有了，意味着家庭得以维系的纽带消失了，家庭将要破散，这也是不吉利的，与"舆说辐"的意义相同，所以也可以用来喻九三。这种譬喻方式将多种爻象以相似性为基列为一组，共同隐喻一个意义，使隐含在符号背后的义理较为具体、生动地显示出来。

（3）爻辞与爻象之间具有多样的比拟性

第一，六爻皆取一象。这类爻辞如果被割裂开来，可以单独成象释象，但是如果整体来看，就会展示这个形象的不同形态或者发展。如上文所述《井》《鼎》《渐》《明夷》等，其中以《乾》卦最为明显，六阳爻单独看是为独立，爻辞每爻言及龙的各种形态，"潜龙""见龙在田""或跃在渊""飞龙在天""亢龙有悔""群龙无首"，实际是对于苍龙七星不同时节在天空中的位置而言，单独可以成象，当连在一起则为苍龙七星一年四季起降升潜的变化。

---

① 朱熹：《周易本义》，北京大学出版社 1992 年版，第 153 页。

第二，每一爻为不同象。如《既济》卦䷾，以渡水已竟象征事已成功，初六爻辞"曳其轮，濡其尾"描写了向后拖拽车轮和小狐狸渡河沾湿尾巴两个事象。六二爻辞"妇丧其茀"则是妇人坐乘的车茀丧失了，难以出行。九三爻辞"高宗伐鬼方，三年克之"记述了殷高宗振衰拨乱，讨伐鬼方，征战了三年终于获胜。六四爻辞"繻有衣袽"，繻，渗漏之意，而衣袽是敝衣破絮，为塞舟漏之用，所以此爻辞描绘了古人乘舟济水需要预备衣袽以防止濡漏现象。到了九五爻，爻辞为"东邻杀牛，不如西邻之禴祭，实受其福"，这是讲述东边的邻国杀牛举行盛大祭祀，但是不如西边邻国的诚敬薄祭，更能切实受福泽。至于上六爻，爻辞为"濡其首"是小狐狸渡河沾湿了头部。对于《既济》卦来说，各爻辞所述爻象均不相同。

第三，一爻示多象。如《坎》卦䷜六四爻，爻辞为"樽酒，簋贰，用缶，纳约自牖。"取各种物象为喻：有一樽酒、两簋饭、质朴的瓦缶盛物、纳约于明窗、前三种物象虽不同但都是质朴无华之物，最后纳约一事是言开诚布公地相交，此爻辞虽是一爻但言及多象。再如，《睽》上九一爻所述爻象则更为复杂，其辞为"睽孤，见豕负涂，载鬼一车，先张之弧，后说之弧。匪寇，婚媾。"先是讲述了人因为睽违至久，孤独狐疑而产生了幻觉：一会儿看见猪背负着污泥，一会儿看见载满鬼怪的车在奔驰，人拿起张弓欲射鬼怪，但是发现非鬼而放下弓矢。而最后的"匪寇，婚媾"是言：当猜疑既消后仔细看也不是强寇，而是婚媾。《睽》上九爻辞前半句为睽违狐疑之象，后半句是睽离去疑之象。

综上，卦爻辞的出现不仅仅使《周易》成为了符号和语言有机结合的特殊哲学典籍，同时也促使易象从隐晦多变的符号表达发展为文象并构的多元表述形式。《周易》自从代表阴阳的卦爻画开始，到六十四卦和卦爻辞体系逐渐完备，最后成为了"一部兼具卦形和文辞两大要素的独特的古代哲学专著"①。也就是说，《周易》象征系统的建立经历了"取象—立象—释象"的过程，在具体的表意形式上卦爻辞和卦爻符号相得益彰，这是《周易》典籍所独有的象征结构。象征结构中的逻辑关系也给后人理解、阐释、应用留下了诸多思考和发展的空间。

---

① 黄寿祺、张善文：《周易译注》，上海古籍出版社 2008 年版，第 616 页。

第四章 《周易》结构的语言形态

《周易》作为中国第一部哲学经典，却蕴含着丰厚的文学意味。虽然，《周易》的主体语言是符号象征，但是，随着传播和理解的需求，卦爻辞倚象而后起，使隐晦的符号表意发展为"文象并构"的表述形式。《周易》经、传中的语言结构形式是其文学性生成的重要条件。首先，《周易》最初为卜筮用书，并非文学作品，但是在卦爻辞中却蕴含了诗体结构形式，在鲜活的意象群描述中流露出兼具哲思的诗性智慧。其次，《易传》与《易经》合体之后，在语言形式上既有明显的继承又体现了新旧文言变革的特征。最后，《周易》的语言结构形式为后世著作文章的典范，在文学、文体、文本编纂等方面都产生了积极影响，其思想也推动了中国古典文艺理论的发展。

第一节 卦爻辞诗体结构形式

《周易》的诗性智慧不仅体现在以象征为代表的表现方法上，还在于文本中的语体结构形式。爻辞的形式、韵律、内容、思维等都具备了诗的特点。

一 整体性构架

读者的文学能力、阅读行为、理解和阐释文本的程式对文学的意义具有一定的影响，所以寻找致使该意义成为可能的阐释系统和理解形式具有重要作用。正如乔纳森·卡勒所言"文学作品之所以有了结构和意义，是因为读者以一定的方式阅读它。"① 对于《周易》卦爻辞中所蕴含古歌的一种理解是，上古时期的作《易》者采取断句取义、断章取义的方法摘录了今已失传的远古谣谚。② 正是这种阅读方式，导致了《周易》卦爻辞中所蕴藏的古歌诗体结构被长期遮蔽。

一般而言，对《周易》文本的阅读习惯一直秉承着从前到后，初爻到上爻的方式。然而，如果我们改变阅读习惯，去掉爻题及断占辞，将爻辞部分提炼出来，进行自上至下的竖式分析，《周易》的诗体结构就显现出来了。对此，傅道彬先生《诗外诗论笺——上古诗学的历史批评与阐释》早有创见性的分析，以《乾》卦为例，如图 4 - 1：

爻题	爻辞	断占辞
初九	潜龙勿用。	
九二	见龙在田，	利见大人。
九三		君子终日乾乾，夕惕若，厉无咎。
九四	或跃在渊，	无咎。
九五	飞龙在天，	利见大人。
上九	亢龙有悔，	
用九	见群龙无首，	吉。

潜龙勿用。
见龙在田，
或跃在渊。
飞龙在天，
亢龙有悔，
见群龙无首。

图 4 - 1 《乾》卦卦爻辞及诗体

前章已述，"《周易》的哲学阐释，也正是通过对苍龙七星之象的阐释而实现的，从观象授时到立象尽意完整体现了《周易》的诗性智慧。"③《乾》卦卦爻辞诗意地描述了灿烂的天空，东方的苍龙七星一年四季起降升潜，从潜到见而跃。从飞到亢至无首描绘的是二十八星宿中苍龙七星的运行轨迹，对于此自然规律完整地记述描绘。在先民的眼中，天空充满了神秘而强大的力量，至于星斗的转替，更是四时、地理、人道的根本，所以天空、星辰是人们日以继夜探求观察而又难以企及的。《乾》卦作为"《易》之门户"之一，在描述天空时自然因神圣的意味而无限崇拜。

同时，从整体考察会发现《易》之诗具有完满的意味。正如傅先生认

---

① ［美］乔纳森·卡勒：《结构主义诗学》，盛宁译，中国社会科学出版社 1991 年版，第 8 页。

② 陈运良：《周易与中国文学》，百花洲文艺出版社 1999 年版，第 173 页。

③ 傅道彬：《〈周易〉的诗体结构形式与诗性智慧》，《文学评论》2010 年第 2 期，第 38 页。

为："《周易》爻辞存在着完整的内在逻辑联系，如果简单地做'六爻'式的散体结构划分，就割裂了《周易》爻辞的内在文脉和逻辑联系。"①《坤》《同人》《离》《需》《咸》《渐》《贲》《剥》《井》等卦在语义上爻辞存在着内外一致、上下一贯的逻辑关系，从这个角度可以看出爻辞诗体结构的整体性。如图4-2《需》卦：

爻题	爻辞	断占辞
初九	需于郊，	利用恒，无咎。
九二	需于沙，	小有言，终吉。
九三	需于泥，致寇至。	
六四	需于血，出自穴。	
九五	需于酒食，	贞吉。
上六		入于穴，有不速之客三人来，敬之，终吉。

需于郊，需于沙。
需于泥，致寇至。
需于血，出自穴。

图4-2 《需》卦卦爻辞及诗体

《需》卦歌谣之辞虽然只有十八个字，但是在空间上环环相扣，描述了一个逐渐接近城邦的过程。首先，"需于郊"，郊处于国与野之间，这里是待于旷远之地，然后"需于沙"，一般水旁有沙，这里是向前水旁行进。进而"需于泥"，《正义》曰："泥者，水傍之地，泥溺之处"②，泥是水边泥地，是更接近有水的地方。而"泥"又暗喻危险，朱熹云："泥，将陷于险矣。寇，则害之大者"③，所以到了这个地方容易招致强寇到来。最后，"需于血，出自穴"，尚秉和曰："言四之所处，前临沟洫，故曰'需于洫'"④，血通"洫"指城沟、护城池，所以行进于此则是接近城邦，远离郊外的"深穴"。这一过程由远及近，从郊外到城邦，其中甚至穿插了危险，写出了期待和焦虑，可能是游子归来，也可能是征夫还家，一步步接近安稳之地。《需》卦歌谣短短十八个字却描绘了一个完整的情景交融的艺术世界。

爻辞作为一个有机的艺术整体，它的意义是跨越爻位联系在一起的。

---

① 傅道彬：《〈周易〉的诗体结构形式与诗性智慧》，《文学评论》2010年第2期。

② 《周易正义》，《十三经注疏本》，中华书局1980年版，第24页。

③ 朱熹：《周易本义》，北京大学出版社1992年版，第10页。

④ 尚秉和：《周易尚氏学》，中华书局1980年版，第52—53页。

如果割裂了爻辞的整体联系，也就丧失了其意义的表达。如《渐》卦，如果除去爻题和断占辞后为：

> 鸿渐于干。
> 鸿渐于磐，饮食衎衎。
> 鸿渐于陆，夫征不复，妇孕不育。
> 鸿渐于木，或得其桷。
> 鸿渐于陵，妇三岁不孕，终莫之胜。
> 鸿渐于陆，其羽可用为仪。

从结构角度考察，鸿鸟随着爻位的上升，空间上所渐之地也逐渐变化，从最初的立于水边到最终飞进高高山丘，空间上由近及远、由低到高。时间也不断变换，鸿雁在水边时是饮食自得，但是越飞越高后却成为人们想要捕捉的对象，想将它的羽毛来做舞蹈用具。这一串的意象，是极具动态，不繁赘其义，保持了意在象中。借此引发思想议论，表达了人们应当循序渐进以保安全的思想，可谓"君子以居贤德善俗"。

对于《周易》古歌整体性考察中可以发现，我们必须以整体的艺术思维来看待这些残留于卦爻辞中的古歌。《易》之古歌中包含有两种艺术形式：其一，是原本就是一个完整的歌谣。完整歌谣被爻题分为了六个部分，又因为占断辞而被散化于爻辞之中。其二，在一卦之下有若干个短歌谣。在《周易》历史意味演进中我们已经发现这种多重语料的形态，这一形态的爻辞之间也存在着意义的联系。"都是具有内在逻辑关系的诗体结构，如果不是整体的诗体的理解，势必割裂文意，造成结构的支离破碎。"① 从整体考察可见，《周易》中大量具有清晰逻辑关系的爻辞，或环环相关，或层层递进，诗意饱满，构架精心。

二 多元性形态

在《周易》卦爻辞的古歌中，二言、三言到六言、七言等多种语辞形态均有出现，表现了《周易》诗歌结构多样性形态。刘勰曾对古歌语辞由

---

① 傅道彬：《〈周易〉的诗体结构形式与诗性智慧》，《文学评论》2010 年第 2 期，第 43 页。

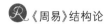

短到长、由少到多的发展历史做过概括，《文心雕龙·章句》云：

> 寻二言肇于黄世，竹弹之谣是也；三言兴于虞时，元首之诗是
> 也；四言广于夏年，洛汭之歌是也；五言见于周代，行露之章是也；
> 六言七言，杂出诗骚；而体之篇，成于两汉：情数运周，随时代
> 用矣。①

刘勰考察二言诗开始于黄帝时代，《竹弹谣》就是二言的歌谣；三言诗是
从虞舜时代兴起的，传为帝舜所作《元首诗》便是三言诗；四言诗在夏朝
时候多用，《洛汭之歌》便是四言的诗歌；五言诗出现在周代，《行露》
便是五言诗歌。六言诗和七言诗，夹杂在《诗经》和《楚辞》中间，运用
这两种句式的诗歌体裁，到西汉时才发展成为完整的诗篇。由于情势趋向
于复杂，表达要求更周详，各种句式就根据不同的情况而变化。

二言形式歌谣是诗歌最古老形态之一，节奏短促，简约古朴，结构清
朗，与上古劳动息息相关。如皇帝时期的猎歌《竹弹谣》："断竹，续竹，
飞土，逐宍。"② 在《周易》古经中，二言歌谣并不多，但是显示了上古
时期语言形式的诗性的原生状态。如《坤》卦歌谣：

> 履霜。
> 直方。
> 含章。
> 括囊。
> 黄裳。

如果去掉占断辞和爻题，《坤》卦也是二言。仅仅十个字的描述，涵盖了
大量的景象描述，有时间、地点、景物、人物、行为，洗练地表达了对于
这个季节的完满感受，以最简单的方式表现了诗歌悠远的意境，是比较成
熟的二言歌谣。又如《临》卦：

---

① 范文澜注：《文心雕龙注》，人民文学出版社 1962 年版，第 571 页。
② 赵晔撰：《吴越春秋·勾践阴谋外传》，江苏古籍出版社 1999 年版，第 149 页。

咸临。

甘临。

至临。

知临。

敦临。

《临》卦爻辞除去散体部分提炼出来的歌谣是二言。歌谣所述为上统治下、尊统治卑、君主统治臣民的道理："咸临"，咸通感，被统治者感应于尊者而施行监临；"甘临"是无德之临，意在提醒尊者众不可欺；"至临"则是尊者能够以诚待之，极为亲近地监临众人；而到了"知临"是明智地监临众人；最后"敦临"，敦厚于临，尊者温柔诚笃地监临众人。这一二言歌谣，均以"临"结尾，语法相同，节奏短促，说理清晰，在结构和韵律上极为整齐。

以三言、四言为主的爻辞形式，与《诗经》的语言形式更接近，在《周易》中占到总数的百分之四十。三言是两字中加添一字，在两言诗歌之后出现。卦爻辞中可以提供两言、三言相杂或纯粹的三言体的实例。如《需》卦：

需于郊，需于沙。

需于泥，致寇至。

需于血，出自穴。

这种三言短歌无论在形式和逻辑上都是有意而为。其他如《艮》卦"艮其趾"、《咸》卦"咸其拇"等都属于此类短歌，体现了一定的叙事特征，并且能够完整表意，可见卦爻辞作者用三言句式的技巧也已经相当娴熟。

四言短歌有如《乾》卦：

潜龙勿用。

见龙在田。

或跃在渊。

飞龙在天。

亢龙有悔。

又如《蹇》卦：

> 往蹇来誉。
> 王臣蹇蹇，
> 匪躬之故。
> 往蹇来反。
> 往蹇来连。
> 大蹇朋来。
> 往蹇来硕。

四言歌诗语体结构稳定，节拍顺畅，排比整齐，相对于二言和三言，所涵盖的思想内涵增大，艺术张力更膨胀。如《乾》卦，每一句都含有"龙"，使得上下句联系紧密，而且层次分明，在情节上又此起彼伏。

卦爻辞中以三言、四言相杂的语体形式最多，如《贲》卦：

> 贲其趾，舍车而徒。
> 贲其须，贲如濡如。
> 贲如皤如，白马翰如。
> 贲于丘园，束帛戋戋。

又如《咸》卦：

> 咸其拇，咸其腓，
> 咸其股，执其随。
> 憧憧往来，朋从尔思。
> 咸其脢，咸其辅颊舌。

这一类诗歌意境优美，娴雅韵致、诗意盎然，呈现了原始诗歌比较高的形态，堪称中国诗歌的雏形。总之，卦爻辞中这种三言、四言的诗歌，大多音节一致、语言精练，所描述的形象生动，在内容和形式上都具备了诗歌的意境。

另外，卦爻辞也有五言、七言、八言不等的杂言，组合形式多样。从诗歌发展角度来看，杂言的出现与三言、四言休戚相关，"三字顿节奏的出现，是使四言诗可以向五、七言转化的契机。"① 可见，简单结构的语言形式是复杂形式的基础，当诗句出现更多形式之后，又给语言变化提供了更多的余地。《周易》古经中杂言歌谣句式长短相见，用韵多变，形式自由。如《剥》卦：

　　　　剥床以足。
　　　　剥床以辨。
　　　　剥床以肤。
　　　　贯鱼以宫人宠。
　　　　硕果不食，君子得舆，小人剥庐。

如《复》卦：

　　　　不远复。
　　　　休复。
　　　　频复。
　　　　中行独复。
　　　　敦复。
　　　　迷复。

又如《井》卦：

　　　　井泥不食，旧井无禽。
　　　　井谷射鲋，瓮敝漏。
　　　　井渫不食，为我心恻。
　　　　井甃，井冽，寒泉食。
　　　　井收，勿幕。

再如《渐》卦：

---

① 褚斌杰：《中国古代文体概论》，北京大学出版社 1990 年版，第 67 页。

鸿渐于干，鸿渐于磐，饮食衎衎。

鸿渐于陆，夫征不复，妇孕不育。

鸿渐于木，或得其桷。

鸿渐于陵，妇三岁不孕，终莫之胜。

鸿渐于陆，其羽可用为仪。

这些杂言诗歌，形式自由，能够无拘无束地表达思想。尽管句式上相对反复，但是在刻画形象上却能够保持生动流畅，创造完整的意境。

语言文学的发展历史经历了从口头流传到书面记录的过程。刘师培云："上古之时，先有语言，后有文字。有声音，然后有点画，有谣谚，然后有诗歌。"[1] 卦爻辞来源广泛，或有民间谣谚，或有卜筮类书的筮辞，或有编撰者的创作，编撰的过程中也经历了多番的删减改造，甚至留有非止一人的改易痕迹，这就使得其语言形式很难完全一致，但是又恰恰因此而丰富多姿。《周易》中的诗歌，保存了上古时期的歌谣，承担了诗歌发展中的重要转变作用，又在编撰中表现了极强的整体性、诗性，成为文学史的珍贵材料。

三 音系性语感

诗歌格律是诗学语言在音系层的法则，一定的韵律能够促使语篇在语音上的衔接，实现语篇的完整性。正如朱光潜先生的概括："韵的最大功用在于把涣散的声音联络贯串起来，成为一个完整的曲调。它好比贯珠的串子，在中国诗里这串子尤不可少。"[2]《周易》中的古歌不仅仅承担了使象征意义更为清晰、准确描述吉凶断占的功能之外，还需要容易记忆、朗朗上口，帮助筮人背诵、问卦者理解，这就要求编撰者在语体结构和韵律上精心安排。所以爻辞除了形式上的诗体特征之外，在整体上也有着鲜明而和谐的结构感。

1. 韵律特点

韵排列组合是文学文本书写的重要手段之一。乔纳森·卡勒指出，

---

① 刘师培：《中国中古文学史·论文杂记》，人民文学出版社 1959 年版，第 110 页。

② 朱光潜：《诗论》，生活·读书·新知三联书店 2014 年版，第 256 页。

"在语言现象中，某一词语的发音和书写形式之所以能表达一定的意义，那也是因为该词语所在的语言系统使然，同样的发音，同样的书写形式，移至另一种语言系统，原先的意义也就会不复存在。"① 语言的这一特点，导致了在汉语语言体系中不同音韵的排列成就了不同的文学意义。在《周易》中，六十四卦之间用韵并不一致，但各卦内在六条爻辞音韵具有一定的排列规则，成就了多重的文学意味。

首先，卦爻辞的押韵形式是多元化的。具体而言，有的卦爻辞是一韵到底。例如上文所举《坤》卦爻辞古歌"履霜。直方。含章。括囊。黄裳"中的"霜""方""章""囊""裳""黄"，均属于古韵"阳"部。一句一韵，节奏鲜明，韵律铿锵，体现了一定的艺术结构形式。有的卦爻辞则是隔句用韵。例如上文所举的《渐》卦中"陆""复""育"属古韵"鱼"部，"木""桷"属古韵"觉"部，这两句各句内部成韵，与邻句亦成韵。此外，也有的爻辞一句之内就有押韵或多韵，也有越过爻位押韵。例如《离》卦九三爻辞"日昃之离，不鼓缶而歌，则大耋之嗟"一句之内"离""歌""嗟"均在古韵的"歌"部。又如《屯》卦六二"屯如，邅如，乘马班如。匪寇，婚媾。"前面三个"如"字重韵，属古韵"鱼"部，后面"寇""媾"押韵，属古韵"侯"部。再如《中孚》卦六三爻辞"得敌，或鼓或罢，或泣或歌"，"敌"属"锡"部，"罢""歌"属"歌"部，而"锡""歌"二部协韵。由此可见，《周易》卦爻辞中押韵形式多种多样，"这是诗歌萌芽时期用韵不成熟的一种表现，相较于精雕细琢的诗歌，《易》爻辞歌谣艺术手法原始，具有粗糙质朴的一面，但是粗具规模的《易》诗，对于《诗经》及其它诗歌，都具有提示和启发作用"②。

其次，爻辞中也有重言、双声叠韵等用法，在语体形式上具有韵律性。《周易》的歌谣中，保留了大量这种古老美丽的语言形态。例如重言有"乾乾""谦谦""坦坦""戈戈""眈眈""翩翩"等；双声叠韵有"玄黄""屯邅""号咷""盘桓"等。这两种用法增强了语辞的感染力和表现力，丰富了歌谣的形象性，也使其在传播中更容易被记忆和接受。对此，《文心雕龙·物色》云：

---

① ［美］乔纳森·卡勒：《结构主义诗学》，盛宁译，中国社会科学出版社1991年版，第10页。
② 傅道彬：《诗外诗论笺——上古诗学的历史批评与阐释》，黑龙江教育出版社1993年版，第69—82页。

> 流连万象之际，沉吟视听之区；写气图貌，既随物以宛转；属采附声，亦与心而徘徊。故灼灼状桃花之鲜，依依尽杨柳之貌，杲杲为出日之容，瀌瀌拟雨雪之状，喈喈逐黄鸟之声，喓喓学草虫之韵。皎日嘒星，一言穷理；参差沃若，两字连形：并以少总多，情貌无遗矣。虽复思经千载，将何易夺。及离骚代兴，触类而长，物貌难尽，故重沓舒状，于是嵯峨之类聚，葳蕤之群积矣。①

这段话中刘勰主要对《诗经》中重言叠字等用法加以称赞。描写景物的神貌，既是随着景物变化而宛转起伏；绘写景物的色彩，临摹自然的声律，又要联系自己的心情来回地斟酌。《诗经》里边用"灼灼""依依""杲杲""瀌瀌""喈喈""喓喓"的叠字方式将事物的情思和形状毫不遗漏地描述出来。因此，《周易》爻辞中重言、双声叠韵等语言形态也是属于早期的诗性语言形式，既赋有表现力又保持了音韵性和趣味性。

最后，在《周易》卦爻辞诗歌中复沓结构也并不少见。复沓指语辞重复叠用，便于流传和记忆，在民歌中被普遍使用。《周易》卦爻辞诗歌也借用这种方式，增强诗歌的艺术表现力，如《渐》卦六爻中反复出现了六次"鸿渐"。又如《大过》卦：

> 枯杨生稊，老夫得其女妻。
> 枯杨生华，老妇得其士夫。

再如《归妹》卦：

> 归妹以娣。
> 跛能履，眇能视。
> 归妹以须，反归以娣。
> 归妹愆期，迟归有时。
> 帝乙归妹，其君之袂，不如其娣之袂良。
> 女承筐无实，士刲羊无血。

---

① 范文澜注：《文心雕龙注》，人民文学出版社 1962 年版，第 693—694 页。

这里的"枯杨""归妹"也都是反复叠用。这种叠用的方式不仅使得诗歌在韵律上保持一致，而且格式上的重复，形成了整体性的意义，有利于构成一首完整的歌谣。

2. 固定句式

在《周易》爻辞中，有很多诗歌中出现了一个词在固定位置重复出现的形式，句式相近，结构正气，容易咏诵。

第一种，是"×△"，"△"代表固定语辞，一般与卦名卦义相关，"×"代表替换语辞，这一种重复形式主要集中在二言诗歌中。如《蒙》卦、《谦》卦、《临》卦、《复》卦等：

> 发蒙/包蒙/困蒙/童蒙/击蒙
>
> 谦谦/鸣谦/劳谦/㧑谦/鸣谦
>
> 咸临/甘临/至临/知临/敦临
>
> 不远复/休复/频复/中行独复/敦复/迷复

上述对语言多样形式分析时，我们已经论及这类语法相同，以同一字结尾的短诗，这种反复吟唱的语体形式是口头歌谣押韵的最简单形式，在结构和韵律上都极为整齐。

第二种，是"△于×"结构。如《需》卦、《同人》卦、《明夷》卦：

> 需于郊，需于沙。/需于泥，致寇至。/需于血，出自穴。
>
> 同人于门，同人于宗。/伏戎于莽，升其高陵，三岁不兴。/乘其墉，弗克攻。/同人先号啕而后笑。/同人于郊。
>
> 明夷于飞，垂其翼。/明夷，夷于左股，用拯马壮。/明夷于南狩，得其大首。/入于左腹，获得夷之心。/箕子之明夷。

这四卦中"需于×""同人于×""明夷于×""鸿渐于×"句式反复使用。这一句式大部分是谓语加宾语结构，"于"字前面是动词或动词词组，后面是名词，在重复歌咏的过程中，只变换"于"后面的名词或词组。

第三种，与第二种相类，"△其×"结构。如《咸》卦、《艮》卦等：

> 咸其拇，咸其腓。/咸其股，执其随。/憧憧往来，朋从尔思。/咸

其脢，咸其辅颊舌。

　　艮其趾。／艮其腓，不拯其随，其心不快。／艮其限，列其夤。／艮其身。／艮其辅，言有序。

上述卦中，"咸其×""艮其×"，是各自爻辞中固定的断语语式。每个相同的辞语在句式开头出现，虽然没有起到句尾押韵的效果，但是保证了每句起调之时语音一致。

　　此外，还有几种常见的复沓句式。有"△以×"，如《剥》卦：

　　剥床以足。／剥床以辨。／剥床以肤。／贯鱼以宫人宠。／硕果不食，君子得舆，小人剥庐。

《剥》卦中"剥床以×"反复出现。又如上述《归妹》卦中"归妹以×"多次利用。另有"△之×"句式，如《无妄》卦中的"无妄之×"。有"×之△"句式，如《蛊》卦中"×之蛊"亦为固定句法，并在结尾押韵。

　　还有一种复沓句式，为"×如×如"句法。如《屯》卦、《晋》卦：

　　屯如邅如。／乘马班如。／乘马班如。／泣血涟如。
　　晋如摧如。／晋如愁如。／晋如鼫鼠。

上述所列诗句中"×如×如"语句，没有像其他卦中反复出现卦名"△"，仅是一种具有修饰性的反复语言，与诗句组成一定韵律，形成一种摇曳的语音美。

　　据上，《周易》卦爻辞的押韵未必是作者的刻意追求，而是发自不自觉的潜意识。句法结构形式与韵律和谐的语音效果息息相关，其主要作用能够使得声音和谐，吟咏顺口悦耳，音系性鲜活，保留了生活话语中原生状态的语音美。

第二节 文象并构与诗性智慧

《周易》采用了"立象以尽意"的方式，将符号象征也看作一种表意的语言，显示了意义的丰富性和复杂性。《周易》在文字和数字表意之前之所以能够依靠象表意，是因为早期人类已经认识到很多对于世界的体味难以用文字语言完全表达。当然，《周易》在认识到语言文字表意的局限的同时，并没有放弃语言，而是采用"文象并构"的方式。也就是说"系辞焉以尽其言"，语言文字并不是阐释意义的唯一途径，当它与象征并构之后表现了诗意和思意并存的具有艺术意味的表意方式。

一 艺术性的衔接手段

黑格尔认为："象征一般是直接呈现于感性观照的一种现成的外在事物，对这种外在事物并不直接就它本身来看，而是就它所暗示的一种较广泛较普遍的意义来看。"① 虽然，《周易》的语言不像其他类典籍的语言，各句之间不一定有直接的联系。但是，如果以象为主要连接点进行理解，不难发现占卜的卦爻辞通过象征的方式成为那个时代的一种智慧载体，实现了对诗性智慧的承载与表达。

首先，《周易》以象为形式与诗意之间的衔接手段之一。象征作为一种表意方式，能够将卦爻辞与诗歌联系起来。阿瑟·西蒙斯认为："没有象征主义就不可能有文学，甚至不可能有语言。"② 象征作为一种表意语言，是以观念为基础，运用具体的形象将思想表现出来的。诗歌作为一种文学形式，常常通过形象来表达思想情感。如《诗经》、曹操《却东西门行》、阮籍《咏怀》等诗歌，都运用了象征方式表意抒情，可以说，象征的表现方式，是中国古典诗歌的共同特点。《周易》的象中寄托着创制者

---

① ［德］黑格尔：《美学》（第二卷），朱光潜译，商务印书馆1996年版，第10页。
② ［英］阿瑟·西蒙斯：《印象与评论》，载黄晋凯等《象征主义·意象派》，中国人民大学出版社1989年版，第96页。

的思想观念，也与诗歌有了相通之处。《周易》中丰富的意象兼容情景合一的艺术特征，在意蕴表现和艺术形式上均极富有文学色彩。例如《渐》卦，中心意象是鸿雁，爻辞表面上描写了鸿鸟从水边飞落岩石，又飞向高地，飞掠树梢，飞向高陵，直冲山巅这一连串的行动及命运。但爻辞只描述其象，不繁赘其义。《渐》卦如果单纯以鸟为意象，可以隐喻丰富的情感，但不能说明"渐进"的道理。只有渐飞渐变，渐飞渐远的飞鸟，才能暗示将渐进之意的道理暗示给我们。而诗歌中的意象是一种情感符号，蕴藏着丰富的情感。《渐》又因为这种丰富的意象将读者带入其中，所以鸿鸟又成为了一种情感原型。可见，这种象征的表现方式将哲学思想和语言情感密切相连。

《乾》卦亦是如此，在卦爻辞中以一条龙的形象贯穿全卦，从蛰伏到显现、经跳跃至飞腾，行为连贯通畅。"也正是这种由隐至显、从低到高的变化，显示的才是刚健向上、自强不息之理。"[1]《中孚》卦中爻辞以鹤和鸣起兴，比喻将士们互相鼓舞同仇敌忾之气。《明夷》卦中爻辞将眼前倦飞的鸟儿进行描写，进而联想几日不食的状态，发出行人艰苦的嗟叹。由此可见，《周易》的卦爻辞，以象为衔接路径沟通了形式与诗意。

象征之所以能够作为一种衔接手段是因为其具有秘响旁通的作用。对此，刘勰《文心雕龙·隐秀》云：

> 义主文外，秘响傍通，伏采潜发，譬爻象之变互体，川渎之韫珠玉也。[2]

而弗莱说：

> 原型是一些联想群（associative clusters），与符号不同，它们是复杂可变化的，在既定的语境之中，它们常常有大量特别的已知联想物，这些联想物都是可交际传播的，因为特定文化中的大多数人都很熟悉它们。……某些原型深深地植根于传统的联想之中，几乎无法使

---

① 侯敏：《易象论》，北京大学出版社 2006 年版，第 199 页。
② 范文澜注：《文心雕龙注》，人民文学出版社 1962 年版，第 632 页。

它们与那些联想分开。①

上述两段材料，都是阐述了象征使作品曲折隐微，赋予语言以深刻暗示的意味。象征造成作品隐曲深婉的特征，具有秘响旁通的审美效果。人们在阅读原型时，往往会展开丰富的联想，由此及彼。这样看来，《渐》卦中所描述的鸿鸟，表面上是一只单纯的水鸟，但是在深层意蕴上负载着作者内心深处的感悟。鸿鹄是悲伤孤独的一种情感原型，当我们阅读《渐》卦时，因为鸿鸟意象的象征意蕴，不免会联想到《诗经》及后代诗文中的鸿雁，联想到鸿雁这一原型所代表孤独高远的情思。此外，《渐》又包含女子出嫁之象，这就与婚姻、与男女、与性、与生殖联系起来了，又很容易让我们想起《诗经》中那些以鸟起兴引出女子出嫁的诗，例如《诗经·邶风·燕燕》《诗经·豳风·东山》等。象征手法的运用，使《渐》卦缓慢渐序的本义之外又多了一重言外之意。

其次，《周易》包含了古代诗歌常用的比兴技巧，作为一种衔接上下文之间、语言和内容之间的方式。比兴手法是借由一物联系另外一物，或者借外物以明人事，这种曲喻的方法，显然与散文的平铺直叙有别，是《诗经》重要的艺术手法。在《周易》中也多有此类表现手法，促使"形式和诗性"之间达到了相互勾连。

《周易》古经也有借助其他事物作为诗歌的开头，然后引出下文。如《中孚》卦：

> 鸣鹤在阴，其子和之。我有好爵，吾与尔靡之。

这一句爻辞中，前后两句分属两种物象事象。第一句，母鹤在茂密的树荫中鸣叫，小鹤听到了，立即应和，母子之间互诉情思，是和谐的情感表现。而后一句却说，我有好酒一壶，愿意与同道之人共享，是人们之间热情相待的行为，表现了美好和谐的人际关联。这两句便是以鹤之间的和谐推附人与人之间的和谐。再如《大过》卦：

---

① ［加拿大］弗莱：《作为原型的象征》，载叶舒宪《神话——原型批评》，陕西师范大学出版社1987年版，第155页。

枯杨生稊，老夫得其女妻。
枯杨生华，老妇得其士夫。

每一句的前半句，均说快要枯萎的杨树长出嫩芽，开出来新花。而后半句，都是讲述了老汉娶到年轻的娇妻，老妇嫁给了年轻的壮士。一种是自然现象，一种是社会现象，所明之理意味深长。可见，《周易》一般都是以物象来喻人象人事，但是所取之象也都经精心提炼，以内在的共性为连接点，再以比兴形式表现，成就鲜活的诗意。

最后，《周易》通过爻题、象数等要素进行语篇上的衔接，形成了表达诗性意境的结构。《周易》作为卜筮之书，为了适用于更多的人占卜，很少有主语，这样就使得上下句语言需要一个较强的衔接性。爻题附辞格式的生成使其语篇结构上较为清晰。象数也是《周易》语篇衔接上的重要因素。当象数变化则卦爻变化，卦爻变化就出现了反映不同程度或者不同事件的卦爻辞，《系辞下》云："变动不居，周流六虚，上下无常，刚柔相易，不可为典要，唯变所适。"①《周易》中象数的变化，是卦爻的精神实质，也是《周易》爻辞表面为散体，但实际上却又内含逻辑的原因。如《井》卦，卦爻辞为：

井：改邑不改井，无丧无得，往来井井。汔至亦未繘井，羸其瓶，凶。
初六，井泥不食，旧井无禽。
九二，井谷射鲋，瓮敝漏。
九三，井渫不食，为我心恻，可用汲，王明并受其福。
六四，井甃，无咎。
九五，井洌，寒泉食。
上六，井收，勿幕，有孚，元吉。

人类在客观世界中，修葺被堵塞的枯井的过程大致为：井水干枯、淘井、修井、流出井水，可以汲水。《井》卦从初爻到上爻所记录的语辞符合这一系列客观行为的顺序，体现了合理的连贯叙事，具有章法的结构意义。

① 《周易正义》，《十三经注疏本》，中华书局 1980 年版，第 89—90 页。

而《井》卦爻辞中的这一叙事顺序与象数的变化也是相吻合的，《井》卦初六阴柔卑下，上无应援，故"井泥不食"；九二爻失位无应，因而无法汲用；九三爻与上六爻相应，故可以汲引所用；而六四爻得位而无应，不可急于进取但可修井备用；九五阳刚中正又比于上六，因此井水可供食用；最后，上六居终，是大成之象。可见《井》卦卦爻辞，也客观反映了《井》象数的变化。《井》卦去掉其散体后，辞为：

> 井泥不食，旧井无禽。
> 井谷射鲋，瓮敝漏。
> 井渫不食，为我心恻。
> 井甃，井冽，寒泉食。
> 井收，勿幕。

作为诗体的《井》卦，依然符合原有的逻辑，并且层次不断演进，保持有语辞的整体性。而这种逻辑归根结底还是因为象数连接的，只是并非处于表面。《周易》每一卦的内部都是散体形式，句子较短，概括性强。因此，爻辞通过形式上的精心排列、韵律的组合、衔接手段的运用等，使《周易》的哲学世界内隐藏了一个诗性结构。

二 哲理性的诗性品格

"中国文化表现出了文学与哲学相融、诗歌与思想同源的精神特征。"[1]六经之中最具有这种典范的就是《周易》，哲思与诗意共同构建了《周易》具有诗性的哲学品格。可以说，"《周易》的思想原则决定了文学创作所遵循的艺术原则。"[2] 反过来而言，艺术性原则又是其哲学智慧品格的重要成因。

首先，思诗同源决定了《周易》诗性的哲学品格。《易经》由于卜筮性质所致，六十四卦每一卦都可以单独成一个小篇章，可占吉凶。但是值得深思的是，《易经》卦与卦之间的结构关系也是多元的，编纂成书之后

---

① 傅道彬：《〈周易〉的诗体结构形式与诗性智慧》，《文学评论》2010 年第 2 期，第 36 页。
② 傅道彬：《诗可以观》，中华书局 2010 年版，第 30 页。

又因此包含了更加丰富的哲学意义。《易经》中的符号象征既是一种表现方法也是一种原型系统，是凝缩了的历史记忆，以简洁的无意识的形式贮存着一个民族的集体记忆。荣格说："每一个意象中都凝聚着一些人类心理和人类命运的因素，渗透着我们祖先历史中大致按照同样的方式无数次重复产生的欢乐与悲伤的残留物。"① 象征首先是历史的，是远古文明历史的残留。看起来不经意的象征形式，有着非常深刻的原始文化内容，其中潜伏着悠远往古的历史内容，烙印有远古的宇宙观。至于原始象征之所以意义隐晦，并不是上古人类有意让人难以理解，而是在文化发展中意义愈来愈丰富化诗意化。

作《易》者在卦形符号下撰系文辞，将隐含在符号象征背后的思想显示出来。由于"倚象而后起"的卦爻辞是对符号象征的描述，两者相互依存共同表意。因此，卦爻辞不可避免地采用"假象寓意"的方式，构建了象征的语言体系。闻一多认为："隐在《六经》中，相当于《易》的'象'和《诗》的'兴'，预言必须有神秘性，所以占卜家的语言中少不了象。"② 卦爻辞的作者们常常通过象征的手法营造隐喻或意象，在鲜活的意象群描述中流露诗性智慧。例如《渐》卦，以鸿雁一连串的行动为中心意象，描绘了鸿鸟从在水边饮食自得到逐渐危险的命运，不繁赘其义，保持了意在象中。借此引发思想议论，表达了人们应当循序渐进以保安全的思想，可谓"君子以居贤德善俗"。这一意象的构建，既是一种极具文学色彩的表现方式，也是哲学思想阐释的过程。

卦爻辞常以具体生动的艺术形象来引发读者思想的衍申和情感的波动，成就延绵的诗意。清章学诚云："《易》象虽包六艺，与《诗》之兴也，尤为表里。"（《文史通义·易教》）指出《周易》的象与《诗经》的兴"为表里"，揭示了兴、象的同一性关系。如《中孚》卦九二爻辞为："鸣鹤在阴，其子和之。我有好爵，吾与尔靡之。"这里前一句"大鹤与小鹤鸣声相应"，与后一句"愿与他人共享美酒"之间有明显的比兴情调。先书写自然现象，再引发到社会现象。又如《大过》卦九二爻辞为："枯杨生稊，老夫得其女妻。无不利。"前半句"枯杨生稊"为兴句，继而引

---

① ［瑞士］荣格：《试论心理学与诗的关系》，转引自叶舒宪等《神话——原型批评》，陕西师范大学出版社 1987 年版，第 100 页。
② 闻一多：《说鱼》，载闻一多《闻一多全集》（三），湖北人民出版社 1994 年版，第 231—232页。

发后半句的"老夫得其女妻",最后推导出占断之辞,所明之理意味深长。再如《乾》卦、《坤》卦、《明夷》卦、《大壮》卦等也都是以象占之辞作为兴体,应于后面的叙事之辞,引发读者的思想衍申。据上,卦爻辞既包含了文学意味也包含了哲学意味。

其次,《周易》的诗性品格也包含了先民对于智慧和哲理的追求。人们对世界的认识和理解是由各种话语形式组织起来,人的活动也正是通过这些话语形式的媒介而被赋予意义的。所以哲学的诗性品格和哲学本身有关,也与表达方式有关。"在诸异教民族中,智慧是从缪斯女诗神(Muse)开始的。"① 也就是说,所谓的智慧最初也是来源于诗性的感悟。人类对于未知世界的探索欲望是无尽的,对于困惑的追求是具有生命力的,这种对于现实的反思和逃离充满诗意的同时在一定程度上推动了文学的想象力。"诗人们首先凭凡俗智慧感觉到的有多少,后来哲学家们凭玄奥智慧来理解的就有多少,所以诗人们可以说是人类的感官,而哲学家们就是人类的智慧。"② 这里清晰地指出,人类的智慧是以诗歌开篇的,原始人类以诗意的目光打量和认识世界。这种打量和认识的过程,最初始对于生存的探索,看似无序,但是当他们总结经验归纳出结论之后,这种打量便具有对于智慧与哲理追求的意味。

第三节　经传合璧的语言结构

从"人更三圣,世历三古"的创制到"十翼"的哲学阐释,《周易》的经传并不是同一个时期完成的。加之秦汉之前的古籍,多以单篇形式流传,所以今本《周易》经传合璧的篇章结构,既历经了一个漫长的历史时期,同时也烙印了丰富的历史意味。

---

① ［意］维科:《新科学》,朱光潜译,商务印书馆1989年版,第173页。
② ［意］维科:《新科学》,朱光潜译,商务印书馆1989年版,第172页。

一 语言形式的继承

《周易》的经、传之间有彼此相通、相即不离的本质，但是经传又分别成于不同时期，这些特点必然促使传对于经在语言结构上有所继承、有所变革。

1. 象以言著思想的继承

《易传》具有明显的"象以言著"的特征，实现了对《易经》语言形式的承接。上述已论，《易经》是先有符号和象征再到语言文化，因此不仅仅有着丰富的取象方式、规律的立象体系、无穷的变易特征，也有着精雕细琢的语言系统，是一个言象互动的结构体系。当然，作为"原始要终"的经典，《易经》的核心是意和象，对其把握必须由象数到语言，故《系辞》云：

> 子曰："书不尽言，言不尽意。"然则圣人之意，其不可见乎？子曰："圣人立象以尽意，设卦以尽情伪，系辞焉以尽其言，变而通之以尽利，鼓舞之以尽神。"①

《系辞》认为《易经》已经认识到"言不尽意"，语言很难揭示深刻的意义，所以通过卦爻象数的构建来突破语言的局限实现意义的传达。但是《易经》并没有放弃语言，"系辞以尽言"正是对于卦爻辞表意的重视，认为卦爻辞也是阐释意义的方式之一。《易经》的阐释系统中，言、象、意层次分明，渐次表意。王弼《周易略例·明象》曰：

> 夫象者，出意者也。言者，明象者也。尽意莫若象，尽象莫若言。言生于象，故可寻言以观象；象生于意，故可寻象以观意。意以象尽，象以言著。故言者所以明象，得象而忘言；象者，所以存意，得意而忘象。②

---

① 《周易正义》，《十三经注疏本》，中华书局1980年版，第82页。
② 王弼：《周易集校释·周易略例》，中华书局1980年版，第609页。

阐释者必须先能理解"意",然后在脑海中构建"象",继而才能形诸文字。在《易经》中先是以这样"取象—立象—释象"为基本原则,再以"文象并构"方式表意。

《易传》的作者更是倚重言辞来表意和进行阐释。如《系辞》中诸多关于"言"的论述:

> 彖者,言乎象者也,爻者,言乎变者也。
>
> 吉凶者,言乎其失得也。悔吝者,言乎其小疵也。无咎者,善补过也。
>
> 夫易,广矣大矣,以言乎远则不御,以言乎迩则静而正,以言乎天地之间则备矣。
>
> 言天下之至赜而不可恶也,言天下之至动而不可乱也。拟之而后言,议之而后动,拟议以成其变化。①

由此可见,在《易传》看来虽然"意""象"是《易经》的重要方面,但是易道的表达不能脱离言。因此,"只有在'言'这个符号性质的层面中,《周易》的'吉凶悔吝'和'圣人之情',才真正的可见,可感,可以流传后世"②。

《易传》继承和接受了《易经》中"言不尽意"的观点,但同时又将"言"和象数共同作为阐释的手段。因此,在《易传》中也是从"意"到"象",再到"言"的阐释结构,甚至层次更为分明。如《彖》文本体例为:卦名、释卦辞、一卦大旨三个部分。以《晋》卦为例,《彖》曰:"晋,进也,明出地上。顺而丽乎大明,柔进而上行,是以'康侯用锡马蕃庶,昼日三接'也"③。这里阐释体例是,先言"晋"卦之名,然后包含了卦辞"康侯用锡马蕃庶,昼日三接"和晋卦大义"进也"。这一体例是取卦象、爻象之说,以简约明了的文字论断该卦主旨,是明显地通过感悟著象再以文字形态完成阐释,形成了与《易经》相同的阐释循环。

另一方面,《易传》对于《易经》"言以象著"思想承接的基础上,

---

① 《周易正义》,《十三经注疏本》,中华书局 1980 年版,第 77、77、78、79 页。
② 窦可阳:《接受美学与象思维——接受美学的中国化》,中央编译出版社 2014 年版,第 217 页。
③ 《周易正义》,《十三经注疏本》,中华书局 1980 年版,第 49 页。

有更进一步的发展。《易经》对于象征系统的重视主要是源于象的表意是多层次的复杂的，而"象以言著"则是在接受了语言相对的局限性基础上，发挥它的多义性。《易经》中每一卦的卦名和卦义，在文字上各有其本义，加之象数之后便产生了诸多可以意会的成分。这种语言方式到了《易传》中有所继承：如《文言》对于《乾》《坤》的解释；《彖》《象》对卦名、卦象的解释；《序卦》《杂卦》对于卦德、卦义的描述，在阐释过程中无一不体现出汉字的多义性。《易传》中对于《易经》中出现的某一重要概念和思想会反复从不同角度去理解。《系辞上》云：

> 天尊地卑，乾坤定矣。卑高以陈，贵贱位矣。动静有常，刚柔断矣。方以类聚，物以群分，吉凶生矣。在天成象，在地成形，变化见矣。是故刚柔相摩，八卦相荡。鼓之以雷霆，润之以风雨。日月运行，一寒一暑。乾道成男，坤道成女。乾知大始，坤作成物。乾以易知，坤以简能。易则易知，简则易从。易知则有亲，易从则有功。有亲则可久，有功则可大。可久则贤人之德，可大则贤人之业。易简而天下之理得矣，天下之理得，而成位乎其中矣。①

这一段引文中体现了"易"的不同含义，从"天尊地卑"到"变化见矣"体现了"易"的常性；从"是故刚柔相摩"到"坤道成女"言及"易"中生生之动的思想；最后一部分明晰提出了"易简"道理，引出了"生生之道"的思想，这一阐释过程就是充分利用文字的多义属性。

2. 灵动多样辞章的继承

《易传》对于《易经》语言形式的继承，是《易传》作者对于《易经》接受的结果，在文本辞章层面有明显体现。

（1）错综形式的传承

卦爻符号中"错综思想"是对于世界诸多变化的总结。《系辞上》云："参伍以变，错综其数，通其变，遂成天下之文，极其数，遂定天下之象。"② 至于文本之中，在没有发展到一定模式和规范之前，尤其是口语和书面语相互交织并存之时，非常容易出现错综多样的语体形式。《易经》

---

① 《周易正义》，《十三经注疏本》，中华书局1980年版，第75—76页。

② 《周易正义》，《十三经注疏本》，中华书局1980年版，第81页。

中的错综之文与卦爻之间的结构变化息息相关，是一种关于线条的生命体验。《易经》卦爻辞中语句结构形式多样，诸多散体，在每一卦的内部结构上相对稳定。孔颖达云："'错综其数'者，错谓交错，综谓总聚，交错总聚其阴阳之数也。'通其变'者，由交错总聚，通极其阴阳相变也。'遂成天地之文'者，以其相变，故能遂成就天地之文。若青赤相杂，故称文也。"①

《易传》中对于"错综成文"的认识来源于《易经》。《系辞下》又云："物相杂，故曰文。"②《说文》也有"文，错画也，象交文。"③ 对于《易传》来说，虽然散体句式更多也更长，但是在单篇传文内部依然保持相对一致、有序。在《易传》中，属于长篇大论的只有《文言》和《系辞》。刘勰称论：

> 易之文系，圣人之妙思也。序乾四德，则句句相衔；龙虎类感，则字字相俪。④

在《系辞》中，既有句中对，有上下句对，也有几句的长对。句中对如："天尊地卑""一寒一暑"等；上下句对如："乾以易知，坤以简能""成象之谓乾，效法之谓坤"；上下句双句对的如："吉凶者，言乎其失得也；悔吝者，言乎其小疵也"；上下句三句以上对的如："夫乾，其静也专，其动也直，是以大生焉。夫坤，其静也翕，其动也辟，是以广生焉。"在《系辞》中的骈偶句，有的达到十多字，例如："言天下之至赜而不可恶也，言天下之至动而不可乱也。"⑤ 对偶的形式往往是两两相对而言，在相对为短篇的《序卦》《说卦》《杂卦》中也非常普遍。但是，即便是《文言》《系辞》《序卦》《说卦》有明显的对偶句式，篇章内部整齐，但是各自之间却明显不同。

另，在《易传》中《象》和《彖》依卦而言，分为六十四小节，同样遵循了上述特点。《易传》中《象》分为《大象》和《小象》，揭示卦、

① 《周易正义》，《十三经注疏本》，中华书局 1980 年版，第 81 页。
② 《周易正义》，《十三经注疏本》，中华书局 1980 年版，第 90 页。
③ 许慎：《说文解字》，中华书局 2008 年版，第 185 页。
④ 范文澜注：《文心雕龙注》，人民文学出版社 1962 年版，第 588 页。
⑤ 《周易正义》，《十三经注疏本》，中华书局 1980 年版，第 79 页。

爻的象意,所以在言辞上和《易经》卦爻辞有所重复,或者是先言经文中的卦爻辞,后一句再加以阐释。《小象》单篇之中,句式相对整齐。如《蛊》卦《小象》曰:

> 干父之蛊,意承考也。
> 干母之蛊,得中道也。
> 干父之蛊,终无咎也。
> 裕父之蛊,往未得也。
> 干父用誉,承以德也。
> 不事王侯,志可则也。①

这一部分语辞,不仅在语言字数上保持一致,在语法结构上也相对整齐,构成了一个个相对稳定和统一的结构形态。即便是相对参差的语体,也可见一定的形式。如《中孚》卦《小象》云:

> 初九虞吉,志未变也。
> 其子和之,中心愿也。
> 或鼓或罢,位不当也。
> 马匹亡,绝类上也。
> 有孚挛如,位正当也。
> 翰音登于天,何可长也。②

也仅保持三言、四言、五言相交错,但是主体上依然是四言。

至于《大象》虽然句式长短不一,但是在语法结构上比较相近,又多以"君子""先王"起笔。如:

> 蒙:君子以果行育德。
> 需:君子以饮食宴乐。
> 噬嗑:先王以明罚敕法。

---

① 《周易正义》,《十三经注疏本》,中华书局1980年版,第35页。
② 《周易正义》,《十三经注疏本》,中华书局1980年版,第71页。

无妄：先王以茂对时育万物。①

这些句式虽然在长短上有所区别，但是句法结构基本相同，同时又以"君子以……""先王以……"为相同或相近因素，所以整体给人以排比般的整齐。《象》《彖》在语言结构和每句汉字数量上与《易经》最为相似，内部结构都相对稳定，又与十翼其他各篇相杂不同。

（2）韵律语感的传承

韵律之美是卦爻辞的诗性特征之一，尤其是去掉散体的古歌部分更为明显。《易传》继承了这一特点，在句法形式上注重排列，以达到声音和谐、吟咏顺口悦耳的效果。如《彖》云：

> 损上益下，民说无疆。自上下下，其道大光。利有攸往，中正有庆。利涉大川，木道乃行。益动而巽，日进无疆。天施地生，其益无方。凡益之道，与时偕行。②

《彖》这一篇每句结尾的"疆、光、庆、行、疆、方、行"均属古韵"阳"部，属于一韵到底。因为《彖》中很多语句为卦辞的再述，所以在文本语音上能够保持韵律一致。这是将原卦辞考虑其中后再加工，是有意为之。又如《文言》：

> 坤至柔而动也刚，至静而德方。后得主而有常。含万物而化光。③

这一段中的"刚、方、常、光"也属古韵"阳"部。但是在《易传》中很多字与今韵有差，也有现在读起来依然是韵语，并且有多韵相错的形式。如《杂卦》：

> 《乾》刚《坤》柔。《比》乐《师》忧。《临》《观》之义。或与或求。《屯》见而不失其居，《蒙》杂而著。④

---

① 《周易正义》，《十三经注疏本》，中华书局1980年版，第20、23、37、39页。
② 《周易正义》，《十三经注疏本》，中华书局1980年版，第53页。
③ 《周易正义》，《十三经注疏本》，中华书局1980年版，第18页。
④ 《周易正义》，《十三经注疏本》，中华书局1980年版，第96页。

这一句中，"柔""忧""求"均属韵部"尤"部，"居""著"则分属另外的韵部。

此外，在《易传》诸多排比形式中，句尾排比也形成了一定的韵律性，这一点和《易经》中的部分句式效果相同。例如《系辞上》云：

> 八卦成列，象在其中矣。
> 因而重之，爻在其中矣。
> 刚柔相推，变在其中矣。
> 系辞焉而命之，动在其中矣。①

这里每句结尾"×在其中矣"句式连排，语法和句式上均整齐，并且形成一致的韵律。这样的句式形态在《系辞》中比较多，又如：

> 刚柔者，立本者也。
> 变通者，趣时者也。
> 吉凶者，贞胜者也。
> 天地之道，贞观者也。
> 日月之道，贞明者也。②

上述一段，是"××者也"句式在结尾连排，这类句尾排比的形态形成了一种很强的韵律感。

（3）情深韵致的传承

《易经》中卦爻辞明显的诗性结构是诗性智慧的外显。《屯》卦以春天立象，"是春天之诗。……震下坎上，震为雷，坎为水，为雷雨之象，是春雷乍鸣初降草木萌生的春天之象。"③ 在《屯》卦的卦名、卦爻辞、卦义中反复强调了浓厚的乐生顺生的思想，表达了对于生命的礼赞和尊重。李镜池从学术角度考察《屯》卦反映了原始婚俗④，而《屯》卦在对婚俗的描述中，体现了一种婚姻仪式，这种仪式的目的是以婚姻的形式来呼唤

---

① 《周易正义》，《十三经注疏本》，中华书局 1980 年版，第 85 页。
② 《周易正义》，《十三经注疏本》，中华书局 1980 年版，第 85—86 页。
③ 傅道彬：《〈周易〉的诗体结构形式与诗性智慧》，《文学评论》2010 年第 2 期，第 41 页。
④ 李镜池：《周易通义》，中华书局 1981 年版，第 9 页。

生命，是对于生命生长的尊崇。所以，在整体的意象中，充满了深情的韵致。

对于《易传》来说，在释义中也饱含情深韵致。如《彖》云：

> 大哉乾元！万物资始，乃统天。云行雨施，品物流形，大明终始，六位时成，时乘六龙，以御天。乾道变化，各正性命。保合太和，乃利贞。首出庶物，万国咸宁。①

又云：

> 至哉坤元！万物资生，乃顺承天。坤厚载物，德合无疆。含弘光大，品物咸亨。牝马地类，行地无疆。柔顺利贞，君子攸行，先迷失道，后顺得常。西南得朋，乃与类行。东北丧朋，乃终有庆。安贞之吉，应地无疆。②

《易传》作者以"大哉""至哉"起笔，以《诗》的四言句含蕴情思，深情地赞扬天地之美德。在《易传》笔下，天地是具有审美想象空间的生命载体。

再如《系辞下》云：

> 子曰："天下何思何虑？天下同归而殊涂，一致而百虑，天下何思何虑？日往则月来，月往则日来，日月相推而明生焉。寒往则暑来，暑往则寒来，寒暑相推而岁成焉。往者屈也，来者信也，屈信相感而利生焉。"③

这里以孔子之口道出对于天地自然规律的总结。首先发出了两次"天下何思何虑？"紧接着以坚定的语气表述，气魄宏大。在通过对于天道地道人道的反思中，树立了"屈信相感"的生生思想。在层层递进的论述中，以

---

① 《周易正义》，《十三经注疏本》，中华书局1980年版，第14页。
② 《周易正义》，《十三经注疏本》，中华书局1980年版，第18页。
③ 《周易正义》，《十三经注疏本》，中华书局1980年版，第87—88页。

"穷神知化，德之盛也"神圣的人道观念结尾，突出了人类通过对于自然的观察了解，塑造了巍然崛起的形象。对于人的赞歌在《易传》中非常常见，远远超过了《易经》中的人道思想。例如《文言》中也有："先天而天弗违，后天而奉天时，天且弗违，而况于人乎？况于鬼神乎？"① 这里也是借用两个设问来表述精神，语式淋漓。此外在《彖》《象》中也多有气势强劲的语言，也有模拟圣人抒发扩大胸襟的语言。在对于此类极具气势美的语言锤炼中，固然可以体会到洒脱酣畅的情感。虽然韵散相间，也饱含情深。

3. 前有所承的依经而论

《易传》"传"《易》绝不是单纯地对《易》作出合理的解释，更重要的是通过对《易》的阐释建立起一种理论，所以在《易传》中存在大量《易经》中的初始语料。

第一，《易传》中多有保留《易经》的原文。这一特点在文本结构中，表现在往往先将卦爻辞重复论述，然后再言其中含义。《文言》对《乾》卦六爻不厌其烦地反复论证，其中爻辞"初九，潜龙勿用"多次出现，阐释之辞紧随之后。如：

> 初九曰："潜龙勿用。"何谓也？
> 子曰："龙德而隐者也，不易乎世，不成乎名，遁世无闷，不见是而无闷，乐则行之，忧则违之，确乎其不可拔，'潜龙'也。"
> ……
> 潜龙勿用，下也。
> ……
> 潜龙勿用，阳气潜藏。②

也就是说，在《文言》中《乾》卦初九爻辞反复出现了三遍。"潜龙勿用"这条爻辞在十翼的其他篇章中也反复出现，例如《象》云："潜龙勿用，阳在下也。"③ 这里又从爻象的角度，先言《乾》卦初九爻辞，然后

---

① 《周易正义》，《十三经注疏本》，中华书局1980年版，第17页。
② 《周易正义》，《十三经注疏本》，中华书局1980年版，第15页。
③ 《周易正义》，《十三经注疏本》，中华书局1980年版，第15页。

再释爻象。对于《易经》原文的反复引述，本身就是对其文本的接受和继承。《易传》中除了《文言》《象》之外，《系辞》中对《履》《谦》《复》《恒》《损》《益》《困》《井》《巽》九卦三陈其义，都反映出这一类语料的组织特点。

第二，《易传》发言外之旨也是根据《易经》中卦义所述。《易传》对《易经》的解释，已经超出了一般的诠释之作。它不仅解释词义，疏通文理，开掘经义，而且以此张本，赋予《易经》新的思想，构建自己的哲学体系，这一构建过程必然会出现更多更新的语素。

例如《咸》卦，象征"交感"，在六爻中的取象和爻辞中均以男女之间的婚媾之事为著。《周易正义》云："此卦明人伦之始，夫妇之义，必须男女共相感应，方成夫妇。"① 这主要是因为《咸》卦中，阴柔往来两相亲和，所以体现了一种欢快欣悦的感应。《易传》正是看到了这种言外之意，所以《彖》说："咸，感也。柔上而刚下，二气感应以相与。止而说，男下女，是以'亨，利贞'，'取女吉'也。天地感而万物化生，圣人感人心而天下和平。观其所感，而天地万物之情可见矣。"② 这里不仅仅将感应停留在《易经》本卦中明显的男女关系上，更是扩充阐释天地万物皆以气类共相感应。至于社会伦理之中，两者之间关系融洽相通，更是容易呼应，所以到了《象》更进一步论为："君子以虚受人"③。此句说明，君子效法咸象需要虚怀接物，以此感人，才能莫不接应。

4. 言有序逻辑的传承

上文中当我们改变阅读方式之后，发现《周易》爻辞中蕴藏了另一个完整的语言世界，并且存在着内在有序逻辑联系。在《易传》的语言中也有着明显的逻辑力量。如《系辞上》云：

> 《易》与天地准，故能弥纶天地之道。仰以观于天文，俯以察于地理，是故知幽明之故。原始反终，故知死生之说。精气为物，游魂为变，是故知鬼神之情状。与天地相似，故不违。知周乎万物而道济天下，故不过。旁行而不流，乐天知命，故不忧。安土敦乎仁，故能

① 《周易正义》，《十三经注疏本》，中华书局1980年版，第46页。

② 《周易正义》，《十三经注疏本》，中华书局1980年版，第46页。

③ 《周易正义》，《十三经注疏本》，中华书局1980年版，第46页。

爱。范围天地之化而不过，曲成万物而不遗。通乎昼夜之道而知，故神无方而易无体。①

这一段中连续用了九个"故"字，使前后句之间形成了清晰因果关系，具有逻辑性。这九句话，以"《易》与天地准"起头论述，中间七句从不同方面对此进行论述，最后"范围天地之化而不过"又回到对于天地的感悟，对于《易》的认识，在论证的过程中环环相扣，逻辑严密，在整体上形成了一种环形的论述结构。

又如《系辞下》中对于《噬嗑》爻辞的阐释：

善不积不足以成名，恶不积不足以灭身。小人以小善为无益，而弗为也，以小恶为无伤，而弗去也。故恶积而不可掩，罪大而不可解。《易》曰："何校灭耳，凶。"②

此段引文，从善恶消长的角度对于《噬嗑》上九爻辞"何校灭耳，凶"进行解释。首先论述了善行和恶行积累带来的影响。然后论述小人认为小的善行无所获益，而小的恶行又无伤大体。最后总结小人不断地行恶，最终积累无法掩盖，难以解救。这三句是明显的三段推理，语言逻辑的表述明显清醒并且力度十足。这种推理方式在《系辞》中多处都有体现，除上述对《噬嗑》卦的论述之外，《系辞》对《解》卦六三推导也是如此，兹不赘述。由此可见，《易传》的语言是极具逻辑性和整体性的，这种明细的推理和阐释使得语言结构呈现了"言有序"的状态。

二　新旧体文言变革

《易经》的成书本身表现了周代人的变革思想、哲学思想、文化思想，在一定程度上也能够体现时下的文学思维和话语方式。这一时期的语言被称作"古体文言"。到了《易传》创作的春秋战国时期是"春秋时代的'文言'变革与文学繁荣标志着这一时期的中国文学已经进入全面成熟和

① 《周易正义》，《十三经注疏本》，中华书局1980年版，第77页。
② 《周易正义》，《十三经注疏本》，中华书局1980年版，第88页。

自觉的历史时期"①，《易传》成为新体文言的代表。可见，《周易》的成书经传不同期而作表现了各自的时代风采。经传本身的构建过程就处于旧体文言正在向新体文言进行语言变更的历史背景之中。

1. 文言结构的历史变更

郭沫若称春秋时期的文言为"新文言"，这种语言变革属于"春秋时代的'五四运动'"②。如果称春秋时期的文言为"新文言"，那么此前的文言便可以称为"古体文言"或"旧体文言"。甲骨卜辞、早期的青铜铭文等都属于旧体文言，也都是《易经》卦爻辞语素来源之一，对此前文已证，余不一一。因此，在《易经》语辞中保存与此相继承来的旧体文言。在甲骨卜辞中很多卜辞保持着简傲朴素、不尚修饰的特点，例如：

> 辛酉卜，贞：王宾，品亡尤。（《合集》38715）
> 庚戌，予卜，贞：豕归。（《合集》21636）

这种相对简单的语辞和占筮用语作为古体文言。实际，在古体文言中也有意识地锤炼文辞和结构排列，例如：

> 己巳王卜贞：（今）岁商受（年）。王占曰：吉。东土受年，吉。
> 南土受年，吉。西土受年，吉。北土受年，吉。③

这里"东土受年，吉。""南土受年，吉。""西土受年，吉。""北土受年，吉。"四句形成了整齐连排，均为连排，尾句同字，表现了修炼辞彩、形式的艺术效果。对此，傅道彬先生指出，甲骨文中"整齐的排比句式，不一而足的询问句式，节奏鲜明的韵律"，都表明殷商巫师们已经在刻意地修辞炼句。而这些情况说明，它们"已经不是普通的未加雕琢的口语，而

---

① 傅道彬：《春秋时代的"文言"变革与文学繁荣》，《中国社会科学》2007 年第 6 期，第 171 页。

② 郭沫若：《郭沫若全集·文学编·论古代文学》（第 19 卷），人民文学出版社 1992 年版，第 266 页。

③ 郭沫若：《郭沫若全集·考古编·殷契粹编》（第 907 片），人民出版社 1982 年版，第 579 页。

是经过锤炼文饰的'文言'。"① 当然,这种相对整齐的语体结构形式,被《易经》所吸收。

西周时期占卜资源和方法主要以"口语"形式传播。这一时期的"笔语"仅被一部分受过教育训练的士人掌握,所以具有与"口语"明显的区别,即一定的修饰性。而这一时期的书写载体材料以甲骨、青铜为主,在传播上较为笨重,能够书写的字数有限,而且大部分比较昂贵,也很难普及,所以书写空间受限,也使得这一时期的"旧体文言"基本上句式古朴简单,较少变化,判断句中只是实词,不以"者、也"之类的助词作判断标志。这些相对简单的语辞和占筮用语作为古体文言,也被《易经》所吸收。

到了春秋战国时期,外交的频繁使得语言被大量使用,人们对于歌谣的使用和认识也越发成熟和得心应手。而这一时期,在书写载体上也出现了较多进步,竹简的广泛应用,使文字有了更多的表达机会和更大的展示空间,给人们日趋繁复的思想情感提供了表现的平台。《易传》将这一时期的哲学思想融合进语言,出现了以《文言》为代表的语体清新篇幅较长的文言,渐渐代替了典雅凝重的古体文言。

从周代到春秋时代,很多士人开始以新体文言诠释旧体文言,从而实现文意晓然的形式转变。以《周易》为例,在春秋战国时期出现的《易传》既是新体文言的代表,也是对于《易经》古体文言的诠释,这种诠释使其传播和接受得到了最大化的效果。今本《周易》的通例是:自《坤》以下六十四卦,《彖》《象》皆散附卦辞、爻辞后;唯《乾》卦先卦爻辞,后《彖》《象》《文言》,经传不混,体现了很强的区分意识。可以说,经传之间这种明显的区分意识正是文言结构的历史变更的表现,正如傅道彬先生的总结:"春秋时期的新文言以其灵活自由的结构形式,婉而成章的审美形式,层次清晰的逻辑意脉,为春秋文学的繁荣提供了广阔的表现空间,把中国文学带入了一个新天地,是中国古典文学发展的一次质的飞跃。"②

2. 古朴严谨到建言修辞

一般而言,从经典文本中是可以窥探时下主流文学的思维方式、结构

① 傅道彬:《春秋时代的"文言"变革与文学繁荣》,《中国社会科学》2007 年第 6 期,第 172 页。
② 傅道彬:《春秋时代的"文言"变革与文学繁荣》,《中国社会科学》2007 年第 6 期,第 173 页。

形态、内在精神的。从《易经》到《易传》的文本结构发展中，不难发现从古朴严谨的旧体文言到建言修辞的新体文言变化。

第一，《易传》在词语使用上更为丰富。《周易》经传的文字有很大差别，其中虚词数量的增加和使用频率的提高，是古体文言和新体文言的一个重要区别。钱基博论曰："盖文学之大用在表情，而虚字者，则情之所由表也，文必虚字备而后神态出焉"。① 《易经》的文句除了"之""若（如）"等少数用例，没有其他语末助词，而"《易传》在句末共用了936个'也'，68个'矣'，还有'乎''哉'等。"② 这一事实反映了新旧文言的区别特征：《易经》罕用语尾助词；而《易传》多用语尾助词，文风灵活，是春秋文言形式的典范。

在《易传》中词汇相较于《易经》更为丰富。《易经》中篇章较短，语义相对浓缩，还保留有部分上古时期的古字古义。但是在《易传》中词汇量大增，使用了许多新词新义，语言结构也相对流畅。《易传》虚词、实词的数量和使用频率的增加，表示句子结构加长，其中抒发的情感越发厚重，节奏相对舒缓灵活，既可以使表达更为充分，也能够便于诵读和记忆，是文学语言表达能力提升的表现。

第二，《易传》在语法结构上更多元。在前章中我们对《易经》中卦爻辞体例进行过分类，可以归纳为两方面，一种是述事象之辞，一种是吉凶占断之辞。在这其中，简单句式较多。其中最简单的一类句子是独词成句，例如"吉""亨""厉""凶"；也有偏正词组或者后补词组成句，例如"利建侯""终吉""磐桓""困蒙""至临"等。在《周易》古经中这种非主谓句中还有无主句，即动宾词组构成的句子，例如"见龙在田""何校灭耳""拔茅茹以其汇""无咎"等。简单句式中还存在没有附加其他成分的主谓句，例如"家人嗃嗃""君子有终"等。在古经的单句中还有相对复杂的，例如：

君子终日乾乾。（《乾》九三）
匪我求童蒙。（《蒙》）

---

① 钱基博：《现代中国文学史·编首》，上海古籍出版社2011年版，第14页。
② 周锡䪖：《〈易经〉的语言形式与著作年代——兼论西周礼乐文化对中国韵文艺术发展的影响》，《中国社会科学》2003年第4期，第16页。

> 履道坦坦。(《履》九二)
>
> 先号咷而后笑。(《同人》九五)

关于《易经》卦爻辞中的这一类单句,牛占珩在《〈周易〉古经句法探析》① 中,分别对复杂主语、复杂谓语、复杂宾语、复杂补语即复指成分等方面进行了详细的分类,多为可信,兹不繁述。

虽然,单句在古经的句式中比较常见,但也有复句。所谓复句,就是指意义上有联系,而结构上互不包含。古经中的复句因果和顺承关系较多,这也反映了古经中对于事物发展规律进行探索的思维特点。例如,因果关系句式有:

> 即鹿无虞,惟入于林中。(《屯》六三)
>
> 需于泥,致寇至。(《需》九三)
>
> 劳谦,君子有终,吉。(《谦》九三)

顺承关系句式有:

> 履霜,坚冰至。(《坤》初六)
>
> 突如其来如,焚如,死如,弃如。(《离》九四)

而复杂句中又不乏省略句和倒装句,如:

> 丧马,勿逐自复。(《睽》初九)
>
> 旅于处,得其资斧,我心不快。(《旅》九四)
>
> 高宗伐鬼方,三年克之。(《既济》九三)

上述所举例证,《易经》古经中最常见的一些复杂句式。这其中最复杂的要数个别多层重复句,例如:

> 用行师,终有大败,以其国,君凶,至于十年不克征。(《复》上

---

① 牛占珩:《〈周易〉古经句法探析》,《周易研究》1996年第3期,第71—76页。

六）

　　　无妄之灾，或系之牛，行人之得，邑人之灾。（《无妄》六三）

　　　羝羊触藩，不能退，不能遂，无攸利，艰则吉。（《大壮》上六）

　　这一类卦爻辞几乎是《周易》古经中最长的句式，相对不多。综上，我们可以看出在《周易》古经中，有整齐匀称句式，有严谨周密逻辑，也有诗性语言，足见编撰者对于《易经》的语言是经过锤炼的。不过相比《易传》来说《易经》的句子结构还是比较简易朴拙。

　　第三，《易传》的语言更具有鲜活生动性。首先体现在语句形式上比较多变，其中不乏反问、推测、感叹等句式。如《象》云："无妄之往，何之矣？天命不佑，行矣哉？"① 又如"子曰：君子居其室，出其言善，则千里之外应之，况其迩者乎。居其室，出其言不善，则千里之外违之，况其迩者乎。"② 其次，《易传》中多以陈述口吻来阐释经文，往往以"故""是故""是以"词语加以连接，明晰前后的因果关系。如"易与天地准，故能弥纶天地之道"及后所连排的九个以"故"为衔接的句式。除了因果连接词外，具有衔接性的词语，所用较多的还有"为"。如《说卦》云："乾为首，坤为腹，震为足，巽为股，坎为耳，离为目，艮为手，兑为口。"③ 这一类句式都是以系词联系句子，与后代语法中中间用系词构句相同。

　　此外，《易传》中对于"之乎者也"之类的语助词开始频繁使用。例如《文言》云："元者，善之长也。亨者，嘉之会也。利者，义之和也。贞者，事之干也。"④《文言》云："潜龙勿用，下也。见龙在田，时舍也。终日乾乾，行事也。或跃在渊，自试也。飞龙在天，上治也。亢龙有悔，穷之灾也。乾元用九，天下治也。"⑤ 这几类句式都符合"……者，……也（或'者也'）""……，……也"的新体文言句式。《易传》的语言基本合乎古代汉语语法的规范，可以说是标准的文言。这一系列语言特点，都反映了《易传》文风更为自由、完整、灵活，是春秋文言形式的典范。

---

① 《周易正义》，《十三经注疏本》，中华书局1980年版，第39页。

② 《周易正义》，《十三经注疏本》，中华书局1980年版，第79页。

③ 《周易正义》，《十三经注疏本》，中华书局1980年版，第94页。

④ 《周易正义》，《十三经注疏本》，中华书局1980年版，第15页。

⑤ 《周易正义》，《十三经注疏本》，中华书局1980年版，第16页。

第四，在《易传》的部分篇章中还体现了对固定格式的更有效运用。在《序卦》中表现最为明显。例如：

> 物不可以终遁，故受之以《大壮》。
> 物不可以终壮，故受之以《晋》。①

上述例子可以概括为"A 不可以……，故受之以 B"，这一句式解释了矛盾双方互相转换的道理，在《序卦》中大量出现。另，《序卦》中对承接关系的表述也有固定句式，例如：

> 物生必蒙，故受之以《蒙》。
> 饮食必有讼，故受之以《讼》。②

这些例子都是以"必"或者"必有"作为连接词，构成了"A 必有 B，故受之以 B"的顺承句式结构。顺承关系还有一种结构，如：

> 物畜然后有礼，故受之以《履》。
> 履而泰然后安，故受之以《泰》。③

以上例子可以归纳为"A 然后……，故受之以 B"，其中以"然后""而""后"作为承接关系的连接词。《序卦》中大部分语言都能够归纳到这三类句式结构中，难以归纳的比例很小，可见《序卦》在阐述易理的同时，也充分运用固定格式，干净利落。

"建言修辞"对文本的影响，绝不是日常性语言能够达到的，而是通过修辞与文饰的"文言"表现，需要培养、学习和锤炼。春秋时代的转型，一个重要倾向是人们普遍的文言意识和言语能力的提升，这在实践的过程中给语言结构带来了很大的影响，最终促进文言走向了全面的社会生活。《易传》则是这一时期具有典范的文本形式。

---

① 《周易正义》，《十三经注疏本》，中华书局 1980 年版，第 96 页。
② 《周易正义》，《十三经注疏本》，中华书局 1980 年版，第 95 页。
③ 《周易正义》，《十三经注疏本》，中华书局 1980 年版，第 95 页。

第四节 《周易》语言结构的影响

文本结构是讲究一定逻辑的，是一种意识结构的反映。它是文学、哲学逻辑结构内各个层次、要素、部分之间相互联系、相互作用总和的表现方式。不同的文本结构也来自不同的知识结构，不同的知识结构孕育着对知识层级的不同感知。也就是说，不同的文本结构或者文体结构来源于作者内在的各种思维，同时对外也会形成不同的感知效果。从文学史角度来看，谈及中国古代文学文学体裁的源起时，几乎毫无例外地追溯到六经，这是因为后世作家们常常自觉不自觉地模仿六经的文辞方式。探讨《周易》经传中包含各种文体的观点或有粗疏之嫌，但《周易》也确实对后世的诸多文本产生了重大影响。

一 《周易》与后世专著结构

《周易》产生之后，对后世著作的篇章结构产生了广泛而深远的影响，这一痕迹非常明显地见于存世的经史子集各类典籍中。

1. 谋章布局

《周易》成书以后，其篇章框架与排列顺序，明显影响了后世一批典籍的篇章布局。这种影响体现在两个方面：

一方面，后世某些典籍的篇章结构为直接效法《周易》。这方面比较明显且影响较大的著作为《史记》。《史记》在著述构架上受到了《周易》象数义理的启示。张守节《史记正义·论史例》论曰："作《本纪》十二，象岁十二月也。作《表》十，象天之刚柔十日，以记封建世代终始也。作《书》八，象一岁八节，以记天地日月山川礼乐也。作《世家》三十，象一月三十日，三十辐共一毂，以记世禄之家辅弼股肱之臣忠孝得失也。作《列传》七十，象一行七十二日，言七十者举全数也，余二日象闰余也，以记王侯将相英贤略立功名于天下，可序列也。合百三十篇，象一岁十二月及闰余也。而太史公作此五品，废一不可，以统理天地，劝奖箴诚,为后之楷模也。"① 这里是将《史记》著述范式安排和《周易》中大衍筮法的内涵相关联,认为司马迁是受到《周易》结构的影响才设计了《史记》的构架。这一说法似有牵强之处,但是也能从侧面反映司马迁确深受《周易》影响。

《吕氏春秋》的体例编排也可能受到《周易》编纂结构的影响。《易》经中六十四卦在卦象上都与八经卦同出机枢,卦象与自然相近,卦爻辞与人事贴切,"这种卦象与文字相对应,天地自然万象与人事相对应的结构,包蕴着沟通天地人的意向。"② 而六十四卦在整体排列上,也呈现了先天道与地道,再到人道的分篇结构。而这一种结构编排体例为《吕氏春秋》所继承。《吕氏春秋·序意》云:"上揆之天,下验之地,中审之人。"③ 可见《吕氏春秋》在思想上也借用了天地人三材的时空观念,并且在实践这一结构原则时构建了一个具有象征性的时空构架,因此全书分为十二纪、八览、六论。正如杨希牧云:"《吕氏春秋》的八览、六论也同样是或象地数,或象天地交泰之数,尤或隐寓六合、六虚、六漠、八极、八表、八弦之类的宇宙观思想。"④ 受《周易》影响的痕迹明显。

另一方面,后世某些典籍的篇章布局,明显是受《周易》结构思想影响而设计。这方面的典型范例为《文心雕龙》,章学诚评价《文心雕龙》为"《文心》体大而虑周"⑤,这个"体"就是效仿《周易》。"大衍之数"五十,历代有不同的看法,孔颖达对此论曰"义有多家,各有其说,未知孰是。"⑥ 虽然在各种说法上纷纭歧异,但是四十九之用是为定论。而《文心雕龙》中,全书五十篇,前四十九篇为主体,最后一篇《序志》为总序,与"大衍之数"中四十九之用相合。正如《序志》所云:"位理定名,彰乎大易之数,其为文用,四十九篇而已。"⑦ 另外,每篇均以"赞曰"收束。赞,《文心雕龙·颂赞》云:"赞者,明也,助也。"⑧ 是申明、辅助之意,"赞曰"收束是有总结全篇之意。范文澜说:"《易·说卦传》:

---

① 张守节:《史记正义·论史例》,载司马迁《史记》,中华书局 1959 年版,第 13 页。
② 于雪棠:《〈周易〉与中国上古文学》,北京师范大学出版社 2005 年版,第 138 页。
③ 陈奇猷:《吕氏春秋校释》,学林出版社 1984 年版,第 648 页。
④ 杨希牧:《先秦文化史论集》,中国社会科学出版社 1995 年版,第 722 页。
⑤ 章学诚:《文史通义校注·诗话》,中华书局 1985 年版,第 559 页。
⑥ 《周易正义》,《十三经注疏本》,中华书局 1980 年版,第 80 页。
⑦ 范文澜注:《文心雕龙注》,人民文学出版社 1962 年版,第 727 页。
⑧ 范文澜注:《文心雕龙注》,人民文学出版社 1962 年版,第 158 页。

'幽赞于神明。'《书·皋陶谟》:'思曰赞赞襄哉。'韩注孔传皆曰:'明也。'"① 也似有相合之处。

再如,钟嵘《诗品》的批评体系可能也受到《周易》的影响。钟嵘易学思想的源流与家学密切相关,其远祖钟繇、钟会均为易学专家,传有易学专著。钟嵘评论的123家作品中36家可归纳到《诗经》和《楚辞》的两大系统,构造了一个新的诗学体系,而内在的体系,则是通过"推源溯流"法具体体现。"这一体系的构造,得力于《周易》的影响,尤其是受到王弼所倡导、发挥的'以寡统众'的思维方式的影响。"② 即《诗经》和《楚辞》是"本"是"寡",而以下发展均为"末"为"众",后世作品千变万化体系庞杂,但是追溯本源则以"以寡统众",王弼以此理论开创了"以传证经"③ 的新特点。此外,《诗品》和《文心雕龙》相似,不仅仅接受了《周易》中的文学、美学思想,也袭用了《周易》中诸多的语素。例如《文言》曰:"君子体仁,足以长人,嘉会足以合礼。"④《诗品序》则曰:"嘉会寄诗以亲,离群托诗以怨。"这些都在一定程度上展示了中国部分理论著作的源头和发展规律。

2. 编排方式

后世典籍在编排方式上两个重要特征,其中有受《周易》篇章结构因素的影响。

其一,经传合编。这种经传合编一是体现在前后两大部分可合为一部作品,也可以分为两本书。以《诗经》为例,《汉书·艺文志》载:"《毛诗》二十九卷,《毛诗故训传》三十卷。"⑤《诗经》毛氏传在郑玄作笺后,广为流传。陈奂《诗毛氏传疏·叙录》云:"此盖以十五国风为十五卷,小雅七十四篇为七卷,大雅三十一篇为三卷,三颂为三卷,合为二十八卷。而序别为一卷,故为二十九卷。毛公作故训传时,以周颂三十一篇为三卷,而序分冠篇首,故合为三十卷。今分作三十卷者,仍毛诗旧也。"⑥陈氏一说是认为毛诗传和《诗经》以经传合编的方式编排在一起,多属可

---

① 范文澜注:《文心雕龙注》,人民文学出版社1962年版,第172页。
② 张伯伟:《钟嵘诗品研究》,南京大学出版社1999年版,第47页。
③ 汤用彤:《汤用彤学术论文集·王弼之周易论语新义》,中华书局1983年版,第267页。
④ 《周易正义》,《十三经注疏本》,中华书局1980年版,第15页。
⑤ 班固:《汉书·艺文志》,中华书局1964年版,第1708页。
⑥ 陈奂:《诗毛氏传疏》,商务印书馆1934年版,第2页。

信。再如《墨子》一书，《经上》《经下》两篇文章分别有《经说上》《经说下》两篇为传，编于一书。二是在一篇文章中采取了经传式结构，前经后传。如《韩非子·内储说》在文章的前一部分阐明观点，后一部分以事例就前文详加叙述，并且明确标有"右经"字样。又如《管子·宙合》前半部分为格言警句式断句，后半部分则对前半篇章进行了逐句的阐释。《管子·心术上》亦是如此。

虽然并不能确定上述书籍经传式编排来源于《周易》，且《周易》经传合编是在汉代确立，但是《周易》确实是秦汉经传合编这种结构编排的代表作，起到了一定的规范和启示作用，而秦汉的诸多专著也确都依循这一思维编排篇章。

其二，以类相从。《周易》中对于象的分类遵循了"以异相明""以同相类"的方法，结构清晰又具条理性。如《史记》，性质相同的篇章被归为"本纪""世家""列传""表""书"等不同类别，明显是受到了《周易》"方以类聚，物以群分"思想的影响。《史记》这种按照阶层、历史、政治等因素，对其篇章分类排列，每一类目内在联系紧密，外部具有一定的层级关系，这也是《史记》作为纪传体通史的创举。韩伟表认为《周易》筮仪范式、"三材"说、"类"的概念对《史记》的著述构架所相关的体例、人物中心的著述理念、编排有很大的影响。① 这种说法是很有道理的。

此外，《周易》中对举的思想比较明显，这种编排思想对于《吕氏春秋》的篇目结构编排上也有颇多启示。在《杂卦》中除《大过》以下八卦没有两两相对之外，其他卦都保持着两者联系起来说明的方式，但是对于这几卦尚秉和则认为"虽不对举，而义仍反对。"② 例如："《乾》刚《坤》柔，《比》乐《师》忧。""《咸》速也。《恒》久也。《涣》离也。《节》止也。""《睽》外也。《家人》内也。《否》、《泰》反其类也。"③ 对此韩康伯早有论曰："杂糅众卦，错综其义，或以同相类，或以异相明也。"④ 也就是说，《周易》中的六十四卦保持着两两对举的编排原则。《吕氏春秋》中《贵公》和《去私》紧密相连，指将公正为贵、不倡导私

---

① 韩伟表：《论司马迁对〈周易〉的范式践履》，《周易研究》2002 年第 2 期，第 20—26 页。
② 尚秉和：《周易尚氏学》，中华书局 1980 年版，第 338 页。
③ 《周易正义》，《十三经注疏本》，中华书局 1980 年版，第 96 页。
④ 《周易正义》，《十三经注疏本》，中华书局 1980 年版，第 96 页。

心两两联系，二者相辅相成，互相发明；《劝学》和《尊师》相邻排列，《劝学》勉励人们致力于学习，而学习首先来自老师的教导，所以学习过程中必须要尊重师长；《侈乐》和《适音》相邻排列，是前一篇从反面论述批评了奢华靡烂音乐的缺点，后一篇目从正面论述了中和之音的大气优美；再有《不二》和《执一》两篇前后相邻而排，先后从正反两个不同角度强调了君主集权的重要性。这种编排方式当源于《周易》的启发。

秦汉典籍在篇章结构的安排上，对于《周易》中以同相类、以异相明的结构形式有所继承。这一特点在《说苑》中最为明显，其全书二十卷，全部按照两两相对的原则编排顺序。其《说苑序奏》中曰：

> 所校中书《说苑杂事》，……其事类众多，章句相溷，或上下谬乱，难分别次序。……后令以类相从，一一条别篇目，更以造新事十万言以上，凡二十篇，七百八十四章，号曰《新苑》，皆可观。[1]

这里刘向对于其编撰提供了说明，其篇章的编排结构不是随意而为，遵循了"以类相从"原则。在《说苑》之前的典籍中，只有《易经》中含有两两相对的编排顺序，所以"这种编排在很大程度上得益于《周易》本经的对卦式结构。"[2] 而且刘向对于《易》是非常熟悉的，在史书中有载："歆及向始皆治《易》。"[3] "刘向校书，考《易》说。"[4] 所以这一观念多属可信。详细论之，其中六篇《君道》《臣术》《建本》《立节》《修文》《反质》，两两之间是相异以明关系，基本遵循二元对立的原则论事，保持着相反相成互相补充的结构。其余篇章虽然在题目表面不易辨识，但是其中内容意蕴、中心主旨上都还在"以同相类"的宗旨之下，编排原则一致。

3. 言语结构

《周易》不但对后世很多典籍在篇章布局、排序上产生了深远影响，甚至影响到了某些典籍篇章内部的语言结构。

《周易》对史学著作结构启发最为明显。仍以《史记》为例，书中除

---

① 刘向：《说苑校证》，中华书局1987年版，第1页。
② 于雪棠：《〈周易〉与中国上古文学》，北京师范大学出版社2005年版，第137页。
③ 班固：《汉书》，中华书局1964年版，第1967页。
④ 班固：《汉书》，中华书局1964年版，第3601页。

"表"外，其余四种体例中均有大量直接称引《周易》原文。例如《史记·太史公自序》引《文言》"臣弑君，子弑父，非一旦一夕之故矣，其渐久矣"；《孝武本纪》以武帝诏书所引《渐》六二"鸿渐于般"一语；《天官书》引《系辞下》"仰则观象于天，俯则法类于地"以明天道之切人事；《春申君列传》中春申君以《未济》卦卦辞及《象》"'狐涉水，濡其尾'，此言始之易，终之难也"谏止秦昭王伐楚。足见司马迁对《周易》文辞的熟稔。

另外，在《史记》中几乎每篇都有关于《周易》的化用。例如《系辞下》云：

> 夫易彰往而察来，而微显阐幽。开而当名，辨物正言，断辞则备矣。其称名也小，其取类也大。其旨远，其辞文，其言曲而中。其事肆而隐。因贰以济民行，以明失得之报。[①]

而《屈原贾生列传》则云：

> 屈平之作《离骚》，……明道德之广崇，治乱之条贯，靡不毕见。其文约，其辞微，其志洁，其行廉，其称文小而其指极大，举类迩而见义远。其志洁，故其称物芳。其行廉，故死而不容自疏。[②]

对此，陈桐生认为《屈原贾生列传》多处对《系辞》语言的化用，是典型化的观照。又如《系辞上》云：

> 天尊地卑，乾坤定矣。卑高以陈，贵贱位矣。动静有常，刚柔断矣。方以类聚，物以群分，吉凶生矣。在天成象，在地成形，变化见矣。是故刚柔相摩，八卦相荡。鼓之以雷霆，润之以风雨。日月运行，一寒一暑。[③]

---

① 《周易正义》，《十三经注疏本》，中华书局1980年版，第89页。
② 司马迁：《史记》，中华书局1959年版，第2481页。
③ 《周易正义》，《十三经注疏本》，中华书局1980年版，第75—76页。

而《史记·乐书》则云：

> 天尊地卑，君臣定矣。卑高已陈，贵贱位矣。动静有常，小大殊矣。方以类聚，物以群分，则性命不同矣。在天成象，在地成形，如此则礼者天地之别也。地气上齐，天气下降，阴阳相摩，天地相荡，鼓之以雷霆，奋之以风雨，动之以四时，暖之以日月，而百（物）化兴焉，如此则乐者天地之和也。①

上述两例说明，司马迁《史记》中融会了诸多《周易》的语言，甚至在语言的构架、行文脉络上也渗透着《周易》。此外，在《汉书》《后汉书》中援易立论多处，诸多学者②对此进行了详细论述，多属可信。

《文心雕龙》的语言也受到《周易》式话语结构的启示，很多语辞都是化用了《易传》的文句和文意，在语料和意义上具有继承。有的是将《易传》中的成句直接运用于文中，如《文心雕龙·夸饰》篇开头就说："夫形而上者谓之道，形而下者谓之器。"③ 直接取自《系辞上》"是故形而上者谓之道，形而下者谓之器。"④《文心雕龙·熔裁》中说："刚柔以立本，变通以趋时。"⑤ 也是基本上直接采用《系辞下》"刚柔者，立本者也。变通者，趋时者也"⑥ 之语。有的则借用《易传》创造的词语以表意。如"弥纶"一词，《系辞上》说："《易》与天地准，故能弥纶天地之道。"⑦ 文中"弥纶"一词在《文心雕龙》中多次被用到。直接引用原句的例如《文心雕龙·原道》："《易》曰：'鼓天下之动者存乎辞'。"⑧ 引用《系辞上》之语："极天下之赜者存乎卦，鼓天下之动者存乎辞。"⑨

① 司马迁：《史记》，中华书局1959年版，第1194—1195页。
② 参见于雪棠著《〈周易〉与中国上古文学》，北京师范大学出版社2005年版；郑万耕著《易学与哲学》，上海科学技术文献出版社2013年版。
③ 范文澜注：《文心雕龙注》，人民文学出版社1962年版，第608页。
④ 《周易正义》，《十三经注疏本》，中华书局1980年版，第83页。
⑤ 范文澜注：《文心雕龙注》，人民文学出版社1962年版，第543页。
⑥ 《周易正义》，《十三经注疏本》，中华书局1980年版，第85页。
⑦ 《周易正义》，《十三经注疏本》，中华书局1980年版，第77页。
⑧ 范文澜注：《文心雕龙注》，人民文学出版社1962年版，第3页。
⑨ 《周易正义》，《十三经注疏本》，中华书局1980年版，第83页。

《文心雕龙·征圣》："《易》称'辨物正言,断辞则备'。"① 引用《系辞下》之语:"夫易彰往而察来,而微显阐幽。开而当名,辨物正言,断辞则备矣。"②

《文心雕龙》对于《易传》的化用极为普遍,以《原道》篇最多。例如:《说卦》云:"昔者圣人之作《易》也,幽赞于神明而生蓍,参天两地而倚数,观变于阴阳而立卦,发挥于刚柔而生爻。"③《文心雕龙·原道》则曰:"人文之元,肇自太极,幽赞神明,《易》象惟先。"④《彖》云:"文明以止,人文也。观乎天文,以察时变;观乎人文,以化成天下。"⑤ 这种相同语素的出现,会使两种文本形式上继承关联,也给语言结构带来共同的元素。

二 《周易》与后世文章结构

1. 《周易》与书序

《易传》七种十篇虽然并非一时一人之作,但是依附于经文之后的结构和内容阐释的性质,具有"序""跋"的特征。可以说,序跋源于《易传》。刘勰云:"故论说辞序,则《易》统其首。"⑥ 颜之推称:"序述论议,生于《易》者也。"⑦ 姚鼐曰:"序跋类者,昔前圣作《易》,孔子为作《系辞》、《说卦》、《文言》、《序卦》、《杂卦》之传,以推论本原,广大其义。《诗》、《书》皆有序,而《仪礼》篇后有《记》,皆儒者所为。其余诸子,或自序其意,或弟子作之,《庄子·天下篇》、《荀子》末篇皆是也。"⑧ 可以说,古代书序的体例是从《周易》开始的,《周易》对后来的书序内容和编排位置都提供了一个可以借鉴的范例。

《易传》在客观上起到了序的作用。序指序文,常与跋并称,都是对某部著作或者某一诗文进行说明解释的文字。起初我国古代著作的序排在

---

① 范文澜注:《文心雕龙注》,人民文学出版社 1962 年版,第 16 页。
② 《周易正义》,《十三经注疏本》,中华书局 1980 年版,第 89 页。
③ 《周易正义》,《十三经注疏本》,中华书局 1980 年版,第 93 页。
④ 范文澜注:《文心雕龙注》,人民文学出版社 1962 年版,第 2 页。
⑤ 《周易正义》,《十三经注疏本》,中华书局 1980 年版,第 37 页。
⑥ 范文澜注:《文心雕龙注》,人民文学出版社 1962 年版,第 22 页。
⑦ 颜之推:《颜氏家训集解·文章篇》,中华书局 2002 年版,第 237 页。
⑧ 姚惜抱:《古文辞类纂评注·姚鼐原序》,安徽教育出版社 1995 年版,第 11 页。

著作前面，最早以"序"名篇的是毛诗，既述及了《诗经》大意，为读诗之纲领，人称之为《大序》者是也；又述及每篇作意及主题，人称之为《小序》者是也。从《诗大序》的内容看，当源于《系辞》。但是《诗经》中的序是出现在书的开头，并没有固定在结尾。

在先秦著述中，明白可见有序之意的是《荀子》最后一篇《尧问》，是编排在最后，尤其是最后一段，述及作意，则具有"序"的因素。《周易》之后著作中作者自序的位置基本都编排至书末。例如司马迁《史记》，全书文本体例是先排十二本纪、十表、八书、三十世家、七十列传各篇，全书最后才列上《太史公自序》。再如班固《汉书》，在文本体例上也是先排十二纪、八表、十志、七十列传各篇，在全书结尾处才有《叙传》篇。此外，两汉至魏晋南北朝时期的重要著作中序也无一例外的排在书末。如王充《论衡》三十卷八十五篇，具有序特征的《自纪》列在最后。扬雄的《法言》中《法言序》排列在正文《学行》《吾子》《修身》等十三卷之后。葛洪《抱朴子·外篇自序》也是在《嘉遯》《逸民》等五十卷的最后一卷。刘勰的《文心雕龙》全书共十卷，五十篇，分为上、下两部，各二十五篇，讲述《文心雕龙》写作目的、方法、体例的《序志》，则是排在全书最后一篇。由此可见，自《周易》开始，总序排在全书末尾，成为了我国古代著作的篇章结构排列的一种习惯。

不仅如此，后世在书序的内容上，也几乎遵循《易传》的规范。《易传》七种的内容涵盖了作者、创作年代、易卦的起源、排序、功用以及对于经文的具体阐释。后世书序基本与《易传》的内容相类，正如沈志权所总结"后代的书序内容都可以在《易传》中找到与之相对应的部分，找到它们的原初形态。"[1] 例如刘安的《淮南子·要略》，开头一段从"夫作为书论者，所以纪纲道德，经纬人事"到"言事而不言道，则无以与化游息"[2] 交代了创作目的，继而将全书二十篇篇名排列，做了一个总体的概述。再从"《原道》者，卢牟六合"到"《泰族》者，横八极"用十九个段落分别将每一篇的大致内容进行了题解和概括。"凡属书者，所以窥道开塞"一段对该书的编排次序的内在逻辑结构做了论述，先说明了《原道训》作为全书首篇的原因，接着论述道和始终的问题，解释了第二篇《俶

---

① 沈志权：《〈周易〉与中国文学的形成》，浙江大学出版社 2009 年版，第 167 页。

② 何宁：《淮南子集释》，中华书局 1998 年版，第 1437—1439 页。

真训》排列缘由。然后将天地四时，自然避讳进行了论说，解释了第三、第四、第五篇排《天文训》《地形训》《时则训》，如此等等，不足一一。这种全书排列从天道到人事，几乎仿照了《序卦》的体例。最后将著书的源起、宗旨进行了详细阐释。这些内容也都没有出《易传》的范围。

此外，在行文风格上，汉代序文也无一不与《杂卦》《序卦》相近。《史记·太史公自序》上也基本采用了四言为主的短句，例如：

> 汉既初兴，继嗣不明，迎王践祚，天下归心；蠲除肉刑，开通关梁，广恩博施，厥称太宗。①

简要交代了作文目的和排序。扬雄《法言序》篇幅不长，但是依次说明了全书十三卷各卷的概要，例如：

> 天降生民，倥侗颛蒙，恣乎情性，聪明不开，训诸理，撰《学行》。②

简短概述了首卷《学行》。上述序文都与《序卦》《杂卦》的风格相似，言简意赅，文字省净。

由此可见，《易传》七种十篇依附于经的结构和兼容并包的内容，为后世的书序编排位置以及内容规范产生了一定的启示，无论在编纂的整体结构还是在内部结构上都提供了一个可供参考借鉴的范例。

2. 《周易》与诗歌

《周易》对于后世诗歌的影响，不仅仅在诗体形式上，在意象创造排列上也有开创意义。

对于《周易》中卦爻辞的诗性特征中我们已经论述，其中句式整齐、意象深远的诗歌特征，堪称诗歌的雏形。例如上文已经详细分析的《渐》卦，借助动态的鸿鸟意象，树立了一个哲理意象。关于飞鸟的意象在《明夷》中有"明夷于飞，垂其（左）翼"③，这里描述了明夷鸟身受重伤，

---

① 司马迁：《史记》，中华书局1959年版，第3303页。
② 扬雄：《法言义疏》，中华书局1987年版，第566页。
③ 据长沙马王堆汉墓帛书《周易》补入。

垂掩左翅飞离的景象。《中孚》中也有"鸣鹤在阴，其子和之。我有好爵，吾与尔靡之。"描绘了以鹤鸣求友，和谐的互相沟通之象。《周易》中的关于鸟的意象，包含了远行、分别、求友、水边等意义，同期或后世诗歌中的相关构想，与此如出一辙。最明显的在于《诗经》之中。如《诗经·邶风·燕燕》：

> 燕燕于飞，差池其羽。之子于归，远送于野。瞻望弗及，泣涕如雨。
> 燕燕于飞，颉之颃之。之子于归，远于将之。瞻望弗及，伫立以泣。
> 燕燕于飞，下上其音。之子于归，远送于南。瞻望弗及，实劳我心。
> 仲氏任只，其心塞渊。终温且惠，淑慎其身。先君之思，以勖寡人。①

这首诗描写了两只燕子羽翼翻飞，不忍离别的景象。同时反复出现的"燕燕于飞"与"明夷于飞"中"××于飞"的句式形式相同，而这一句式在《诗经》描写飞鸟的诗歌中比较频繁地出现。例如：

> 黄鸟于飞，集于灌木，其鸣喈喈。（《周南·葛覃》）
> 雄雉于飞，泄泄其羽。我之怀矣，自诒伊阻。雄雉于飞，下上其音。展矣君子，实劳我心。（《邶风·雄雉》）
> 鸿雁于飞，肃肃其羽。（《小雅·鸿雁》）
> 鸳鸯于飞，毕之罗之。君子万年，福禄宜之。（《小雅·鸳鸯》）②

《诗经》中这些诗句都是借助飞鸟的意象来言远行或者离别，在句式上也都保持和《周易》中关于鸿鸟等诗歌语言相似。同样的例证在《周易》后代的诗文中也有大量出现，如：

---

① 《毛诗正义》，《十三经注疏本》，中华书局 1980 年版，第 298 页。
② 《毛诗正义》，《十三经注疏本》，中华书局 1980 年版，第 276、302、431、480 页。

  愿为双鸿鹄，奋翅起高飞。(《古诗十九首·西北有高楼》)

  鸿雁出塞北，乃在无人乡。举翅万里余，行止自成行。(《却东西门行》)

  燕雀戏藩柴，安识鸿鹄游。(《虾鳝篇》)

  雀跃卦疏桐，漏断人初静。谁见幽人独往来？缥缈孤鸿影。惊起却回头，有恨无人省。拣尽寒枝不肯栖，寂寞沙洲冷。(《卜算子》)

这些都是对于飞鸟活动的描写，都自觉不自觉与上述一系列意义相关联。

  而对于《中孚》中"鸣鹤在阴，其子和之。我有好爵，吾与尔靡之。"鹤鸣、酒宴、声音相应，寓意两者之间和谐相交的诗歌也有大量相类或者所承之作。如《诗经·小雅·鹿鸣》：

  呦呦鹿鸣，食野之苹。我有嘉宾，鼓瑟吹笙。吹笙鼓簧，承筐是将。人之好我，示我周行。

  呦呦鹿鸣，食野之蒿。我有嘉宾，德音孔昭。视民不恍，君子是则是傚。我有旨酒，嘉宾式燕以敖。

  呦呦鹿鸣，食野之芩。我有嘉宾，鼓瑟鼓琴。鼓瑟鼓琴，和乐且湛。我有旨酒，以燕乐嘉宾之心。①

这里起兴的意象和寓意与"鸣鹤在阴"爻辞在气象、语辞上都有相似。对此陈骙在《文则》中论曰："《中孚》九二曰：'鸣鹤在阴，其子和之。我有好爵，吾与尔靡之。'使入《诗》雅，孰别爻辞？"② 曹操对此又进行了进一步化用，在《短歌行》中曰：

  青青子衿，悠悠我心。但为君故，沉吟至今。

  呦呦鹿鸣，食野之苹。我有嘉宾，鼓瑟吹笙。③

可见，《周易》卦爻辞中所树立的意象，在同期或者后代诗歌中反复出现，

---

① 《毛诗正义》，《十三经注疏本》，中华书局 1980 年版，第 405—406 页。

② 陈骙著，刘彦成注译：《文则注译》，书目文献出版社 1988 年版，第 1 页。

③ 曹操、曹丕、曹植：《三曹集》，岳麓书社 1992 年版，第 65 页。

有的在重章叠沓中引用，有的撷取部分而用，有的进行化用适应新的语句，但是这些都是诗歌在形式上受到《易》的影响的例证。

虽然象是一种哲学的表现方式，而兴则是一种艺术表现方式，然而《易》之象与《诗》之兴之间可以互为印证，给诗歌的文本带来更丰富的形式。章学诚云："《易》之象也，《诗》之兴也，变化而不可方物矣。……《易》象虽包六艺，与《诗》之比兴，尤为表里。"① 王夫之云："乃盈天下而皆象矣。《诗》之比兴，《书》之政事，《春秋》之名分，《礼》之仪，《乐》之律，莫非象也。而《易》统会其理。"② 章学诚和王夫之均认同《易》之象与《诗》之兴之间的共性，而王夫之更是认为这种共性是由《易》来统合。其中，最深处的共性是来自文化的意义，"虽然兴与象一个抽象为哲学的阐发，一个升华为情感的表现，但二者在截取那些物理事实作为自己意象阐发的媒介时，就不能不从传统出发，情感与哲理的阐发就不是单纯的物理形式，而是富有意味的文化系统"③，所以，我们经常可以在《周易》的表现形式上看到与《诗经》体例极为相似的卦爻辞。

另，《周易》"卦爻辞担负了萌芽状态的文学的成长使命，完成了《诗经》降生的准备工作。"④ 且二者在收录时间上大致可以衔接。此外，上文中我们所论述的《周易》卦爻辞中出现的诸多言辞形式，二言、四言、五言以及多种形式交叉，都对于诗歌语言由少到多，由短到长的发展历史提供了文本范式和文献证明。

3.《周易》与诸子散文

《周易》结构对诸子散文的影响，主要体现在言说方式与叙事体例两方面。

一方面，《周易》占问体对诸子散文对问式的结构布局有直接影响。对问的形式结构是一种古老的文学表现形式，这是先秦时期的巫卜记事决定的。甲骨卜辞作为最早的文字记载保留了大量的巫卜记事，在卜辞中我们可以看到大量的问辞还有少量的占者答辞。从外在结构形式、从直接的文本形式上看，甲骨卜辞中的问对体并未形成体系。而《周易》的经传文本中，也没有明晰的对问体篇章。不过于雪棠从结构形式和思想意蕴方面

① 章学诚：《文史通义校注》，中华书局 1985 年版，第 18—19 页。
② 王夫之：《周易外传（下）》，中华书局 1977 年版，第 213 页。
③ 傅道彬：《中国生殖崇拜文化论》，湖北人民出版社 1990 年版，第 287 页。
④ 谭丕模：《中国文学史纲》，人民文学出版社 1958 年版，第 26 页。

来考察，认为"晚出的占卦用书《周易》才对巫筮型对问体作品产生了真正而深刻的影响"①，由此可以将"《周易》占问体"看作是从"甲骨卜辞"发展到"散文对问体"之间的承上启下的历史环节。

在《周易》的卦爻辞中我们没有看到明显的对问体形式，但是在春秋时期其他典籍中所记载的《易》占筮例子中有所记录。例如《左传·昭公十二年》载：

> 南蒯枚筮之，遇《坤》䷁之《比》䷇。曰："黄裳元吉。"以为大吉也。示子服惠伯曰："即欲有事，何如？"惠伯曰："……且夫《易》，不可以占险，将何事也，且可饰乎？中美能黄，上美为元，下美则裳，参成可筮。犹有阙也，筮虽吉，未也。"②

这一段，南蒯在反叛之前占筮得《坤》六五爻，以为大吉。南蒯问卦于示子服惠伯，惠伯的回答则对此卦做了完全不同结果的解释。

又如《僖公十五年》载：

> 晋饥，秦输之粟；秦饥，晋闭之籴，故秦伯伐晋。卜徒父（秦之筮史）筮之，吉。涉河，侯车败。诘之。对曰："乃大吉也，三败必获晋君。其卦遇《蛊》䷑，曰：'千乘三去，三去之余，获其雄狐。'夫狐《蛊》，必其君也。《蛊》之贞，风也；其悔，山也。岁云秋矣，我落其实而取其材，所以克也。实落材亡，不败何待？"③

这则材料，秦穆公在伐晋之前占筮得《蛊》卦，问卜官结果，卜徒父答之卦名、卦爻辞等信息，得出结论。两人对于《易》卦的阐释在一问一答中得到分析和解说。上述两例在易筮的过程中有比较明显的主、客两种立场的思维，后世的对问体作品也都基本建立在双方问答的基础上。《周易》作为一部完整的占筮书籍，在文本的外在形式上与对问体作品相近，在占筮的功用上为对问体作品的产生提供了契机。

---

① 于雪棠：《〈周易〉与中国上古文学》，北京师范大学出版社 2005 年版，第 117 页。
② 《春秋左传正义》，《十三经注疏本》，中华书局 1980 年版，第 2063 页。
③ 《春秋左传正义》，《十三经注疏本》，中华书局 1980 年版，第 1805—1806 页。

《易传》中"假设问辞"的形式有很多。如：

> 九四曰："或跃在渊，无咎"，何谓也？子曰……
>
> 九五曰："飞龙在天，利见大人"，何谓也？子曰……
>
> 上九曰："亢龙有悔"，何谓也？子曰……①

"假设问对"的文学方式一起造就了"设辞"体辞赋的诞生；而且对"设辞"式散文、论文等，均有重要影响。如韩愈的《进学解》、欧阳修的《易童子问》等都明显受到其影响。

上述两种对问体在儒家经典《论语》《孟子》中均为常见，《论语》中孔子对弟子的发问进行了诲人不倦式的一一解答态度，而又鼓励弟子举一反三，所以记录了种种一问一答，多问多答的对问形式。而《孟子》更是将对答看作教育弟子的有效方式，如：

> 孟子曰："君子之所以教者五。有如时雨化之者，有成德者，有达财者，有答问者，有私淑艾者。此五者，君子之所以教也。"②

孟子明确提出了问答形式是师生之间交流的方式，这在先秦儒家教育体系中得到了广泛的使用，在《礼记·学记》载：

> 善问者如攻坚木，先其易者，后其节目，及其久也，相说以解。不善问者反此。善待问者如撞钟，叩之以小者则小鸣，叩之以大者则大鸣，待其从容，然后尽其声。不善答问者反此。此皆进学之道也。③

由此可见，随着教育广度的推进，师生之间的问答在先秦时期已经发展成增进学问的方式，已经不再仅存在于问占之中了。谈辩风潮风行后，这种问答形式又发展出新的结构模式，例如《孟子》中对于诸侯王之间的问答，孟子几乎步步紧逼，之前温和的解说《易》占、师生沟通变成了紧张

---

① 《周易正义》，《十三经注疏本》，中华书局1980年版，第16页。

② 《孟子注疏》，《十三经注疏本》，中华书局1980年版，第2770页。

③ 《礼记正义》，《十三经注疏本》，中华书局1980年版，第1524页。

的情势，结构上呈现了大气磅礴的气象。《庄子·秋水》中更是同时记录了多组人物之间的问答，灵动恣肆。

据上可见，在《周易》《易》占中所载的巫筮对问中基本是一问一答或者假设问对的简单问对形式，随着思想逐渐丰富，文化辐射逐渐广泛，先秦诸子在继承了这种问对结构的同时，又采取了更多的问对形式说理。

另一方面，《周易》阐释问题的结构方式，可视为后世散文叙事体例诸多特征之滥觞。

一是在论说文体结构方面。"论"体的特点是"大都根据一个论点，做周详的推理论证。重在见解精深，逻辑严密。"① "说"为解说、论述之意，刘勰曰："说者，悦也；兑为口舌，故言资悦怿。"② 这是将"说"体解释为游说之辞，也包含有论述之意，所以徐师曾说："与论无大异也。"③《周易》卦爻辞的结构编排体系，对后世论说文的结构，从深层思维方式和实践上都起到了一定的启示作用。基本上《易经》中的六十四卦保持着卦辞表述一卦之要义、爻辞一爻之要义、六爻爻辞都围绕卦辞展开的体例。例如《鸿渐》卦就是保持了循序渐进的描写，一步步展开，逻辑紧密，抒发了作者的哲思。而占断之语，例如"吉""凶""吝""无攸利""无不利"等辞，也有不少是对于前文事象的议论说理得出的结论。《周易》卦爻辞作者将这种哲理，通过精辟的卦爻辞，形诸笔墨。《易传》的议论说理相对于《易经》更趋于成熟，篇幅也更长，注重修饰，富于文采，表现出思维的发散性和论证的随意性特点，而这些都成为杂论解说之辞这类文章的源头。

二是在多层寓言结构方面。寓言的产生，在神话故事风行之后，在叙事作品之前。当人们的思维逐步从巫术崇拜、神话崇拜走向理智时，寓言这一种表现方式则融入社会生活和文学创作之中。"人们由原始的神话思维迈向理性思维时，寓言起了桥梁作用。寓言在中国文化中占有举足轻重的地位，它体现了民族思维的特点，它是先哲思维成功的结晶和载体，并渗透于民族文化的各个方面。"④ 对于寓言来说表现为深层结构和表层结构两部分，即寓意和思想。在《周易》的卦爻辞中往往以象征的方式叙述了

---

① 褚斌杰：《中国古代文体概论》，北京大学出版社1990年版，第340页。
② 范文澜注：《文心雕龙注》，人民文学出版社1962年版，第328页。
③ 徐师曾：《文体明辨序说》，人民文学出版社1998年版，第132页。
④ 沈志权：《〈周易〉与中国文学的形成》，浙江大学出版社2009年版，第55页。

一个个微型的故事，又于其中寄托着对于自然、社会物象事象的哲思，甚至有的卦爻辞将两种结构都表现出来。如《屯》六三爻辞："即鹿无虞，惟入于林中；君子几，不如舍，往吝。"这一条爻辞以一个人发现了一头鹿而匆忙追赶，结果在丛林中迷失方向。然后在后半句中议论，这一小故事说理如果盲目追求就很可能不见前路，带来不好的结果，所以应该审时度势。这种以简短的爻辞描述了小的寓言故事在《周易》卦爻辞中较多，又如：《睽》六三爻辞"见舆曳，其牛掣，其人天且劓"、《履》六三爻辞"眇能视，跛能履，履虎尾，咥人"等。

《周易》中寓言故事和其取象论事的表现方式息息相关，通过取象以拟人、指事，而这一方式在战国时期达到了鼎盛。在《庄子》《孟子》《列子》《韩非子》《战国策》等著作中均有表现，对此章学诚论曰："战国之文，深于比兴，即其深于取象者也。《庄》《列》之寓言也，则触蛮可以立国，蕉鹿可以听讼。……故人心营构之象，有吉有凶，宜察天地自然之象，而衷之以理，此《易》教之所以范天下也。"① 可见，先秦诸子散文继承了这种取象再到说理的由表层结构再到深层结构的文本形式。

三是在叙事体例结构方面。《周易》的卦爻辞涵盖了当时社会生活的方方面面，在记录占筮过程的同时，对其进行了形象的叙述。六爻的阶层结构所具有的叙事性是与卜辞中的时、空、数等观念相衔接的。② "从时间性看，《周易》每卦爻辞所叙之事是一个整体，事与事间呈现为连环式结构，即顺序其事；从空间性看，《周易》所叙之事又是多元错置的散点存在，故卦爻辞只是按照一定逻辑组接成的，事与事间的关系呈现为时空体式结构和缀段式结构。或顺序，或倒叙，或插叙，《周易》呈现出不同的叙事方式。"③ 在对于《周易》卦爻辞的整体性中我们已经略有论述，而实际上这种叙事结构是时空一体性，所以在叙事的运行上呈现了"圆形"的轨迹。

《易经》中通篇强调"变"，阴阳所笼括的万事万物因为"变"都处于一种流动形态之中，不断地生生不断地周而复始，正好是一种圆形的意识。六十四卦之间的循环和卦爻辞内部的运行规律，共同构成了一个流动

① 章学诚：《文史通义校注》，中华书局1985年版，第19页。
② 侯外庐：《中国思想通史》（第一卷），人民出版社1957年版，第23—24页。
③ 郑晓峰：《〈周易〉"贞事辞"的叙事结构分析》，《学术交流》2014年第8期，第153页。

的圆。《周易》中种种叙事方式、运行规律，可谓是中国文学叙述表现手法之滥觞，杨义、薛秀艳等学者将中国叙事作品的这一深层思维概括为"圆形结构"① 叙事。在明清的章回小说中，常常可见游离于情节之外的描写，比如宴会、建筑、文物等，这都可以证明在中国叙事文学中空间性和时间性总是交互一起。《周易》对叙事的影响或许不如对诗学的影响大，也确实给后世叙事文学提供了源头上的可能和一定的范式。

综上，经、传中的诗体结构和语言形式都是其艺术精神的重要表现。此后文史多人向《周易》求翰墨，因此《周易》的文辞和结构在后世文学作品中常常出现，对文学史、诗学理论、艺术、历史、文本、文体等多方面都产生了积极影响。

---

① 参见杨义《中国叙事学：逻辑起点和操作程式》，《中国社会科学》1994 年第 1 期，第 169—182 页；薛秀艳《〈淮南子〉叙事要素研究》，《西南农业大学学报》2006 年第 2 期，第 182—185 页。

第五章 《周易》结构的思想意义生成

对于《周易》结构的解析，就是要揭示并说明隐藏在文学意义背后、致使该意义成为可能的理解和阐释程式。可以说思维程式、思想内涵是人类文化现象的深层本质，对文化行为起着稳定的支配作用，对文学、哲学结构的路径起着决定影响。因此，《周易》的结构与其思想意义原则相互倚存。

第一节 《周易》的整体结构与整体性思想

从结构主义的观点出发，事物结构之所以会产生意义，与内在要素的性质、功能、排列次序、组合方式给整体系统带来影响有关。"结构的整体性，是指事物内在各要素、部分间的贯通性。……是事物内部各部分、要素联结成统一整体的整体性思维形式。"① 这种思维方式不仅把世界视为一个有机整体，认为构成这个世界的一切事物是普遍联系、相互制约的，事物内部也呈现出多种因素、多种部件的关联。这一理解和组织方式包含了一个稳定而基本的思想模式，即整体思想意识。《周易》中的整体思维方式融汇了西周及之前大量的文化精粹和民族的传统精神，表现在包罗宇宙的心态胸襟中，也表现在紧密联系的结构中，构成了一个古朴但又完整的思想系统。

---

① 张立文：《中国哲学逻辑结构论》，中国社会科学出版社 2002 年版，第 12 页。

一 整体结构与宇宙意识

六十四卦，每一卦都是由阴爻与阳爻两种符号排列组合而成，但是这两种符号以不同的结构顺序排列，可以出现六十四种次序和图画方式，产生了六十四个意义不同的结构。如果将六十四卦每一卦都看成一个指称不同的对象，那么当六十四卦同时存在并且彼此关联，就构成了一个整体的符号系统。《周易》符号系统的整体性质和功能，深层地揭示了意义范畴的本质。我们可以通过以下两个层面来讨论。

1. 包举宇宙式的结构

《周易》中有浓厚的沟通天地人的意识，无论是在卦象还是文字中，都包含着对天地自然万象的认识并且整合为一体的观念，是一种独特的整观世界的心态。

《易经》本身是以宇宙整体的观念来构建自身的结构。《系辞上》曰：

> 易有太极，是生两仪，两仪生四象，四象生八卦，八卦定吉凶，吉凶生大业。①

这是对于宇宙生成和发展的概括。宇宙在初始时期是浑然一体的，是从太极而生，然后生出两仪即天地，用以阴阳爻来表示。阴阳交感之后，产生了四象，分别生成了老阳、老阴、少阳、少阴，就是卦象上的二爻结构。后经四时运行，产生了天地间的八大自然物象，以三爻结构来表示。当然八卦仅仅能够代表相对简单的事物，所以当更复杂观念需要演示时候就开始两两相重，就形成了以六爻结构为基础的六十四卦。

当六爻结构能够逻辑保留万事万物的意义，在一定程度上就能够总结和概括宇宙的奥秘。例如《易传》中对于"乾、坤、震、巽、坎、离、艮、兑"八卦的解释，在自然上，分别代表了"天、地、雷、风、水、火、山、泽"，即宇宙中最明显的八种自然物。在家庭人伦上将家庭成员和八卦相关联，乾为父，坤为母，震为长男，巽为长女，坎为中男，离为中女，艮为少男，兑为少女，构成了家庭的整体。在人体上将八种常用器

---

① 《周易正义》，《十三经注疏本》，中华书局1980年版，第82页。

官与八卦相对应，乾为首，坤为腹，震为足，巽为股，坎为耳，离为目，艮为手，兑为口，这八种器官构成了一个人的整体的人身。也就是说，《易传》有意识地将八卦系统看作一个独立完备的体系。

对于单个卦的整体性，体现在诸多卦爻辞都在情景交融之中创造了一个生动完整的艺术世界。如前所讨论，《乾》卦爻辞，是通过对东方苍龙七星一年四季的起降升潜的变化的观察，详细描绘了从潜到见而跃，从飞到亢至无首描绘的是二十八星宿中苍龙七星的运行轨迹，对自然规律完整地记述描绘。在《坤》卦爻辞中，"履霜，直方，含章，括囊，黄裳。"这里仅仅十个字描述有时间、地点、景色、人物、行为，是对于这个季节完满的感受。可见，这是将对象当作一个系统来研讨，看似简单，其实蕴含着系统特性的朴素认识，表现了一种成熟的整体精神。

2. 天人一体的观念

《周易》的整体系统思想揭示了一个用天道推及人道，由天文而展示人文的逻辑进程，整体上形成了"天人一体"的观念。在《周易》中能够看到几乎每一卦都将自然事物的属性与人格品德联系起来，同时也要求人们向自然学习，从自然中汲取精神力量。也就是说，人类效法天地可以表现在诸多方面，其中最主要的表现就是关于人的品格的理解。在《象》中几乎给每一卦都配之相对的品格，君子如果能够效法自然现象，以道德教化行于天下，则能够积蓄美德，向善向好。例如《象》云："谦，君子以裒多益寡，称物平施。""临，君子以教思无穷，容保民无疆。""大畜，君子以多识前言往行，以畜其德。"①《易传》更是明确将人、天、地并立为"三材"，在这个存在体系中，人并不是被动存在的，而是人在法天地、在观象系辞、在体悟道法的过程中，最终实现与天地"道通为一"。

同时，《周易》也意识到人是能动的主体，在天人关系中，将人作为出发点和归宿。《易经》作为筮书具有一定的未知性因素，但是作者在通过对人事和自然规律的观察和总结后，不断地鼓励人们通过自身的努力趋吉避凶。《易经》作者在处理天与人的关系问题时，已将人置于主体的位置，多处强调"诚信"对于结果的影响。如《小畜》卦六四爻辞"有孚，血去惕出，无咎。"《坎》卦卦辞"有孚，维心亨，行有尚。"《损》卦卦辞"有孚，元吉，无咎，可贞，利有攸往。"《萃》卦初六爻辞"有孚不

---

① 《周易正义》，《十三经注疏本》，中华书局1980年版，第31、36、40页。

终，乃乱乃萃。"等等。这一系列卦爻辞都是强调了诚信的人在主观行为上保持中正，事情就更加容易成功。

在《周易》中，每一卦都阐述了大自然的运行变化规律，同时又对应着人的生命活动所应遵循的规则及意义，说明人和自然界具有内在的统一性。这是一种从宏观和一体的角度来观察个体的思维方式，将个体事物放在整体中，从世界的普遍联系中考察个体的地位和意义。

二　关联结构与圆转变化

《周易》作为古代经典，跨越千百年依然被思想家们反复研讨，甚至成为西方学者关注中国文化的角度之一，主要得益于系统的整体性原则。构成系统的整体中，任何一个环节或部件发生变化，都会引起整体的变化，这种关联思维在《周易》中表现得十分突出。《易经》中用八卦和六十四卦包举宇宙，组成涵盖万千、复杂多变的世界，不过是以阳爻阴爻两个十分简单的符号组合而成，之所以能够发挥如此巨大的作用，是因为充分利用了特定关系和结构的原理。

1. 阴阳关系和排列形式

存在某种结构就意味着事物是要以联系的方式存在。《周易》的关联式结构显示了整体性思想。正如刘长林所言"《易经》这一思想更是巧妙地贯串于爻和卦的安排之中，表现在阴爻（－－）和阳爻（—）所代表的事物及其关系上，表现在乾卦和坤卦、上（外、表、彼）卦和下（内、里、己）卦、成对耦相邻之二卦（'非覆即变'）等等矛盾的关系上。"①其中阴阳关系和排列形式成为了不可忽略的一点。

第一，对于阴阳两爻来说，单个意义是不存在的，必须依循对比和转化才能体现结构意义。依照"大衍之数"行筮之后则得七、八、九、六。七、九为阳，八、六为阴。七为少阳，九为老阳；八为少阴，六为老阴。《易经》以九示阳，以六示阴，是要表明，六十四卦之阴阳诸爻，皆可转化成自己的对立方面。在六十四卦中阳爻称"九"，是为了表示事物不可能以全部阳爻为终，阳极必然反阴。这也是《乾》卦"用九"可动可变的原因，阳极变为阴才会有"用九，见群龙无首，吉"。至于《坤》卦中

---

① 刘长林：《中国系统思维：文化基因的透视》，中国社会科学出版社 1997 年版，第 61 页。

"用六"也是对于阴极转阳的功用，只有到了极点后转化为阳，才能够长久，因此"用六，利永贞"。由此可见，在《周易》中阴爻和阳爻之间，既是对立的两方，也是联系的两方。

第二，阴阳爻根据数量和位置的不同，展现了错综复杂的关系。由于排列次序不同，阴爻阳爻的关系不同，于是形成了不同的结构和卦象，象征了不同的事物。三阳爻为"乾"，三阴爻为"坤"，"震""艮""坎"三卦是两阴爻一阳爻，"兑""离""巽"三卦都是两阳爻一阴爻。六爻卦与阴阳二爻也是相对不可分解的，每一卦的属性不仅由阴阳二爻的属性所决定，还由其所包含的各个部分的综合性联系所决定。当六爻叠次排列时，上下三爻分别组成了上下经卦，形成了上下卦之间稳定的结构关系，是属于六爻卦系统中的从属系统。上卦和下卦各自成为一个相对独立的分支结构。可见，每一个三爻卦或者六爻卦都分别为一个关系复杂的整体，这种多重对应和组合大概可以概括为，三材关系、承乘比应、别卦相重、变卦互体等支配法则和变化关系。这样，六爻卦就形成了一个网络，相互联系，相互制约。

第三，在六爻结构中还有很多关于位次、排列影响意义的情况。如在六爻结构中，初、三、五为阳位，二、四、上为阴位，爻位所处的位置对吉凶均有影响。阴阳爻之所以能够影响多层结构的意义，主要就是因为二者之间有同有异，可以往来相推，这一特性促使八卦和六爻都不是静态结构，而是保持着联系的动态结构。《象》论卦义及卦爻辞的吉凶就常常以阴阳爻象往来推移为基础。如《鼎》卦象离上巽下，《象》文解释为"柔进而上行"，即下卦初六由下往上，行至六五，居于中位，与下卦九二相应，所以卦辞说"元吉，亨"。可见爻变有阴爻和阳爻之间的互变，也有同一性质的爻所处的爻位的变更，一旦发生爻变，象征的意义会随之发生变化。这些都反映六十四卦各要素之间牵一发而动全身的整体性。

第四，阴阳爻代表的爻象能够影响卦象，构成了普遍联系、相互制约的整体。就卦象和爻象关系来说，爻象组成了卦象，爻象的变化影响着卦象的变化，一爻变化不仅仅代表了一爻自身的变化，而是造成了整个卦象的变化，也能造成卦象象征事物的变化。比如八卦中，《乾》卦☰，最上爻由阳爻变成阴爻，则《乾》卦☰变成《兑》卦☱；如果六十四卦中的《乾》卦䷀最上爻，由阳爻变成阴爻，则《乾》䷀卦变成《夬》卦䷪。爻象位置的变化，即引起上下卦体及其相互关系的变化，爻象性质变了，卦

象亦随之改变，由一卦变为另外一卦。所以说，六十四卦的爻象又是每一别卦之间联系的纽带，爻象和卦象之间在《周易》中是普遍联系又相互制约的。

2. 两两依存的内在联系

在《易经》中八卦和六十四卦都存有成双成对的小系统。《周易》卦与卦之间也保持着发展变化、对立统一的特质，蕴含了事物的变动性。在"阴阳合德而刚柔有体"这种思维之下，一个事物的两个方面，或者两个事物之间可以找到互为条件或者互为前提的关系，使得双方共同构成一个统一的整体。

在八卦中，从形式到卦象、含义等方面都有两两相对的情况。例如《乾》☰卦和《坤》☷卦相对，《兑》☱卦和《艮》☶卦相对，《离》☲卦和《坎》☵卦相对，《震》☳卦和《巽》☴卦相对。这种对立关系，不仅仅表现在形式上，在卦象上也有对立和互相补充。例如《乾》卦☰和《坤》☷卦，在卦象上分别代表了天和地，它们共同孕育了万物，形成了一个自然生命的循环，大地和天空之间的并存和互相遥望的关系，是最普遍的宇宙规律。在方位上，《乾》代表西北，《坤》代表西南。在性别上，《乾》代表男，《坤》代表女。在人伦上，《乾》代表父亲，《坤》代表母亲。在象义上，《乾》为刚健，《坤》为柔顺。这一系列特质，既互相对立又能够联合为一体，相互补充相互影响，共同发挥作用。

在六十四卦各卦之中也存在明显的成双成对现象。成对的两个六爻卦按爻位一一对应，阴阳相反，两者具有同位爻性循环转换的关系，即所谓"变以对之"。孔颖达云：

> 今验六十四卦，二二相耦，非覆即变。覆者，表里视之，遂成两卦……变者，反覆唯成一卦，则变以对之。①

所谓"表里视之，遂成两卦"，就是将某一卦象从正面看后，再转到对面的位置上，则又成一卦，例如《泰》卦和《否》卦。《易经》依照这样的两卦并列而使其相邻，可排五十六卦。其余八卦，《乾》《坤》《坎》《离》《颐》《大过》《中孚》《小过》，颠倒之后仍为原卦，不能产生新卦，但它

---

① 《周易正义》，《十三经注疏本》，中华书局1980年版，第95页。

们依然两两成对而排在一起。《易经》卦序所显示的对耦关系说明，构成了一个以"两卦"为相连贯的小系统。

《易传》对每两卦之间这种互相依存的思想进行了理论概括。比如《乾》卦和《坤》卦，《彖》传分别云："乾元资始""坤元资生"，《象》传分别云："天行健，君子以自强不息""地势坤，君子以厚德载物"，《说卦》传分云："乾以君之，坤以藏之"。《系辞》更是将这种互相推移辅助的特质，概括成"一阴一阳谓之道"，这是对于对立双方亦是共同特质的概括，是自然界繁衍发展的缘由，也是社会万物之间遵循的法则。具有深远意义的是，这一观点不仅仅是易学中一个重要的思维方式，也是客观世界存在和保持稳定的一个前提。正如《彖》传所云"保合太和乃利贞"，"太和"便是和谐稳定的一种境界。这种对应的境界，体现在关系层面便是两种事物之间既不能够互相混淆也不应该舍此取彼，既存在矛盾但是又能保持系统的连贯、稳定和幻化。

3. 六十四卦的整体循环

《周易》的结构明确地体现出"整体循环"的思想。先秦的思想观念中，认为自然现象和社会人事地从初生到消失，都是在一个整体的循环系统中发生的。如果各因子之间能够构成一个循环往复的整体，那么在结构内部的因子之间必然存在连续连贯的性质。《吕氏春秋·圜道》《夏小正》等篇章中，就从先秦的物候、农事、天象等角度论述了循环之道的思想。刘长林论及《周易》中整体循环的思想时指出："在现有的典籍中，《易经》首次以明确的文字形式并结合卦象将这种观念自觉地表述出来。"[1]《周易》八卦和六十四卦构成一个自足联系的整体循环。八卦由阴阳两种爻象三重构成，只能是八个，便自成体系。六十四别卦又由八经卦推衍而成，八经卦两两相叠，也只能是六十四个，构成一个体系。我们可以从《周易》六十四卦的排列中发现其中包含的"整体循环"思想。

首先，六十四卦形成了一个整体循环的天地宇宙体系。《系辞》云"日往则月来，月往则日来，日月相推而明生焉。寒往则暑来，暑往则寒来，寒暑相推而岁成焉。"春往秋来，寒暑相推的时间律动让人体会到循环往复、生生不息的规则。六十四卦是先民对于外在世界观察所创建的象征世界，而六十四卦的排列是对于象征世界整体循环规律的外显。在《周

---

① 刘长林：《中国系统思维：文化基因的透视》，中国社会科学出版社1997年版，第14页。

易》卦序体系中，《乾》《坤》之后即是《屯》，万物开始于春，"屯"的始生，以四时之首的春天承接天地，是与《周易》"《易》有太极，是生两仪，两仪生四象，四象生八卦"的逻辑脉络一致的。所以《序卦》说"有天地然后万物生焉。盈天地之间者唯万物，故受之以《屯》。屯者，盈也，屯者物之始生者也"。《序卦》的作者认为，天地之后是生。继而开始以"蒙"的萌动，"履"的进展，"泰"的成功，"否"的波动，"困"的窘迫，"革"的去就，"鼎"的取新。紧接着一卦结束另外一卦开始，两两关联，环环相扣，渐次发展，直到"既济"的成功，而"未济"之后又开始了一个新的过程。这是一个不断变化、不断发展，而又循环往复的过程，所以《易传》说"生生之谓易"。

其次，每一卦的六爻本身也是一个小的整体循环系统。一般认为是从初爻到上爻，是从开始逐渐向结果发展的过程，每一爻都是这个整体中的一个部分、一个阶段。《系辞》曰："《易》之为书也，原始要终，以为质也。"《象传》亦曰"大明终始，六位时成。"这里"原始要终""大明终始"均指时间被整齐地划分为自下而上六个层次，下位为事物的开始，中位的二、三、四、五爻为发展，上位为事物的末端，即事物的开始、发展、结局的时间进展结构。例如据闻一多、高亨、傅道彬等学者的考证，《乾》卦从第一爻初九的"潜龙勿用"至第六爻上九的"亢龙有悔"，在爻位的上升过程中逐一记录了东方的苍龙七星随着季节变化由潜而升，由升而跃，由跃而极，复归于潜的运行轨迹。可以说，《乾》卦六爻自下而上的空间排列顺序与"原始要终"的时间运行是吻合的。

《周易》中时间并不是以终而结的"始—壮—终"结构，而是在六爻结构中蕴含着"道有变动"（《系辞》），是"始—壮—终—大始"的时序结构。《泰》卦九三爻辞云："无平不陂，无往不复"，时间在迁逝中，有一个开始就会有一个结束，但是结束又往往会成为新的开始。这种"始则终，终则始"（《荀子》）的时间观在《周易》中处处都有表现。《易》筮中常有变卦、互卦、变爻等现象，例如在《乾》《坤》两卦的六爻后有"用九""用六"以明"变易"之"新始"。可见，《周易》的子系统是一个完整的体系，所组合的整体既是一个逻辑结构又一个圆满的整体，不是可以随意增减的符号系统。

综上，《周易》中六十四卦体系运转是一个大循环，包含了各种卦的具体的小循环。《周易》每一卦都可以过渡到其他任何一卦，在爻卦形成无穷的变易运动中，使得六十四卦的整体循环更为通融。每卦之任一爻都可以由阳变阴或由阴变阳，五十六卦又各自做循环运动，而转换成自己的对偶卦，所以六十四卦之间，是普遍地相互沟通的。可见，《周易》通过卦象和卦序结构展现出大循环套小循环的宇宙，表达了"整体循环"的思想。

本节探讨了《周易》结构中所蕴含的"整体性"思想内涵。思想上的整体性，对处理任何自然之间的关系有着重要的理论和哲学意义，也是中国古代文明的一部分。整体性思想不仅使《周易》把天地人贯通起来，宏观地审视自然与社会，把握世界，也保证了象数在千变万化中保持一定律则。

第二节 《周易》的变易结构与
衍申性思想

《周易》的创制中注重对于事物变化的模拟，包含了变易的观念结构及相应的衍申性思想。朱伯崑认为："《周易》是摹拟事物的变化而创制的，自身充满了变化，之所以称之为'易'，也包含变易的意义在其中。《周易》中的变易观念表现为三个层次：一是卦象及爻象的变化；二是卦象、爻象所象征的人事吉凶的变化；三是卦辞、爻辞借以表示的自然现象的变化。"① 朱伯崑所概括的变易的三个层次中，第一层次的变化是后两层的基础和前提。卦象和爻象的变化指的是本体结构的变化，当本体结构发生变化之后，所蕴含的意义也发生了变化。《系辞上》曰："易有太极，是生两仪，两仪生四象，四象生八卦，八卦定吉凶，吉凶生大业。"② 《周易》本体的变易结构蕴含着衍申性思维，同时，这种衍申性思维也拓展到自然与社会生活相关的原始观念领域。

---

① 朱伯崑：《易学基础教程》，九州出版社 2003 年版，第 296—297 页。
② 《周易正义》，《十三经注疏本》，中华书局 1980 年版，第 82 页。

一　《周易》本体的衍申性

在占筮的过程中，基于原卦而产生的易卦变化是不得不考虑在内的因素。

1. 易卦的衍申性

首先，易卦中六十四卦本身就由符号特征相对简单的八卦衍生而来。孔颖达曰："易者，变化之总名，改换之殊称。自天地开辟，阴阳运行，寒暑迭来，日月更出，孚萌庶类，亭毒群品，新新不停，生生相续，莫非资变化之力，换代之功。"[①] 八卦概括了宇宙中的八大自然现象，但万物每时每刻都是变动不居的，八卦不足以包罗所有的变化，于是开始基于自身两两重叠，六十四是"八"重叠而成组合的极数。可见，由本体而衍生的往来推移，是一个动态的，追求生生不息而又努力探索和反映宇宙的过程，所以六十四卦构成一个完整的整体之后，便以此象征着无穷的变易。

其次，在六十四卦整体的内部，卦与卦之间也存在着"二二相耦，非覆即变"的原则。"二二相耦"确定了卦与卦之间的内在联系，而"覆"和"变"则是更清晰地表现了两卦之间由一卦可以变化衍生另外一卦的关系。"二二相耦，非覆即变"的原则又与《系辞》中的"错综其数"相合，例如：

> 参伍以变，错综其数，通其变，遂成天下之文，极其数，遂定天下之象，非天下之至变，其孰能与于此。[②]

这里"参伍以变，错综其数"，是指卦象以"参伍"之数的"错综"变化，同组内两卦，上下卦倒转韩康伯称为"综"（孔颖达称"复"），韩康伯称爻性相对的两卦为"错"（孔颖达称"变"）。"错综"与"非覆即变"相通，都是对于《周易》中卦象的推演方式。

具体而言，"错卦"是将本卦的阴阳爻在位不变的情况下，阴阳体与用转换而成，本卦与其错卦之间阴阳对立，如图 5 – 1：

---

① 《周易正义》，《十三经注疏本》，中华书局 1980 年版，第 13 页。
② 《周易正义》，《十三经注疏本》，中华书局 1980 年版，第 81 页。

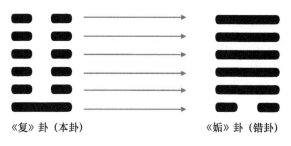

《复》卦（本卦）   《姤》卦（错卦）

图 5 - 1　《复》卦、《姤》卦

地雷《复》卦䷗（本卦）的错卦就是天风《姤》卦䷫（错卦）。综卦就是将本卦的爻位倒置，或简单地称为"镜面卦"或"倒置卦"，如图5 - 2：

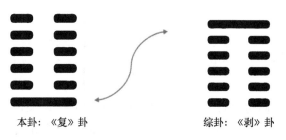

本卦：《复》卦   综卦：《剥》卦

图 5 - 2　《复》卦、《剥》卦

地雷《复》卦䷗（本卦）镜面或倒置后则成山地《剥》卦䷖。"错卦"又被称为"反卦"，或者"正对体"。也就是说，"错综"是与卦象的变化有关的，卦变就是孔颖达所说的"非覆即变"，并且"非覆即变"是在六十四卦整体结构，即在卦序和卦数上有一定限制。但是"错综"之卦的衍申更广泛。综卦是建立在共同基础上的局部不同，错卦则意味着绝对的对立，立场不同时，卦象也不同，从不同的立场看卦象，更为客观。总的来说，这类衍申意义就是通过"知彼"来深化"知己"，通过多方对照、综合分析，以期获得全面认识。

　　2. 筮法的衍申性

　　在占筮中通过某一爻的变化来考量结果和吉凶，这是筮法衍申性的体现。如前所述，在言及九六之变时候，《易传》有"是故四营而成易，十有八变而成卦"的说法。其中"四营"是指"分而为二以象两""挂一以象三""揲之以四象四时""归奇于扐以象闰"的演算过程。每一次演算过程称为一变。三变成一爻，六爻十八变成一卦。每爻所得余数按四策一组来分，可得九、八、七、六四个数。其中九、六为老阳、老阴，是可变之爻。也就是说，在九、六之变之前，是已经有一组数字，可以成卦，但是却偏偏通过一个变化形成了一个新卦，这一目的是以变爻为主，以变为占。

筮法衍申性还体现在以动爻断卦的过程之中。在本卦中，总有一个爻会发生阴阳变动，发生变动的这个爻，就称为动爻。在一卦中，如果有一爻的阴阳产生了变化，也会出现一个新的卦。变卦是由本卦经过某个爻的变化而得到的。如《乾》卦䷀，如果初爻变化由阳爻变为阴爻，初爻就为变爻，可以变为变卦《姤》卦䷫。这种本体的变化，在《左传》《国语》的易例中有所反映。《左传·庄公二十二年》载：

> 其少也，周史有以《周易》见陈侯者，陈侯使筮之，遇《观》䷓之《否》䷋，曰："是谓'观国之光，利用宾于王'"①

这里记载了陈敬仲初生时，周史其占卦得遇《观》变《否》，为"观国之光，利用宾于王"，是《周易》中《观》卦的六四爻辞。《左传》易例中言遇某卦之某卦，遇卦即本卦，之卦即变卦。变卦与本卦相较，可看出所变之爻。如《否》卦䷋与《观》卦䷓相较，变在第四爻。以图示之如下图5-3：

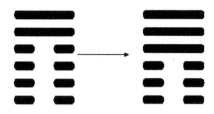

图5-3 《否》卦、《观》卦

那么，就以本卦变爻为占，即《观》卦六四爻为占，是释卦的重要考量之处。

---

① 《春秋左传正义》，《十三经注疏本》，中华书局1980年版，第1775页。

从象数角度来说，从一卦可以衍申出来多个卦，一卦也可以变多卦。除了上述我们所论及的"错综"卦、"变覆"卦之外，最典型的是互卦。互卦表示的是事物发展的中间过程，事物变化的中间情况。在预测占断时，会将互卦内容看作事情的过程而论。互卦所示之象，为测事时到应期这段时间的中间，人、事、物所处的状态及变化。

在象数学中还有一种依据主卦衍申的关系，就是一卦变六卦。这种现象分为两种，一卦六爻，依次一爻变，故一卦变六卦，六十卦变三百六十卦。另外一种，就是依据上述互卦的变化形式，由六爻卦的内在衍申。以《节》卦䷻为例，第一卦是从初爻到四爻䷵可以衍申出《归妹》卦䷵，第二卦为第二爻到第五爻䷚的衍申为《颐》卦䷚（即上述互卦），第三卦为第三爻到第六爻䷜的衍申为《蹇》卦䷦，第四卦为第一爻到第五爻䷄的衍申为《损》卦䷨，第五卦为第二爻到第六爻䷂的衍申为《屯》卦䷂，加上《节》卦本身，即主卦《节》卦中包含的六卦信息。这六卦都是基于一个主卦信息，目的是从内在多重角度、多方细节来观察内涵。由此可见，这种一卦可以变成多卦的现象是从一卦内部衍申各卦，本卦和衍申的各卦之间的关系类似于母与子的关系。本卦之外衍申的各卦是对本卦意义的补充，就是增加不同的角度来看待本卦，这种角度就是以空间位置的反转说明本卦内在更深一层的属性。

上述诸多变化之象，在实践中被普遍应用。此外，历代易学家，都有对卦象爻象的衍申进行尝试，同时也应该保持一定的理性认识。西汉时期《焦氏易林》的成书方法，大致是源于《左传》与《国语》筮例中由爻变而至卦变的变卦方法。以六十四经卦为本卦，每卦又繁衍出六十四之卦，共得四千零九十六卦。汉代象数易学中的"取象说"，到东汉虞翻发展到高峰。虞翻取象主要是通过互体、旁通、半象等方法，由本卦衍生出许多变卦，以获得所欲得到的各种象，来对卦爻辞进行比附和解说。但是也是虞翻把汉代易学带入了更加烦琐纠缠不清的易象的探求中，王夫之曾批评这种做法："汉儒泥象，多取附会。流及于虞翻，而约象互体，半象变爻，曲以象物者，繁杂琐屈，不可胜纪。"[1]

易贵在变，六爻之间确实存在着一定的上往下来、此消彼息的运动规律，在运动变化中形成的互体、对象、覆象等形式，应合理把握。

---

① 王夫之：《周易外传》，中华书局1977年版，第213页。

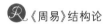

二　《周易》观念的衍申性

本质上，《周易》衍申性思维我们可以理解为一种万物由无到有、动态演化之"生"，当天地万物的普遍性生成之后，开始向更宽广的观念领域衍申。

1. 天地大德：智慧品德的衍申

《周易》的哲学体系中洋溢着大自然的生机，在天地的启示中"生"成为最高精神追求。《周易》以"天地"为智慧的楷模，洋溢着无所不注的生命活力。《系辞》云：

> 《易》与天地准，故能弥纶天地之道。仰以观于天文，俯以察于地理，是故知幽明之故。原始反终，故知死生之说。精气为物，游魂为变，是故知鬼神之情状。与天地相似，故不违。知周乎万物而道济天下，故不过。旁行而不流，乐天知命，故不忧。安土敦乎仁，故能爱。范围天地之化而不过，曲成万物而不遗。通乎昼夜之道而知，故神无方而易无体。①

博大宏阔的天地是《周易》智慧的最高启示物，师法天地，遵循这一原则的基础上，再由其中推衍出天命、生死、道德、幽明等一系列的观念。

《乾》《坤》两卦作为门径，最集中地象征天地，又巧思至极地进行诗意的描写。在了解了天地的表象后，人们开始认识和探讨其生命价值。《彖》云：

> 大哉乾元！万物资始，乃统天。云行雨施，品物流形，大明终始，六位时成，时乘六龙，以御天。乾道变化，各正性命。保合太和，乃利贞。首出庶物，万国咸宁。②
> 至哉坤元！万物资生，乃顺承天。坤厚载物，德合无疆。含弘光

---

① 《周易正义》，《十三经注疏本》，中华书局1980年版，第77页。
② 《周易正义》，《十三经注疏本》，中华书局1980年版，第14页。

大，品物咸亨。①

《易传》把天神看作创生者，充满劲道的生命原动力。而地是天的承载者，是顺应者。大地顺应天的创生意志，即所谓"至哉坤元！万物资生，乃顺承天。"② 天以雄健开天辟地，地以宽厚之心滋养生命，一个是创生者一个是辅生者。

"天行健，君子以自强不息。""地势坤，君子厚德以载物。"《周易》对自然生命活力的精神追求成为激发更多的思虑和品德的动因。《乾》《坤》本来是诗意地描写了天空与大地，但是在万物于人的心灵感悟过程中，人的思想不断被启发和触动。可以说，天地的变化和生机，强烈地刺激着原始人的心灵，并在人类心目中留下了精神的结构图式，因此衍申意义的出现便自然因"物色之动"而"心亦摇焉"。

"天地之大德曰生"③，人们要想与天地合德，就要尊重和效仿天地的生命之德。因此，人们就要去认知热爱生命，尊重生命，仁爱万物。虽然，《易传》更加重视人们在自我修养中的君子之道，但是实际上人之道、君子之道本质上就是效法天地的生生之道，顺时而为，与自然合德。天地大德的观念衍申过程，给《周易》中其他概念的衍申提供了最高典范。诸多象征在自然象征的基础上，融合了更多内在的特征，从生命融贯的角度，将人和自然紧密相连。当生命的河流带着原始野性涌向文明的时候，原始生命的激情也注入了文明人的思维模式、审美心理、生产方式等复杂的文化现象中，这一点在中国文化中是相当突出的。从对整个世界的总体把握到图腾崇拜、民俗风情、艺术形态等具体文化样式，都高扬着生命的旗帜。

2. 四时人论：社会伦理的衍申

《周易》以自然为基点的生成论，由天地之德衍申出社会的伦理关系，再由伦理关系推及到文明道德的礼义。《周易》是以生命的眼光打量自然打量世界的，充溢着无限的生命趣味。《系辞上》谓：

---

① 《周易正义》，《十三经注疏本》，中华书局 1980 年版，第 18 页。
② 《周易正义》，《十三经注疏本》，中华书局 1980 年版，第 18 页。
③ 《周易正义》，《十三经注疏本》，中华书局 1980 年版，第 86 页。

刚柔相摩，八卦相荡。鼓之以雷霆，润之以风雨，日月运行，一寒一暑。①

在《周易》的诗意描绘中，强调生是不受任何超越生的原则限制的最伟大的动力，即"生生之谓易"。《文言》谓"大人者，与天地合其德。"② 在万物含生基础上，《易传》还把生命的原则推及到人类的社会发展、道德伦理。有天地然后有万物，有万物然后有男女，有男女然后有夫妇，有夫妇然后有父子，有父子然后有君臣，有君臣然后有上下，有上下然后礼义有所措。

《周易》形成了一个"四时—人伦"浑融统一的天人合一式的思想体系。《周易》开篇即谓："乾，元，亨，利，贞。"从四时变化角度而言，元、亨、利、贞，分别表现了春夏秋冬四时变化在人们心中引起的强烈反应。继而又把它上升为一种道德："天有善、美、利物、贞正四德。"《文言》谓："元者，善之长也。亨者，嘉之会也。利者，义之和也。贞者，事之干也。"③ 古代先哲们把四时与人伦合一概括"君子四德"，即"君子体仁足以长人，嘉会足以合礼，利物足以和义，贞固足以干事。君子行此四德者，故曰：'乾，元，亨，利，贞。'"④

另外，八卦的内涵也是在不断地衍申中丰富。在最基本的象征系统中，八卦是八种基本自然物象。"必三画以象三材，写天地雷风水火山泽之象，乃谓之卦也。"⑤ 当符号成八卦之后，乾☰、坤☷、震☳、巽☴、坎☵、离☲、艮☶、兑☱，分别象征着天、地、雷、风、水、火、山、泽。八卦最初所代表的八种初级的基元事物之象，是具体的物象、本象。而这八种物象又分别发展出相应的象征意义，《说卦》概括为："乾，健也。坤，顺也。震，动也。巽，入也。坎，陷也。离，丽也。艮，止也。兑，说也。"⑥ 这八卦取义的依据，《正义》给出了解释："乾象天，天体运转不息，故为健也"；"坤象地，地顺承于天，故为顺也"；"震象雷，雷奋

---

① 《周易正义》，《十三经注疏本》，中华书局 1980 年版，第 76 页。
② 《周易正义》，《十三经注疏本》，中华书局 1980 年版，第 17 页。
③ 《周易正义》，《十三经注疏本》，中华书局 1980 年版，第 15 页。
④ 《周易正义》，《十三经注疏本》，中华书局 1980 年版，第 15 页。
⑤ 《周易正义》，《十三经注疏本》，中华书局 1980 年版，第 13 页。
⑥ 《周易正义》，《十三经注疏本》，中华书局 1980 年版，第 94 页。

动万物，故为动也"；"巽象风，风行无所不入，故为入也"；"坎象水，水处险陷，故为陷也"；"离为火，火必着于物，故为丽也"；"艮象山，山体静止，故为止也"；"兑象泽，润泽万物，故为说也"。八卦的象征内涵并没有止于本象和象义，在衍申的原则下，开始代表人体代表人伦代表社会品德，形成了一个"自然—人伦—社会"的思想体系。《说卦》的开头对八卦衍申的发展情状有所描写，指出："观变于阴阳以立卦，发挥于刚柔而生爻，和顺于道德而理于义，穷理尽性以至于命。"《说卦》认为《周易》在本象的基础上还可以协顺圣人之道德，穷极奥理。《说卦》在这一总括的思想上，对八卦之象所举有一百一十二例①。以离☲为例，离为"火、日、丽、烜、明、南、雉、鳖、蟹、蚌、龟、目、中女、枯木、科上槁、戈兵、甲胄、光明正大"，包括方位、动物、植物、器物、颜色、人伦、德行等。八卦的象征意义的衍申过程，是八种自然现象最大限度地摆脱外在载体的羁绊，在人伦社会中建立了各自的定位。

第三节 《周易》的理性结构与分析性思维

分析性思维体现了《周易》对于逻辑理性的追求。《周易》的符号特征是应用形式的一种体现。《易经》采用的思维形式化的媒介是"象"，并认为爻象、卦象及其相互关系是自然界、人类社会中事物发展变化的普遍趋势的一种抽象。它普遍适用于任何事物，又不局限于某一个具体事物的具体内容。"在《易传》看来，六十四卦的卦象不是某些固定事物存在形态和发展变化的象征，而是一切事物存在形式和发展变化的共同象征、抽象公式，因此可以适用于各种具体事物的物象"②，所以在应用中便以卦画为象征，以卦象性质作为万物的性质以及变化过程的标记。具体而言，《周易》的分析性思维存在于分类思想、固定程式与法则、因果关系等诸多相对稳定的理性结构中。

---

① 具体例证可参考第三章第二节所整理的表格。
② 朱伯崑：《易学基础教程》，九州出版社 2003 年版，第 295 页。

一 "分类"结构及类推分析思维

在《周易》中有明显的"分类"结构。在《周易》象征系统中"方以类聚，物以群分"① 是以类立象的根本原则。也就是说，《周易》的象征系统中认为万物各自顺从其类，具有相似特征的便可以相聚为一类。如《象》云："天地睽而其事同也，男女睽而其志通也，万物睽而其事类也。"② 天下的事物以群相分、同类相聚。而类与类之间又会根据本类事物的属性和境遇发展出吉凶祸福的趋势。《系辞上》明确指出了"方以类聚，物以群分，吉凶生矣"③，即同类者代表了相同的吉凶祸福。《周易》中卦爻辞所涉及的事物，之所以能够通行和扩展，就是因为一个事物的意义并不完全限于本事物，只要找到共通的意义，就可以触类旁通，广泛推广。

《周易》中分类结构观念被历代易学家们所肯定。例如，王弼《周易略例·明象》云："触类可为其象，合义可为其征。"④ 人类在最一开始接触客观事物时期，由于认识的有限，容易形成混沌朦胧的想法。比如天空是广阔的，星星是闪烁的，风华人情是烦琐的，这是一种表面层面的认识，并没有将事物之间的联系进行思考，只是直接的反映。只有当人们对于个别事物的特质有了分析的能力，才能从整体感知的层面跨入进一步分解的认识层面，才能从各种事物的多种特质中抽取局部的性能，分析寻找共同之处，进而产生划分或者聚合的想法。在《周易》中所体现的这种类属性行为使得对于事物的认识呈现了跨层次和群体的现象，是意义结构的前提，标志着人类思维的深入和进步。

《周易》在分类结构的基础上的推类发展，主要体现在卦象和卦爻辞两方面。首先，在卦象方面，与数学中的演绎法休戚相关。阴阳两爻的重叠，到了四象阶段可构成的数量是 2^2；而三画重叠可构成的组合数量是 2^3，所得之数必然为八，即八卦；按照六画来重叠可构成的组合数量是 2^6，也就是六十四。这说明，从数理推理角度来说，《周易》中的卦象在结构上存在一定的必然性。甚至在大衍之法中，每一数位的出现和概率都

---

① 《周易正义》，《十三经注疏本》，中华书局1980年版，第76页。
② 《周易正义》，《十三经注疏本》，中华书局1980年版，第50页。
③ 《周易正义》，《十三经注疏本》，中华书局1980年版，第76页。
④ 王弼：《姚蒲集校释·周易略例》，中华书局1980年版，第609页。

是客观的，遵循一定的演绎规则。

其次，在卦爻系辞地遵循了推类的思想。推类思维明显是建立在分类思维的基础上，是对于结构分群归纳再到演绎的理性进阶。《系辞》云："蓍之德圆而神，卦之德方以知。""神以知来，知以藏往。""夫易彰往而察来。"① 这里说一个事物的类属性可以推断另一个事物的类属性，所以以往的经验能够推断未知事物，根据已知卦爻辞的记述，就可以推演到将要发生的事情上。卦爻辞所记载的事物不仅仅是一件事，也是圣人已经对此体认的道理，这种往事和来事之间的同构性，便是异中之同。所以"知往察来"就是推理推类思维的实践。

尽管《周易》的分类思维只是理性领域的起始，但是已经开始对形象思维之外进行考量，通过类属性和经验去思考了解未知的事物。例如，卦爻辞和算法作为一种相对稳定的形式，具有一定的包存性。如果不用理性分析和推类，那么《周易》六十四卦、三百八十四条爻辞只能说明一定数量的事情，不能起到预测来事的作用。但是如果能够以分析的状态来面对一类事物的共同象征，找到与任何求问之事都相照应的功能，那么卦爻辞便成为一种记号一种形式，可以进行无限类推应用。除此之外，《易经》中涉及的条例还有三材、六爻正位、失位不正、贵贱之位、吉凶之位、中和中正中行及不中例、乘承据应例、往来、隔、变、动、卦主、互体、卦变等，均具有一定的形式特征和规律性演化，能够适用于应用。

分类结构及类推分析思维，必然肯定了事物之间可以相互沟通，这种沟通创立在对其内涵中某一特性的分析和归纳，因而在某一角度上两种事物或者多种事物之间又可以互相区别也可以互相沟通互相逾越。

二　"时位"结构与律则分析思维

"时"与"位"是《周易》变化的核心因素。所谓"时"是指卦所处的时机、时位，即一个特定的情景。"位"指爻在六爻结构中的特定位置。

六爻卦中，"位"分为爻位和卦位两种，爻位和卦位都从不同方面显示出作者在结构安排和设置方面的努力。爻位是指各爻所居位次，每卦六爻有自身的秩序，位次顺序自下而上，每一爻都象征着一个阶段，代表某

① 《周易正义》，《十三经注疏本》，中华书局1980年版，第81、82、89页。

一意义，即"列贵贱者存乎位"。除此之外，爻位又分为几种情况：有天位、人位、地位之分；有上位、中位、下位之分；有阴阳是否当位之情况；同位关系；也分居中和主爻。而爻与爻之间，从爻位关系上看，又有承、乘、比、应、据、顺。爻象在一卦中所处的地位可以来说明一卦之吉凶。

虽然六爻阴阳可能有所变动，但是六爻位置是既定不变的，而每个爻位所对应的吉凶判断也是有一定规律可循的。如《系辞下》云："二与四同功，而异位，其善不同，二多誉，四多惧，近也。柔之为道，不利远者。其要无咎，其用柔中也。三与五同功，而异位，三多凶，五多功，贵贱之等也。其柔危，其刚胜邪？"[1] 这段话说明六爻位之间相互对应的关系以及当功能相同时只因为其位置不同就可能造成了截然相反的吉凶结果。从功能上看，第二爻与第四爻同为阴爻具有阴柔的功能、第三爻与第五爻同为阳爻都具有阳刚的功能，但是因为第二爻与第四爻分别距离第五爻的位置不相同而导致结果的不同。第二爻与君位离得较远，阴柔的做法本不利于离君位较远的二位，但是它行事多半柔顺而且能够居中得正符合中道所以第二爻大多是没有灾祸、过错的，而且多能获得赞赏的好结果。相反，第四爻因为离君位太近多半只能心存畏惧了。第三爻与第五爻同为阳爻，但是第三爻居于下卦之上，第五爻居于上卦之中，因此，第三爻多半会遇到凶险，而第五爻多半会取得功勒，这就是两者的贵贱不同所造成的。三五同为阳位，如若阴爻居于这两位，就会有危险，阳爻就可以承此大任。

至于卦位，是从上下两经卦相重的关系而论，有异卦相重和同卦相重的情况。异卦相重存在四种情况：上下之位、内外之位、前后之位、平列之位；同卦相重存在两种情况：重复之位、同位之位。由此可见，《周易》的位，是在卦和爻内部的各种关系之中被界定的，所以只要爻的性质发生变化，则爻和爻之间的结构关系就发生改变，整个卦就会完全改变。

《易经》中的"时"可以看作时以象数形式构造而成的特定关系系统。在《易传》中关于"时"的解析共有五十七处，是《易传》时间观念的基本内容。在"六位成章"的六十四卦的系统中，六爻按照承乘比应等多种复杂的关系组合成一个特定的系统，所以每一卦都有自身的特定位置，

---

[1] 《周易正义》，《十三经注疏本》，中华书局1980年版，第90页。

处在特定的秩序之中，也代表了特定的情景。"卦以存时""爻以示变"，则是说明了六爻除了表征各自的卦时之外，自身也都处在特定的关系之中。"卦有卦之时，爻有爻之时。卦的时好比一个过程，爻的时则是这个过程中的一个点。……《象传》通过以时来解释卦和爻，把六十四卦理解为六十四个时，把爻理解为时中之时。"[1]

"时"是具有一定的律则又能够不断改变的范畴。在某种意义上，卦时则对六爻起一定的支配作用。这主要是因为"爻"变是"时"变的基础，而"爻变则取决于位之动，所以位一变则时也将会发生变化。"[2] 六十四卦是由阴阳不同的排列组合形成了不同的卦，交感互渗的结构而使其含义丰富。这一个完整的象征体系象征着自然和社会的不同状况以及势力的消长。消长的情境中并非单一的状态转换，是包含了时机、地点、事物以及事物之间关联的全部总和。

《周易》在表达意义和判断吉凶上有非常多的律则，情况不同显示在卦爻卦象上的结构不同，相对应的结果也不同。爻和时的变化对占断的结果也有很大程度的影响。在《周易》文本中，无论是卦爻辞还是《彖》《象》都没有出现直接指明"得位"的词，但是大部分对于吉凶的判断都是通过德与位是否相呼应的情况而得出的。这一标准在《蒙》《大过》等卦中均比较清晰。以《蒙》䷃卦为例，九二、六五均不得正，但是结果确是"童蒙之吉"，原因就在于此二爻可以相应。《蒙》卦卦辞"匪我求童蒙，童蒙求我"一句中，据《集解》引虞翻的解析"童蒙谓五""我谓二"的观点，"我"喻指九二，为负责启蒙的"师"；"童蒙"喻指"六五"，为来求学的"学子"。九二为阳爻，前后周围的初、三、四，尤其是重要的中位五爻都是阴爻，犹如地位较低的"学子"围绕在德行高位的"师长"周围，所以孔颖达认为："九二以刚居中，阴来应之。""言六五以阴居于尊位，其应在二，二刚而得中，五则以事委任于二，不劳己之聪明；犹若童稚蒙昧之人，故所以得吉也。"[3] 九二阳爻与六五阴爻因志向相同而相应相交。所以《象》总结《蒙》卦为："'匪我求童蒙，童蒙求我'

① 王博：《易传通论》，中国书店 2003 年版，第 69 页。
② 赵娟：《论〈周易〉的时间观念——一个文化史的视角》，博士学位论文，复旦大学，2012 年，第 78 页。
③ 《周易正义》，《十三经注疏本》，中华书局 1980 年版，第 20 页。

志应也。"①《周易》中每一卦的六爻都有自己位与阴阳的要求，如果阴阳不能与爻位相匹配那么就出现了失位的情况。失位往往会产生危险与偏差，带来负面的影响。尤其是阴爻居于阳位时，代表了能力弱却要担当重任。比较典型的就是《坎》☵卦中的初六爻就是阴爻处于阳位，柔弱又不在正位，其上又无应援，处于失位又凶险的情况，所以《本义》称其为"以阴柔居重险之下，其陷益深"，结果必然就是"凶"。

失位所带来的危害可以通过相应的补救措施，以减少负面影响。《临》卦，六三阴爻居于上卦之上的阳位，虽然象征以上临下，但是因为六三爻的位不正导致它自身的缺才少德而不能真正地发挥其作用。六三卦爻辞载"既忧之，无咎"，在失位时刻能够意识到问题，进而冷静思考，所以结果转向了"无咎"。这就是利用"德"来补救"位"上的缺失。人要从力所能及的角度把握好自己，才能把握客观世界，可见从《易经》到《易传》都强调了人的主观能动性。

这种律则分析思维源于原始社会中巫术和理性的交织。古老的巫术包含着科学和理性的萌芽。如果进行具体分析和区别，会发现其中经过推敲和设定规则的理性考量。《周易》作为哲学之原典、巫术之残余，是人们对于信号信息接收、处理后做出一定的反映和分析，是人类通过思考、总结、观察、积累的活动。这一活动以期对于未知事物做到超前反应，推动人们不断去归纳分析和应对客观世界的规律。

三 "顺序"结构与因果关系思维

《周易》"六位成章"的形式是以空间的变迁来表示时间的变迁，是"顺序"结构的外显。《系辞》曰："《易》之为书也，原始要终，以为质也。六爻相杂，唯其时物也。其初难知，其上易知，本末也。初辞拟之，卒成之终。"也就是说，六爻相互错杂是为了反映特定的时间，以推衍始终，开始于事物的端序结束于完结。《象传》亦曰"大明终始，六位时成。"这里"原始要终""大明终始"均指时间被整齐地划分为自下而上六个层次，下位为事物的开始，中位的二、三、四、五爻为发展，上位为事物的末端，即事物的开始、发展、结局的"顺序"结构。

---

① 《周易正义》，《十三经注疏本》，中华书局 1980 年版，第 20 页。

《周易》的顺序性结构产生了一种自然的因果关系逻辑。在卦爻辞中有因果逻辑的例证。《系辞下》对《解》卦解释有：

> 隼者禽也，弓矢者器也，射之者人之。君子藏器于身，待时而动，何不利之有？①

这两句在逻辑上是比较完整的因果关系。《系辞》先释"隼""弓矢""射"诸语，表达证明了事出有因：因为恶隼是可以射的禽类，所以事先准备了武器；因为事先准备了武器，所以能够进行射击。对此《正义》注为："明先藏器于身，待时而动，而有利也。"②"藏器于身"，事先已有武器的准备，是能射之因。"待时而动"，是战机的选择，或在隼欲飞未飞之时，或飞而刚落之时，是能射而中之因。最后的结果是"获之"，故《正义》云："言射隼之人，既持弓矢，待隼可射之动而射之，则不扩结而有碍也。"③短短两句，因果关系完整。

又有《序卦》云：

> 饮食必有讼，故受之以《讼》。讼必有众起，故受之以《师》。《师》者，众也。众必有所比，故受之以《比》。《比》者，比也。比必有所畜，故受之以《小畜》。物畜然后有礼，故受之以《履》。履而泰，然后安，故受之以《泰》。④

在《序卦》这段话中"故受之"句式反复出现，对卦序的排列进行了规律宏观的表述，从中可以看见明显的前因后果的关联性。因为方方面面周详考量，所以真正做到了"原始要终"和"明辨是非"。可以说《周易》每一卦都是对事物发展规律的个别把握，而六十四别卦的组合则是对事物发展规律的宏观把握，那么在把握之前，必然要费尽心思地分析。《序卦》则明显地表现了对于前因后果的分析，最终形成了一个通顺的因果链。这便说明六十四卦顺序不是简单的巧合和缘分，而是努力将理性贯穿其中，

---

① 《周易正义》，《十三经注疏本》，中华书局1980年版，第88页。
② 《周易正义》，《十三经注疏本》，中华书局1980年版，第88页。
③ 《周易正义》，《十三经注疏本》，中华书局1980年版，第88页。
④ 《周易正义》，《十三经注疏本》，中华书局1980年版，第95页。

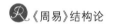

是对于具体分析和科学认知的期望。

此外，《周易》认为在现实机遇中，需要多种因素配合才能化解危难。这种集中思考，多向求证，多重考量的过程，也是谨慎地称量和筛分的理性抉择。在解除危难的过程中，确定的目标被识别出来，行为也同时随着转向，理性就得到了相应的扩展。人在主观道德标准中逐渐渗透了明朗的、理性的行为。在主客观的改造中，确定了一个带着修养的坐标，确实是理性受到目的支配的一种表现。《易》中处处充满的忧患意识，不断提醒人们要化解忧患，而如何化解，则是要凭借道德修养的调适和理性的思考。

虽然中国古代思维更注重感悟，但是《周易》结构中的分析性思维显示出中国人的感悟并不排斥理性。荣格认为《易经》是运用中国式思维的典型，其中蕴含的独特心思在考量巧合的东西："《易经》看待世界所持的态度，似乎不赞成我们按因果关系论事。在实际观察下的契机，用古代中国观点来看，更是一种缘分，而不是几条因果链共同发生作用的明确结果。要紧的是仿佛是在观察的当口偶发事件造成的气势，完全不在乎外观上说明巧合的那些假设性的理由。"① 荣格发现了东西方思维上的差异，但是却缺乏对于《易经》中所包含因果关系的具备中国文化语境的理解。如记述攻城克敌的《同人》卦，最后一爻上九爻"同人于郊"描写了将士们凯旋，在郊祭中庆贺胜利。这一结局的出现与前面几爻之间具有因果逻辑关系。在九三爻中讲到了战争不是鲁莽出兵，是"伏戎于莽，升其高陵，三岁不兴"，战士们埋伏于草莽之间，对敌方进行观察等待时机；九五爻"同人先号啕而后笑"，在锣鼓喧天杀伐混淆的战争中，奋勇作战，顽强拼搏。这场古老战争的胜利，是因为有战术、有坚持、有拼搏，所以才会有最终的胜利。在《周易》的因果关系中，有一类是格外强调的，即道德修养对于结果的影响。比如，《临》卦六三爻爻辞："甘临，无攸利；既忧之，无咎"，从爻位结构而言六三为阴爻处于阳位即阴柔失位，结果不应该是理想的。但是因为"既忧之"，所以结果得到了改变为"无咎"。《程传》对"既忧之"的进一步解释对我们理解这一因果关系颇有益助，为："既知危惧而忧之，若能持谦守正，至诚以自处，则无咎也。"指的是在面对失德的巧言佞语时，能够做到警惕和改过，坚守正道，就会导致无害。

---

① ［瑞士］荣格：《〈易经〉英译版前言》，《周易研究》1991年第2期，第33页。

本节探讨了《周易》结构中所蕴含的中国古代原始的分析性思维。这样的思维是人类对自己思想进行自觉研究和分析，是形式逻辑的根本或基础。这种理性思考的方式向更多逻辑法则和规律趋近，是人们对于规范自己思路的意愿的体现。《周易》虽然并没有形成一种具有理论性的逻辑学说，但是已经表现了人类思维的提高，展现了人们由形象思维向抽象思维跨越的倾向。分类、推类和实践形式在《周易》中结合在一起，并且存在明显的相互推进。

第四节 《周易》的象征结构与象征性思想

《周易》汇聚了中国古老意象和先民的智慧，其中的象征思维是站在了丰厚的历史土壤之上，包含了从观到观念的升华。我们通过这些原始意象可以感受到融汇天地的意味，也能看到形象思维对于内在构建的意义。

一 《周易》象征结构生成：观与原象

《周易》中的"象"源于自然和生活，通过"观"的方式形成最初"原象"，逐渐形成稳定的象征结构。"观物取象"是"原象"生成的最初过程。荣格认为："原始意象或原型是一种形象，或为妖魔，或为人，或为某种活动，它们在历史过程中不断重现，凡是创造性幻想得到自由表现的地方，就有它们的踪影。……这些原始意象给我们的祖先的无效典型经验赋以形式。可以说，它们是无数同类经验的心理凝结物。"① 也就是说在原始社会中，对于原象的观察和思考是人类理解世界创造世界至关重要的一步。

"观物取象"说明了易"原象"的来源。自然界中本无卦象，卦象的确是通过对宇宙的观察而来。"象"或者说"原象"是易象产生的源头，

---

① ［瑞士］荣格：《试分析心理学与诗的关系》，载叶舒宪《神话——原型批评》，陕西师范大学出版社1987年版，第100页。

思维出发的起点，是思维得以生发的根本，而"原象"是从观而来。象思维在"象的流动与转化"过程中完成对原象的体验，反映了人与自然的亲情关系。

"观物取象"是整个象思维过程的起点，或者说思维的对象是个别的、具体的物质形象。人的所有概念都建立在经验基础之上，而经验离不开感官和知觉。知觉是直接作用于感觉器官的客观事物整体在人脑中的反映，人类个体发展与知觉发展形成密不可分。《易传》中对于仰观俯察的描述，明确表达了中国远古先民知觉是通过"观象取法"。"观象，是人的视觉对周围客观环境的注意。注意是人的心理或意识对一定对象的集中指向，是一种可以通过外部行动表现出来的内部心理状态。感知过的事物，体验过的情感或从事过的活动，都会在人头脑中留下不同程度的印象，其中一部分作为经验能保留相当长的时间，在一定条件下还能提取这就是记忆。记忆是通过回顾、保持、再现（再认、回忆）等方式，在头脑中积累和存留个体经验，也是人脑对外界输入的信息进行编码、存贮和提取的信息处理过程（感觉、知觉、记忆），这是对任何符号进行思维加工的人本基础。"①

具体而言，八卦、六十四卦的建立都是源于对于"原象"的观。八卦分别象征了八种常见的自然现象，也是八卦的基本象征意义。其起源时间还缺乏考证，但是在先秦时期被易学家们广泛应用。以《乾》卦为例，它能表达天空、动物、人体，也可以表达精神品格。再有，六十四卦是对六十四种变化着的自然现象的模拟。自然现象纷繁复杂又存在着极大的偶然性，六十四卦系统中所包含的种种变化，就是对于自然变幻的适应。八卦、六十四卦都经历了对某个个别的、具体的事物的观察，但最终表现的却是某类事物。那么，将客观事物或现象，以一种被认识了的形象来表达，属于典型的"象思维"的特点。

在《周易》的象思维中，所谓的"观"不仅仅包含了眼睛的观察，还有一部分内涵来自灵感和直觉，即"感象"。直观"感象"作为一种思维的模式，决不是杂多的感性材料的组合，它是一种整体性、超越性的把握。直观总是联系着整体，是整体之内的直观，如王树人所言："当我们谈到'直观'或'观'时，这种'直观'或'观'总是在'整体'之

---

① 徐瑞：《〈周易〉符号结构论》，博士学位论文，山东大学，2010年，第58页。

中；而当我们谈到'整体'时，这种'整体'也总是在'直观'或'观'中的整体。"① 对此，蒙培元先生总结道："直觉思维的特点是整体性、直接性、非逻辑性、非时间性和自发性，它不是靠逻辑推理，也不是靠思维空间、时间的连续，而是思维中断时的突然领悟和全体把握。这正是传统思维的特点。就是说，它不是以概念分析和判断推理为特点的逻辑思维，而是靠灵感，即直觉和顿悟把握事物本质的非逻辑思维。"② 可见，精神的探求总伴随着特别亲切的心灵感受，它就蕴含在人的存在过程中，或者说，它们一直是一体相通的。"原象"之存与人的存在之间有了相似的德性，也就是说"原象"的存在与人的存在是同一的，是可以由人"感"的"象"。

易象是蕴含着某种意义的形象，是通过抽绎出具有普遍意义的观念后建立的，这些观念致力于使生命更加丰富而有条理。最初的演卦者对于原象的选择并非无规则和无条件的，而是有意识的。八卦所象征的事物之间的关系是非常紧密的，相互又是可协调的，它们矛盾统一地组合出丰富的宇宙物质世界。而这八种原型事物再任意两两组合，所代表和象征的事物就会远远超过八种，将可以产生深广的联想和丰富的意蕴。它们的阴阳属性、不同的方位、不同的变化规律，可以产生更多层次的解释和衍申，因此并不能直接从外在事物本身考察，而是参考它所暗示的一种较广泛普遍的意义。《系辞上》曰："圣人有以见天下之赜，而拟诸其形容，象其物宜，是故谓之象。"③ 也就是说，对于宇宙再现的过程中，不仅仅需要观察其外在的特点，还应该表现内在的特征，即具有很大的概括性。所以演卦者必须根据原型所包含的一般意义进行高度概括，来实现"自觉象征"。这种自觉的力量具有强大的感染力和驱动力。我们的祖先和历史中积淀了诸多人类征服自然、改造自然的物质文明，也有关于宗教、神化、礼仪的精神世界，这些都是原始意象的来源，最终和象征艺术相互交织，被汇聚在《周易》的象世界之中。这一过程受到了一定的驱动，因为原型有一种情不自禁的强大力量，在荣格看来并不是艺术家表现原型，而是原型通过

---

① 王树人：《回归原创之思："象思维"视野下的中国智慧·绪论》，江苏人民出版社 2005 年版，第 29 页。
② 蒙培元：《中国传统思维方式的基本特征》，载张岱年、成中英等《中国思维偏向》，中国社会科学出版社 1991 年版，第 24 页。
③ 《周易正义》，《十三经注疏本》，中华书局 1980 年版，第 83 页。

艺术家表现出来。原型附体使我们到达物我混融古今一体的精神家园，唤起我们探索茫茫未知力量，由此产生巨大的感染力。原始易象的表现过程，不仅是来自集体无意识的生命感受，也是一种不可遏止的激情。易学的符号系统便是在这样的思维中走向了更宽广的境界，它开始积极寻求新的语言或者表意形式，创制了一个庞大而简约的符号象征结构体系。

二 《周易》象征体系特征：观念与非实体性

直接反映自然和生活"原象"融入思想、经验之后，便逐渐升华到哲学"观念"的高度，存在一种明显的"超越原象"过程。易象先是来自对于宇宙世界的观察，当其成为具有某种意义的易象时，便可以从中抽绎出具有普遍意义的观念，这一对于原象的超越过程也是从"观"上升到"观念"的过程。

在《周易》中从物象到卦象，是由"观"到"观念"，这一过程中思维上不断进行重组和转化，构建了一条思维通道，借此达到由此及彼的认知目的。《周易》是以八卦、六十四卦卦象来表达人事的祸福，以此来判定事物。六十四卦卦象确实是人为的图像。《系辞》云："《易》与天地准，故能弥纶天地之道。仰以观于天文，俯以察于地理，是故知幽明之故。原始反终，故知死生之说。精气为物，游魂为变，是故知鬼神之情状。"《说卦》云："昔者圣人之作《易》也，幽赞于神明而生蓍，参天两地而倚数，观变于阴阳以立卦，发挥于刚柔而生爻，和顺于道德而理于义，穷理尽性以至于命。"从《系辞》和《说卦》可以看到，《周易》的观象来自天地有形的部分，有形的部分可以推出无形的事理，即从有形的"仰以观于天文，俯以察于地理"知晓无形的"幽明之故""义理事故"。《周易》的创造者便是运用形象思维来对外物进行深化，以事物的形象为思维的媒介，对事物的印象进行再现、分析、重组去体会其中的道理和意味，甚至赋予其新的意义。

通过观象系辞的过程，"象"的意义开始超越它原本的内涵。《系辞下》云："易者，象也。象也者，像也。"[1] 这种转变，使得"象"与"意"发生了结合，上升为观念。以《谦》䷎卦为例，下艮☶为山，上坤

---

[1] 《周易正义》，《十三经注疏本》，中华书局 1980 年版，第 87 页。

☷为大地，地上山下，地中有山，这是对某种自然现象的描述，是具象的表现。对于自然界来说山是在地上，可是《谦》卦☶却是山在地下，这一与自然现实相反的现象正是《谦》卦象征意义的来源。《象》曰："地中有山，谦"①，对此郑元曰："艮为山，坤为地。山体高，今在地下。其于人道，高能下下，谦之象。"② 这是以卑而蕴高，内实高大而涵养他人，为"谦"这一道德的抽象之象。《谦》卦"山高地卑"的思想是对"地中有山"的抽象概括，并且赋予具象事物以"高低尊卑"的观念，就是一种抽象思维。进而联想至君子行为中"卑退为义，屈己下物"的"谦"意，阐明了更为宽广和超越的意义。

这种超越往往与忧患意识和道德修养紧密联系，《系辞》对此反复强调：

> 广大配天地，变通配四时，阴阳之义配日月，易简之善配至德。
> 子曰，《易》，其至矣乎，夫《易》圣人所以崇德而广业也，知崇礼卑，崇效天，卑法地。天地设位，而《易》行乎其中矣，成性存存，道义之门。

《易》之广大不仅在于能够象征世界的本象，也在于能够充实万理，能够"配之天道人事"，所以圣人要以此来"崇德而广业"。《系辞》不仅在理论上有所概括，同时又逐一例证说明道，如：

> 是故《履》，德之基也。《谦》，德之柄也。《复》，德之本也。《恒》，德之固也。《损》，德之修也。《益》，德之裕也。《困》，德之辨也。《井》，德之地也。《巽》，德之制也。

《系辞》这里认为《周易》的象中是可以阐发出人生哲学，可以从自然之象走向人生哲学的防忧虑患、明理致用。正如恩斯特·卡西尔所说："意象确实也在映照某种实在，但这种意象永远也不会与它所映照的实在相吻

---

① 《周易正义》，《十三经注疏本》，中华书局1980年版，第31页。
② 李鼎祚：《周易集解》，商务印书馆1937年版，第91—92页。

合，永远也无法准确地描绘实在。"① 这是因为"象"是一种超越现实的更高层次的语言，在从"观"上升到"观念"时，必然对原象会有一定的超越，这种超越也是意义内涵的开始。

由"原象"象征形态逐渐升华到"观念"象征形态之后，被赋予了意义的象征体系呈现出"非实体性特征"。荣格认为："真正的象征，即试图表达某种尚不存在恰当的语言概念能表达的东西。"② 人类对世界体验的最深刻最伟大的意味是难以用语言传达的，当某种难以言说体验需要表达的时候，就不得不寄托于象征的形式。在《周易》中处处都体现了以象征实现意义的路径。来知德认为：

> 曰像者，乃事理之仿佛近似、可以想像者也，非真有实事也，非真有实理也。若以事论，"金"岂可为车？"玉"岂可为铉？若以理论，"虎尾"岂可履？"左腹"岂可入？③

《周易》的卦象就是意象，只不过这个意象不是直观可视的。同时，卦爻辞中的意象也不是直接的言说，不是指具体的事物或事理，而是通过联想在我们头脑中形成的。

《周易》象征体系的"非实体性特征"是动态的、非定义性的。所谓实体性，在西方思维中认为世界的终极本体都可以归结为一个现成存在的实体，逻辑上逆推到最高的实在体。在中国的象思维的诸原象中则不然，它们是永远处于周流不息的运动之中的动态之象。《周易》《老子》《庄子》以及禅宗诸典对于最高理念，即"道""太极"等原象只有描述式的表达，均属于非实体性范畴。这一系列理论与西方形而上学的实体性范畴根本不同，而是有更多的体会空间，很难言传。可见，象思维诸"原象"涵括了中国思想文化中的诸多最高理念，这其中既包含了老庄道家的"无"，也有《周易》的"太极"。概念思维在探寻终极概念的过程中，总是以终极概念为逻辑运动的终点。然而，"象思维"却是永不停息的，"周

---

① ［德］恩斯特·卡西尔：《语言与神话》，于晓等译，生活·读书·新知三联书店1988年版，第34页。

② ［瑞士］荣格：《试分析心理学与诗的关系》，载叶舒宪《神话——原型批评》，陕西师范大学出版社1987年版，第88页。

③ 来知德：《周易集注·原序》，九州出版社2004年版，第10页。

行而不殆"的。比如《泰》九三爻辞:"无平不陂,无往不复"。因此,《周易》的六十四卦由《乾》《坤》两卦开始,取"有天地然后万物生"之意;继之以《屯》《蒙》《需》《讼》诸卦,展示了事物生发演化的全过程;在《既济》之后又受之以《未济》,以示"物不可穷"。

《周易》象征体系的"非实体性特征"还体现在对于想象与联想的能力重视。在拟象和造象过程中,运用的就是想象与联想的能力。将被感知观察存储在记忆中的材料,经过分析与综合的加工,创造出新的形象。很显然,所重新创造的象并非是原有的象,也不是实体存在的象,是人通过大脑思考、情感、智识等加工创造出来的非时下存在的象。创造象完全是在已知象基础上想象、模拟的结果,创造象的观念意义也是从主观象中继承来的。在《周易》意象思维从形象到意象的过程,想象更偏重于联想的成分,创造象与已知象在主观因素,即意义上的关联更为密切。这种思维,在《易传》中有进一步的发挥,《易经》本经系统中所记录的象是相对于权威的,但是在《易传》中又产生了更多的新的阐释。《易传》的阐释对于原经产生了更多的发挥,对每个别卦的象与义都作出了能动的演述和发挥,展示出一种全新的境界。

三 《周易》象征思维表现:隐喻与联想

《周易》通过隐喻的表达方式构建了深幽的义理,又依靠联想创造、延伸了诸多丰富的象征和观念。

1. 隐喻与义理

《周易》与一般卜筮书不同之处便在于蕴含的深刻哲理,但是诸多哲理并没有以明确的哲学观点表现出来,而是通过象的结构变化间接地隐晦地呈现出来。钱锺书《管锥编》云:

> 理賾义玄,说理陈义者取譬于近,假相于实,以为研几探微之津逮,释氏所谓权益方便也。古今说理,比比皆然。甚或张皇幽渺,云义理之博大创辟者每生新喻妙譬,至以譬喻为致知之具、穷理之阶,其喧宾夺主耶?抑移的就矢也!《易》之有象,取譬明理也,"所以喻道,而非道也"。求道之能喻而理之能明,初不拘泥于某象,变其象

也可；及道之既喻而理之既明，亦不恋着于象，舍象也可。①

这种用意象和象征构成的暗示比解说隐晦，但也比解说意味深厚，蕴涵深广，更比解说鲜活、生动。

《周易》中的隐喻思维是走向"象"的世界的一条通道，是象征思维的显著体现。从语言学角度来说，隐喻是一种修辞手段，所遵循的基本规则是在不同的事物之间建立类比关系，从而构建本体与喻体之间的关联。易象中的某一事物往往具有多方面的特征，因而也就具有了多向、多重的隐喻意义，这样的隐喻具有极为广阔的包容量。隐喻思维的包容性被学者们所认可，高亨认为"它的比喻和一般比喻有所不同，一般比喻有特定的被比喻的主体事物，而且多数是与取做比喻的客体事物同时出现于文中，而《周易》的比喻多数没有特定的被比喻的主体事物，当然不出出于文中，仅仅描述取做比喻的客体事物而已，因此，可以应用在许多人事方面。"② 隐喻思维使得在认知世界、把握世界方面就可以囊括宇宙、人世间的种种物象与事象。《周易》的隐喻思维的方式及其运用，在解释世界和指导改造世界方面几乎是万能的，具有极强的包容性和穿透力。

《周易》隐喻思维的包容性并非没有原则，而是谨循事物的某一内在特征、功用。《周易》中借助自然、人事、社会中具体存在的事物来阐释抽象艰深的哲学道理，以熟悉的情状来暗示较为陌生的情境，以形而下的暗示传达形而上的思想。孔颖达云：

> 其言曲而中者，变化无恒，不可为体例，其言随物屈曲，而名中其理也。……其《易》之所载之事其辞放肆显露，而所论义理深而幽隐也。③

可见，《周易》之所以可以应用于人事，主要是因为那些"寄宿之蓮庐"中的义理。这些义理使得《周易》"范围天地之化而不过，曲成万物而不遗。"④ 从具象里面窥见抽象，形式婉曲而意蕴隐深，又最终借象而达到明

---

① 钱锺书：《管锥编》（一），中华书局 1979 年版，第 11—12 页。
② 高亨：《周易杂论》，齐鲁书社 1979 年版，第 60 页。
③ 《周易正义》，《十三经注疏本》，中华书局 1980 年版，第 89 页。
④ 《周易正义》，《十三经注疏本》，中华书局 1980 年版，第 77 页。

理的目的，形散而意义统一。

2. 联想和想象

联想和想象对于《周易》观念的创造起着巨大的作用。从文字学角度看，从"象形"向"会意"的转化，就是观念化的开始。对于"观象"来说，从具体的象过渡到想象的象，也是象思维的观念化。《易传》作者们在种种联想、想象而创造的意象系列的基础上，又不断拓展，乃至时有新的想象与联想。《彖》《象》诸多内容明显可证，《彖》《象》本是担当着阐释卦象、卦辞、爻辞的任务，可是并不满足于被动的一般的解词释意，而是充分调动想象和联想的能力，对每个别卦的象与义都作了能动的演述和发挥，以至使不少卦象与爻象、卦辞与爻辞展示出一种全新的境界。

《周易》中的联想和想象也时刻注重与现实的联系。这一系列的想象和联想并不是任意无规则无边界的，理性思维对此提供了规律性和限制性。《文言》云："六爻发挥，旁通情也。"① 孔颖达云："发谓发越也，挥谓挥散也，言六爻发越挥散旁通万物之情也。"② 《周易》中所表现的丰富多彩的想象联想是从"六爻发挥"为起点，乃至全部的形象、意象、隐喻都因六爻而生。由阴爻和阳爻先组合的经卦，再由两个经卦组合的别卦，都有数的限制；而三百八十四爻中的每一爻都依别卦组合程式而定，六十四种"六爻"的排列没有任何随意这就是说，所有卦与爻的排列组合，都有数学上的严密性，近于一种机械性排列。从《周易》本体符号结构的排列律则来解释自然、社会、伦理、人事种种现象和意义，没有一定的想象和联想是很难体会的。人们凭想象与联想对"六爻发挥"而"旁通情"。《周易》的结构体系也因此获得了不朽的生命力。

《易传》扩充了《易经》对于现实生活的指导作用，使得潜藏的象征思维由隐而显。《彖》在谨慎地遵循卦象的基础上，既有想象和联想，也有渗透较深的理性判断。例如《彖》对《乾》卦的解说："大哉乾元！万物资始，乃统天。云行雨施，品物流形，大明终始，六位时成，时乘六龙，以御天。乾道变化，各正性命。保合太和，乃利贞。首出庶物，万国

---

① 《周易正义》，《十三经注疏本》，中华书局1980年版，第17页。
② 《周易正义》，《十三经注疏本》，中华书局1980年版，第17页。

咸宁。"① 这里在解说卦象的时候，展现了宏宽壮丽的宇宙景象，也表现了《周易》中对于和谐理性社会的思考，体现了理性的光辉。《彖》的思辨也有多处，如"大过之时大矣哉""险之时用大矣哉""遁之时义大矣哉"这样充满理性的判断。尽管如此，《周易》的思辨和理性，仍然是来自想象和联想所引入的新的意象。如《彖》曰："丰，大也。明以动，故丰。王假之，尚大也。勿忧，宜日中，宜照天下也。日中则昃，月盈则食。天地盈虚，与时消息，而况于人乎？况于鬼神乎？"② 《彖》作者继之由"丰盛"联想到它的反面，将他对日月变化的观察，盛盈与虚亏相互交替，表现了万物在盈亏盛衰中的哲学意味。

由上可见，真正意义上的象征是来源于现实，但是却和现实保持着距离。苏珊·朗格说："意象真正的功用是：它可作为抽象之物，可作为象征，即思想的荷载物。"③ 原型是人类祖先的栖息地，是观念的来源。在象征体系中，人被作为中介，连接了原型和象征对于人类来说原型是历史的，承载着人类心灵世界的历历往事。也正是因为原始意象是诗意生成的土壤，意象才是原型显现的有效检验手段，也就是说原型的意味依靠意象表达出来，意象是对于原型的跨越。《周易》通过"原象—象征—意义"的过程建构象征结构的同时将象征性思维也蕴藏其中。

第五节 《周易》的互渗结构与交感律思想

《周易》中的将无关联的事物并列的互渗结构与原始思维中的交感律有关。也有学者认为"一些表面上看来毫无联系的事物之所以引发诗人的感慨，其本质是原始诗性智慧'互渗律'作用的结果，在现代人看来并不关联的事物，在原始智慧里却存在着深刻的思想联系。"④ 在原始人类的思

---

① 《周易正义》，《十三经注疏本》，中华书局1980年版，第14页。
② 《周易正义》，《十三经注疏本》，中华书局1980年版，第67页。
③ [美]苏珊·朗格：《情感与形式》，刘大基等译，中国社会科学出版社1986年版，第57页。
④ 傅道彬：《"兴"的艺术源起与"诗可以兴"的思想路径》，《学习与探索》2006年第9期，第129页。

维中有着世代相传的"集体表象",即遗留原始人类集精神深处世代相传的尊敬、恐惧等宗教感情。在集体表象之下是没有因果律的,所有的表象之间都是"互渗的",存在着不可争议的联系。① 这些集体表象及其神秘的、原逻辑在《周易》中体现为互渗结构,并将交感律思想积淀在我们的文化心理之中。

一 《周易》的互渗结构

《周易》在思想传统上继承了原始诗性智慧的特征,象、数、象义等因素多层级结构间的互渗关系也因此开始凸显出来。

1. 象数互渗

象和数本来属于两种符号系统,看似不相关联的事物在先民的思想中可以作为神秘现象互相沟通。这种沟通是在原逻辑的形式下存在的,认为"客体、存在物、现象能够以我们不可思议的方式同时是它们自身,又是其他什么东西。"② 在占卜中象、数之所以能够互为表里互相关联,最终数作为易象的内在基因就是集体表象下神秘互渗律的典型体现。在原始思维中,占卜是神秘思想和原逻辑之间的互渗,"对原始人来说,占卜乃是附加的知觉。"③ 在原始思维中,所有的感知内容都被一些看不见、摸不着的神秘因素及其关联所渗透,这些神秘因素及其关联远比感知内容本身更重要。因此,如果它们自己不显现出来,就有必要设法使它们显现出来,这就是占卜的来源。

在原始思维的集体表象中,数并不具有它后来才有的概括性和抽象性。这一时期的数并不是抽象的数,而是和数量关系、计量事物相关联的交感表象。当数的含义复杂而神秘的时候,便与占卜的神秘气质互渗沟通,数与自然现象和社会人事之间的互渗便由此走入了新的集体表象之中。

在思维的不断发展进程中,人们开始将数字作为符号介质融入占卜之中。甲骨以及青铜器上的数字卦都说明了筮数由繁至简过程中历史符号性

---

① 傅道彬:《"兴"的艺术源起与"诗可以兴"的思想路径》,《学习与探索》2006 年第 9 期,第 127—129 页。

② [法] 列维 – 布留尔:《原始思维》,丁由译,商务印书馆 1985 年版,第 69—70 页。

③ [法] 列维 – 布留尔:《原始思维》,丁由译,商务印书馆 1985 年版,第 280 页。

质的变更。

　　《周易》将数相关的象以阴阳符号来表现，就体现了先民对于数量关系的思考，也彻底将象与数之间的互渗切实。"数字卦"早于卦符是目前学界公认的史实，甚至有学者认为"数字卦"和《周易》卦符存在一定的对应关系，所以被看作是八卦和六十四卦的原型。① 种种经典文献和出土实物都证明了象数是易学的重要基础，且与龟卜基础上发展起来的巫术智慧休戚相关。《周易》中的大衍筮法相对于数字占卜来说是一种数量计算的简化，也是对于相关数量关系更深一步的考量。《易传》云："极其数，遂定天下之象。"② 王夫之云："天下无数外之象。"③ 一般认为，易占是通过数以取象，并从象中推论出吉凶。而目前学界对于数字卦的认识，也是肯定其背后有"象"，对此晁福林认为："从商代卦数符号的实物看，商代易卦和筮法里还没有出现后世那样的卦画符号'—'和'--'，所谓的卦象是由数字来表示的。"④ 脱离了象的数字只能作为占筮的结果，本身没有意义，如果肯定其背后的"象"，数字则为通往象辞的路径，确为易占最终的象征系统的来源之一。

　　2. 象与象互渗

　　每一个六爻卦都是一个简单的数学排列组合，表征着阴阳的特定内在关系。其中从初爻到上爻，既体现了宇宙万物由微而显的渐变过程，更是体现了阴阳之间的对应交感。《周易》卦象就是建立在阴、阳二爻两个符号的基础上。因此，阴阳普遍相交、互渗的律则决定了象与象之间也受此律则支配。

　　首先，每卦内在的上下经卦之间存在交感互渗关系，并且具有方向性，只有相向而行时才能交互。例如《泰》卦䷊，天在上地在下本来是眼中所见、足下所立的事实，本应乾坤泰。但是地天泰，阴上阳下，阴气下降，阳气上升，中间有一个交感，二气相向而行实行交会，就是说阴阳之间能够相通能够互渗，这就是"天地交而万物通也，上下交而其志同也。"⑤ 习以为常的上天下地却是《否》卦䷋，阳上阴下，阳气上升，阴

---

① 参见王振复《〈周易〉的美学智慧》，北京大学出版社 2006 年版，第 6—8 页。

② 《周易正义》，《十三经注疏本》，中华书局 1980 年版，第 81 页。

③ 王夫之：《船山全书·尚书引义》（二），岳麓书社 2011 年版，第 338 页。

④ 晁福林：《商代易卦筮法初探》，《考古与文物》1977 年第 5 期，第 62 页。

⑤ 《周易正义》，《十三经注疏本》，中华书局 1980 年版，第 28 页。

气下降,二气相背而行不能交会,表现的卦象之意为不通,不相交合,故"天地不交而万物不通也,上下不交而天下无邦也。"① 也就是说,《周易》的交感互渗在空间上具有方向性,在六爻的空间结构中具有上下相向性。相向而动使得在上下经卦中间一定有相交接触的一点,这一点便成为上下卦之间能够互渗沟通的关键。

其次,每卦内部的爻象之间也存在互渗关系,这种互渗关系能够在本体结构中表现突出,只有阴阳相遇时才能出现交互。其中"比""应"两种爻位律则比较典型。爻与爻之间的"比"和"应"均具有阴阳相配,阴阳相遇才会有相交,才能互渗沟通。同性相斥的原则,而阳遇阳、阴遇阴,是相互敌对,多不利。

再次,卦与卦之间的关系也不是杂乱无章的,六十四卦的排列顺序也体现了"阴阳"间的互渗关联。"二二相耦,非覆即变"原则,是六十四卦排列的首要原则,从《乾》卦和《坤》卦开始互覆和互变的两卦都是紧临前后排列,构建了固定卦序。针对这一原则,《序卦》从义理角度论证了六十四卦总体趋势两两依次相承,具体有相因或者相反关系。例如《小畜》卦☴和《履》卦☲前后相连,就是《小畜》生《履》,前后相因;《遯》卦☶和《大壮》卦☳前后相连,就是《遯》极反《壮》,动竟归止,是前后相反。对此蔡清云:"《序卦》之义,有相反者,有相因者,相反者,极而变者也,相因者,其未至于极者也,总不出此二例。"② 两两之间相互关联互渗,互相影响,将六十四卦整体串联一体。

最后,互卦作为断卦体系的一个重要元素,更是将象与象之间的交感互渗关系表现出来。每卦四爻连互将其中二、三、四爻,合成下卦谓之下互;三、四、五爻,合成上卦,谓之上互,这一结构形式变化使得由一卦变更产生新的一卦;而将六爻结构看作三个四爻相连,则可以由一卦产生三个新卦。任何一个六爻卦都可以连续四爻连互为三个新的互卦,新的互卦也可以继续连互,如此循环下去,直至不能再变化位置。这种连互规律,将本卦发展成三个与此相联系的三个互卦,互卦在结构形式上与前一卦相连,而意义上也是表现了与前一卦的事象之间的相互联系。这种意义上的关联,是由形式结构变化和联系而产生的,归根结底来源于象与象之

---

① 《周易正义》,《十三经注疏本》,中华书局1980年版,第29页。
② 李光地:《周易折中》,巴蜀书社2006年版,第677页。

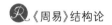

间的互渗。

3. 象与象义互渗

象与象义互渗主要以"象与象义相应"表现出来。所谓象与象义相应，是指基本的自然物象所要表达的意义与引申的人文事象所表达的意义大致是相同的。象与象义皆相应的现象在六十四卦中所占比例很大，也就是说大多数卦还是直接从正面进行比喻的。相反者其卦义都是不太吉利的。

象与象义及卦义皆相应的卦有《乾》《需》《履》《师》《比》《豫》《观》《睽》《解》《鼎》《丰》等。如《观》卦☶，下坤☷上巽☴，风行地上，吹遍万物，周观之象。《观》卦二阳要居于上位，四阴爻在下，亦有观仰之义，好似天子处于尊位被众民所瞻仰。卦辞则以"盥而不荐，有孚颙若"来比喻说明观仰要以最庄严可观，古时以祭祀宗庙之礼庄严之至。王弼于《周易注》曰："王道之可观者，莫盛于宗庙。宗庙之可观者，莫盛乎盥也。"① "盥"和"荐"均为祭祀典礼，"盥"是古礼在祭祀开始的时候要盥手，洗净为精诚严肃心境的表现；而"荐"是在祭祀中间为神明贡献祭品。可见《观》卦，是以祭祀之象来喻意在下者通过对于庄严之事的观仰来领受美好的教化，此卦辞是以象表意，两者之间关系明朗。

《履》卦☱，下兑☱，上乾☰，下和悦应上强健之象。八卦中乾为至健，兑为至弱，至弱蹑于强健之后，必然会有危机。和悦为一种谦卑欢喜态度，如果能够保持这种谦虚谨慎态度，即使遇上最凶猛的事象，也能够安然无恙。此卦卦辞为"履虎尾，不咥人。"虽然取象奇特，但实际是借行走于虎尾之后却不被伤，而喻人处于危机之时更应该小心谨慎，坚守正位。《正义》曰："以六三在兑体，兑为和悦，而应乾刚，虽履其危，而不见害，故得亨通，犹若履虎尾不见咥啮于人。此假物之象以喻人事。"② 在《周易》的象征形态中，虽然存在着诸多隐晦多变的因素，但是象与象义之间的相似和融合将象和人事相关联，是其整体结构的一项重要特点。

《周易》中之所以注重自然事象和人事象的和谐，主要就是人类把人与自然的天然关系付诸对于文化的表现形式之中。因此，象和象义之间的

---

① 王弼：《王弼集校释·周易注》，中华书局 1980 年版，第 315 页。
② 《周易正义》，《十三经注疏本》，中华书局 1980 年版，第 27 页。

互渗，就产生了文化的意味。《周易》中象与象义之间的相应互渗是原始人们从和谐角度看待人和自然的关系。自然是人类的原始家园，虽然在文明的进程中人类开启大地，从完全依赖自然直至离开原始的栖息地，建立自己的社会和家园，但是自然却作为一种象征积淀在人类的精神世界，里面寄托着人类的远古梦想和神秘的感情。当然这一生化融合过程并非一蹴而就，人类在最初离开自然家园之后，会越来越呈现一种复杂的心理，一方面在精神上却留恋和信赖自然，这便是促成了象与象义之间的相即不离的因素。

二 《周易》的"交感律"与易象体系的构建

在《周易》营造的天地之中，自然本身就存在着"交感"的关系。《泰》卦☷☰就是天地感应，泰卦将天上地下的本位相互易位，下为乾☰为天，上为坤☷为地，为了表现天气下降、地气上腾达到交合。《象》曰："天地交，泰。后以财成天地之道，辅相天地之宜，以左右民。"[1] 《彖》曰："天地交而万物通也，上下交而其志同也。"[2] 只要交流感通、物我合一，就能和谐互助，化育并进，这就是"泰"之义。可见，交通是泰，也是永恒，交通是生命发展的永恒道理。《恒》卦☳☴的恒久之义与此相类，下为巽为风☴，上为震为雷☳，雷震风行之象。《彖》又云：

> 天地之道，恒久而不已也。……日月得天而能久照，四时变化而能久成，圣人久于其道而天下化成。观其所恒，而天地万物之情可见矣。[3]

上述《彖》所云《恒》卦☳☴刚柔皆应，永远是雷风相与，能够感应交流，因此能达到一种生生不息的永不衰绝的恒久境地。

然而，这种交感思维并不仅仅停留在自然内部的关系之中，而是更多地体现在自然与人文之间的交流感应。中国古人思维中并不把自己的生

---

① 《周易正义》，《十三经注疏本》，中华书局1980年版，第28页。
② 《周易正义》，《十三经注疏本》，中华书局1980年版，第28页。
③ 《周易正义》，《十三经注疏本》，中华书局1980年版，第47页。

命、生活和自然区别开来。《周易》中易象体系被看作是一个包罗万象的巨大系统。《易传》云:

> 古者包牺氏之王天下也,仰则观象于天,俯则观法于地,观鸟兽之文,与地之宜。近取诸身,远取诸物,于是始作八卦,以通神明之德,以类万物之情。①

宏阔的天地是《周易》象征结构的最初启示物。《系辞上》有:"《易》与天地准,故能弥纶天地之道"②之语,认为天地为象征的楷模,天地中包含的生命活力贯穿万物,无处不在,所以只有"仰则观象于天,俯则观法于地"才能"与天地准"。天候上的变化与飞鸟走兽的栖息,几乎是当时人们物质生活的来源和全部的思想活动,自然界既是与自己对立可以观察和模仿的存在,又是物质世界、精神世界的来源。因此,人类的一切活动也应当是与自然相通的。

一方面,《周易》"交感律"作为交感巫术赖以建立的思想原则,最先体现为"同类相生"的相似律。中国古人发现自然与人事两种现象之间有着明显的相似性。王弼曰:

> 天地万物之情,见于所感也。凡感之为道,不能感非类者也,故引取女以明同类之义也。③

可见,中国古代先民在对于天地崇拜的思想中开始演绎天地,摹仿自然。《周易》力图告诉人们的是,自然是亲切的内在的,和生命、万物是一个相互感应、相互交流、生命融贯的有机体,如同男女之间的生命行为一样,天地间也有着庄严的生命交合。《系辞下》甚至用男女行为来比较天地的交感,谓之:

> 天地絪缊,万物化醇。男女构精,万物化生。④

---

① 《周易正义》,《十三经注疏本》,中华书局 1980 年版,第 86 页。
② 《周易正义》,《十三经注疏本》,中华书局 1980 年版,第 77 页。
③ 王弼:《王弼集校释·周易略例》,中华书局 1980 年版,第 374 页。
④ 《周易正义》,《十三经注疏本》,中华书局 1980 年版,第 88 页。

生命的诞生是生命之间的交流感应，按照相似律的原则，人类活动以摹仿自然的形式进行，天地之间的通泰，对于人类来说就是男女之间的相悦与融情。《咸》卦作为下经之首，专门探讨感应的意义。《彖》云：

> 咸，感也。柔上而刚下，二气感应以相与。止而说，男下女，是以"亨，利贞"，"取女吉"也。天地感而万物化生，圣人感人心而天下和平。观其所感，而天地万物之情可见矣。①

《咸》以男女夫妇共相感应，顺应天地之间的感应化生万物，一切相感的都是吉利的、平和的，所以《泰》卦和《咸》卦的卦辞都有"亨""吉"。《象》又云："山上有泽，咸，君子以虚受人。"② 这里更是明晰地将山泽相通象征"交感"，进一步发挥到君子对于庶民的感化。《彖》《象》从象征角度而言将交感之义延伸扩展到诸多人事之象中，但是根本的卦理相同或者相似。可见，《周易》中很多自然之象和人事象看似毫不相干，但是互相之间通过相似律相互关联，能够多角度阐明易理。

在不同层次的易象系统中，我们都可以看到这种相似律的存在，这也是易象系统能够不断扩张、不断延伸的思想根本。以《离》卦☲为例，本义代表日、火、电，除此性质为《离》立象的根本外，其立象从卦爻形状也有引申。☲两阳爻在外，一阴爻在内，所以凡是外坚内柔的物象也都以离来代表，因而《说卦》曰：

> 离为火，为日，为电，为中女，为甲胄，为戈兵。其于人也，为大腹，为乾卦。为鳖，为蟹，为蠃，为蚌，为龟。其於木也，为科上槁。③

这里的"甲胄""戈兵"这类象之所以能够归于离卦，均是为外部坚硬而内在肉身，即外刚内柔之物象、人象，符合"离中虚"的卦形。虞翻解释为：

---

① 《周易正义》，《十三经注疏本》，中华书局1980年版，第46页。
② 《周易正义》，《十三经注疏本》，中华书局1980年版，第46页。
③ 《周易正义》，《十三经注疏本》，中华书局1980年版，第95页。

此五者，皆取外刚内柔也。①

虞翻这里解释了"鳖""蟹""蠃""蚌""龟"五种甲壳类水族动物也是因为肉体处于硬壳之内。可见，象与物联系起来，无论在卦义和卦形上能够类聚的根本便是遵循了本质上的相似原则。这种共性和相似使不同的事物之间形成了一种异象同质的关系。当同一类事物以一种特质为主要表现，就能够以简单的表现形式来体现。一个符号名称来代替一个易象很难具有意义，但是多种卦象要概括进一个符号中，就要通过有意识探寻多种外貌中内质稍为近似的事物与之对应。

另一方面，《周易》"交感律"还体现为"接触律"，这一定律可以理解为"一经互相接触，在中断实体接触后还会继续远距离地互相作用"。接触律反映了先民朴素、原始的思维特点。先民的感生神话，是对伟大的人物生命来源的一种深沉追问，甚至形成了一种对于生命交感的思维原则。在《周易》中我们也能看到这种原始思维的特质。

接触律是从两个事物之间的交互作用开始的。感应必然是非单方面的活动，是双方交互的结果，没有交互，就没有"感"。在两个事物的交感过程中，强调的是融合、生长，而非对抗、分裂，当出现生长变化状态之后必然打破原有的稳固形式，呈现新的态势。天和地、阴和阳，要氤氲交合才能够万物化生。因此《泰》卦《象》云："天地交而万物通也，上下交而其志同也。"②有接触才会有感应，有接触才会有相互作用的机会，所以《周易》中多处可见"相推""相取""相摩""交合"等语辞和表意。如：

> 柔上而刚下，二气感应以相与。
> 刚柔相摩，八卦相荡。
> 刚柔相推，变在其中矣。③

上述引文都论述了"交感""相合"的重要性，所有关于生命和宇宙规律

---

① 李鼎祚：《周易集解》，商务印书馆 1937 年版，第 427 页。
② 《周易正义》，《十三经注疏本》，中华书局 1980 年版，第 28 页。
③ 《周易正义》，《十三经注疏本》，中华书局 1980 年版，第 46、76、85 页。

的变更都与此相关。

《归妹》也是对交互意义的论证。《象》对《归妹》卦的解释为："归妹，天地之大义也，天地不交而万物不兴。"① 对此，虞翻《周易参同契注》云："归，嫁也。兑为妹。泰三之四，坎月离日，俱归妹象。阴阳之义配日月，则天地交而万物通。"② 《归妹》䷵卦，上卦为长男为动，下卦为少女为悦，女上承男相悦而动，故"归妹"卦象即嫁女。相反如果男不婚，女不嫁，人间阴阳则会不交流不协调。王充云："夫妇之道，取法于天地。知夫妇法天地，不知推夫妇之道，以论天地之性，可谓惑矣。"③ 阴阳结合而生万物，与男女交感交应而生育新的生命的过程是完全一致的。《系辞上》云："乾道成男，坤道成女。乾知大始，坤作成物。"④ 天地是阴阳的具象呈现，乾坤是阴阳符指意义的表征，具有交互意象的双方就会更倾向于和谐接触，利于万物的生化。

纵观六十四卦中寓意相对好的卦，都有接触相交。双方如果能够和谐相交，则可以带吉祥或者生命。如《屯》卦䷂，下面雷☳，上面水☵，水下沉，雷向上，在中间能够接触相交，产生雷雨之象，而春雷乍鸣春雨初降才会产生草木萌生的春天之象，充满了浓厚的乐生顺生的思想。又如《既济》卦䷾，下卦火☲，上卦水☵，"水曰润下，火曰炎上"，因此《正义》云："水在火上，炊爨之象。饮食以之而成，性命以之而济。"⑤ 上下卦之间在方向上能够交感互动，可以象征了煮成食物，一种生成状态，表现事已成之义。

上古时期，阴阳的接触是相合相变的前提。"阴阳"二字有很大概括性，既指自然界和人的对立一体关系，几乎可以涵盖一切对立关系。可以说"阴阳"是以广泛的对待、交感现象和生活世界为认知源泉的。"阴阳"二气的氤氲激荡作为万物化生与化合的基本动力或属性。如：

　　　　日至之景，尺有五寸，谓之地中，天地之所合也，四时之所交

① 《周易正义》，《十三经注疏本》，中华书局 1980 年版，第 64 页。
② 李鼎祚：《周易集解》，商务印书馆 1937 年版，第 263 页。
③ 黄晖：《论衡校释》，中华书局 1990 年版，第 782 页。
④ 《周易正义》，《十三经注疏本》，中华书局 1980 年版，第 76 页。
⑤ 《周易正义》，《十三经注疏本》，中华书局 1980 年版，第 72 页。

也，风雨之所会也，阴阳之所和也。①

乐由阳来者也，礼由阴作者也，阴阳和而万物得。②

日出于东，月生于西。阴阳长短，终始相巡，以致天下之和。③

由此可见，"阴阳"不仅仅是自然概念，而且涉及社会生活，具有普遍性意义，阴阳之间的接触也便具有普遍性意义。"阴阳"观的流衍，将宇宙间万事万物的生成的过程上升为一个形上范畴的"阴阳"交感生化。所谓"天地之所合，四时之所交，风雨之所会，阴阳之所和"，"天地""合"、"四时""交"、"风雨""会"、"阴阳""和"。天地、四时、风雨、阴阳，无不集结着"阴阳交感"接触的重视。

接触互动、相交化生在结构上必然会产生变化。《周易》卦象不是静止的，阴阳二气运行不止、相互碰撞，六爻交递相推动而生变化，才使自然与人类社会都在变化中存在和发展，以显示出宇宙造化的勃勃生机与充沛活力。《系辞上》云："爻者，言乎变者也。"④ 之所以卦能够表现变易思想，大概就是阴阳作为相反相成的两个方面，能够以不同的交互状态进行重叠或者调整，以此来进行不同层面的表现和象征。在《周易》看来本体结构并非是静止不变的，可以以外在符号形式的卦位和爻位的变化来模拟象征事物的变易转化，任何一卦，只要更动一爻，就转化为另一卦，爻变引起象变。这样普遍存在的变化不可能是突然发生或者一蹴而就的，在对立变化的过程中必然会有一个相交的点。这一点是对立物质互相接触的焦点，当焦点被触碰之后，相互渐进交合转化的"交感"就成为一种必然。这种交感最终构成了《周易》结构变化和自我调适的基础。

可见，交感接触是普遍现象，"交感"符合生成态势，相互"接触"才具备了生命畅达的条件。《周易》把宇宙万物理解为一个普遍的交互作用之中的动态结构，这种普遍的交感观念将宇宙看成了变化动态的结构系统。虽然还只是一种简单朴素的观念，但是在哲学上是很深刻的⑤。交感互渗的动态结构既有灵动的特征，也能致使整体的内部能够进行适度的自

---

① 《周礼注疏》，《十三经注疏本》，中华书局 1980 年版，第 704 页。

② 《礼记正义》，《十三经注疏本》，中华书局 1980 年版，第 1446 页。

③ 《礼记正义》，《十三经注疏本》，中华书局 1980 年版，第 1595 页。

④ 《周易正义》，《十三经注疏本》，中华书局 1980 年版，第 77 页。

⑤ 参见［德］恩格斯《自然辩证法》，曹葆华等译，人民出版社 1962 年版，第 174—184 页。

我调适。《周易》中蕴含的交互感生的思想，是在文化的形式里面表现了生命的意味，并且将人的生命和自然生命相互关联，形成了"情伪相感而利害生"的统一。

三 《周易》交感互渗的哲学精神

《周易》的互渗结构和交感思维反映原始思维的诸多特征，形成影响广泛源远流长的哲学精神。《文言》云：

> 夫大人者，与天地合其德，与日月合其明，与四时合其序，与鬼神合其吉凶。先天而天弗违，后天而奉天时，天且弗违，而况于人乎，况于鬼神乎。①

这则材料认为，人类应该在自然变化中保持一种敬畏之心。当人们了解了天道之后，才可以顺应自然变化，发挥主观能动性，从天而动，这不仅仅是对于自然规律的尊重，也是从宏大的宇宙观之下对主客观能动性的思考。这种整体观认为自然法则和人事规律具有一致性相似性。因此，就卦义而言，无论是作为整体的六十四卦，还是作为子系统的个体卦，也都是从不同方面说明人与自然和谐交感。

《周易》以自然比拟社会，用天道比拟人道，体现了"推天道以明人道"。如在《大过》卦中，九二和九五爻辞分别云：

> 九二，枯杨生稊，老夫得其女妻，无不利。
> 九五，枯杨生华，老妇得其士夫，无咎无誉。

这两句爻辞均是前半句借自然物象言爻象，后半句言人事，易理相似，故前后又保持着意义上的统一，将自然现象的变化和人事之间的一致性表现出来。这种对于自然现象和人事之间共同特质的挖掘，是认为二者之间具有内在的统一性相似性的思想。

《周易》的互渗结构和交感思维规定了自然规律与道德精神活动的

---

① 《周易正义》，《十三经注疏本》，中华书局1980年版，第17页。

统一。易道具有伟大的力量，人不仅从自然界得到物质供养时要顺应自然规律，而且道德精神等活动都要同自然达到最高的统一和相合。相合不能简单理解为对自然规律的遵循，而更多的是在精神领域中将人的社会伦理道德、精神内在与自然统一相合起来。哲学上的交感，与人心感悟相关，"物体一经互相接触，在中断实体接触后还会继续远距离地互相作用"①，所以引起交感的未必仅仅是实物上的明显接触，在精神共鸣上也会产生绵延的互渗影响。人受到某种刺激才会激起各种喜怒、好恶等情感欲求，这种刺激有的来自内在思想，也有的来自外物。这里的外物包含了天地万物和种种社会现象，人心因感于外物会促使内心的情感欲求被唤起，也就是《乐记》所说的"人心之感于物"。这种心物交感的观念长久地影响中国人的心灵世界，成为中国人的文化心理。

交感的哲学性不仅仅体现在宇宙物质的层面，其观念还包含精神上的呼应。《易》以感为体，《周易》的哲学历史就是自然万物与人的心灵相互感应的历史。②

> 天地感而万物化生，圣人感人心而天下和平。观其所感，而天地万物之情可见矣。③
>
> 易，无思也，无为也，寂然不动，感而遂通天下之故，非天下之至神，其孰能与于此。④

上述引文可见，《周易》将精神性的交感看得很高，是"圣人"精神所能企及的领域。既然事物间相互对立、相互和谐、相互转化的哲学观是社会、自然和人三大领域里的客观存在的反映，那也就是人生哲学的一个基本内容。这就致使君子在修身之时，也注重主客体的统一，认为内在心性和外在事物之间能够互相沟通、互渗，可激起更宽广的思想内涵。

综上，《周易》内含着"互渗"结构及相应的"交感"思想，或称为"交感律""互渗律"，统称"交感互渗"思想。"交感互渗"是《周易》

---

① ［英］J. G. 弗雷泽：《金枝》，汪培基等译，商务印书馆2014年版，第26页。
② 傅道彬：《师法天地：〈周易〉与中国诗性智慧》，《函授教育》1997年第4期，第15页。
③ 《周易正义》，《十三经注疏本》，中华书局1980年版，第46页。
④ 《周易正义》，《十三经注疏本》，中华书局1980年版，第81页。

内部诸多部件能够衔接的重要律则。这一思想特点与列维－布留尔的理论相契合，列维－布留尔在论述原始思维时经常把"互渗"与"表象"或"集体表象"联系在一起。他认为这种思维方式以比喻与联想基础上的思想引申为基，"它不是反逻辑的，也不是非逻辑的。我说它是原逻辑的，只是想说它不象我们的思维那样必须避免矛盾。它首先是和主要是服从'互渗律'。"① "交感律"作为交感巫术赖以建立的思想原则，可以归结为"同类相生"的相似律，和"一经互相接触，在中断实体接触后还会继续远距离地互相作用"的接触律两大方面。同时，这两大规律并不局限于人类的活动而是可以普遍应用的。② 在《周易》的"交感互渗"思想结构中能够帮助我们辨识各种因素的内在连贯性，找出相互之间的关系。

---

① ［法］列维－布留尔：《原始思维》，丁由译，商务印书馆 1985 年版，第 71 页。
② ［英］J. G. 弗雷泽：《金枝》，汪培基等译，商务印书馆 2014 年版，第 26 页。

第六章 《周易》结构的审美艺术蕴含

　　《周易》将中国哲学的诗性品格和艺术审美紧密关联，充满了生机勃勃的艺术精神。《周易》的艺术精神并非仅仅存在于某一面向或范畴，也体现在其整体结构形式之中。这与《周易》独特的文本特征有关，《周易》的文本是"文象并构"的，而"文"和"象"则是通过"结构"这一艺术性的衔接手段统一起来的。《周易》的内容、结构形式，共同潜藏着《周易》的审美意识。甚至可以说，《周易》的审美艺术价值不仅仅在其内容之中，更在于其形式结构之中。

第一节　中和性的审美理想

　　《周易》表现了以"以中和为美"的审美理想，"中正平和"既是西周时期的审美追求，又是以中庸思想为哲学基础的美学范畴。《礼记·中庸》云："致中和，天地位焉，万物育焉。"① "喜怒哀乐之未发谓之中，发而皆中节谓之和。中也者，天下之大本也。和也者，天下之达道也。"② 所谓的中庸，即在事物的各方面中寻求恰到好处的正中，从结构角度而言便是不偏不倚，不前不后，不上不下，包括适中、平衡、平正等形态，将不同的精神品格调和在一起，实现融合，达到一种平衡和谐的审美境界。至于《周易》，李光地说："《易》所最重者中，故卦德之不善者，过乎中

---

① 《礼记正义》，《十三经注疏本》，中华书局1980年版，第1625页。
② 《礼记正义》，《十三经注疏本》，中华书局1980年版，第1625页。

则愈甚，《睽》《归妹》之类是也。卦德之善者，过乎中则不能守矣，《复》《中孚》之类是也。"① 处处表现出"中和性"的审美理想。

一 以"中"为判断吉凶的标准

"中"在《周易》中被赋予了最多关注和意义位置。在卦爻符号的本体结构里，"中"是特定的爻位，指的是二与五，二居下体中间。如：

> 九二悔亡，能久中也。
> 九二贞吉，中以行正也。②

五居上体中间，如：

> 顺以说，刚中而应。
> 其位在中，以贵行也。③

所以二爻和五爻均称中。与"中"密切相关的一个概念为"正"，即阳爻居阳位，阴爻居阴位，称为"正"。既中且正，最为美好。按《易》例规定，"中"大于"正"。如果阴爻居五位，刚爻居二位，虽未得位但却得"中"而相应，可以互补而协同，仍保持着对立面的和谐与稳定。同样可以得吉辞。金景芳、吕绍纲总结说："《易》中三百八十四爻，中爻一百二十八；一百二十八中爻里中而正者六十四，中而不正者六十四。六十四个中而正的爻中，唯有《乾》卦九五刚健中正。《乾》卦九五是纯乾中的中正。"④

在《易经》中，是明显以"中"为判断吉凶的标准。故解爻象时常遵循"二爻多誉""五爻多功"的原则。例如《周易集解》解释"需"卦九五爻爻辞"贞吉"，荀爽曰"处中居正。"九五爻既"当位"又居"上卦"中位，故有"处中""居正""贞吉"之象。这里"中"作为特定爻位，

---

① 李光地：《周易折中》，巴蜀书社 2006 年版，第 175 页。
② 《周易正义》，《十三经注疏本》，中华书局 1980 年版，第 47、73 页。
③ 《周易正义》，《十三经注疏本》，中华书局 1980 年版，第 58、64 页。
④ 金景芳、吕绍纲：《周易全解》，上海古籍出版社 2009 年版，第 31 页。

通常表示吉祥。这一判断吉凶的标准明显是从卦爻符号所构成的抽象空间角度思考问题。当然这种抽象空间必须是从整体上认知的,"与其研究知觉空间的起源和发展,我们更必须分析符号的空间。"① 也就是说,单独的符号是没有空间性的,只有符号和符号之间产生了互动、比较的关系,才会产生空间关系。一旦成为一个系统之后,具体位置就蕴含不同的意义,人们对于具体位置也就存在了不同的认可态度,认可度较高的位置会被赋予美好的意义。《周易》符号结构以"中"为吉凶的判断标准便由此而产生了。

在《易传》中"中"的概念也是被反复论及,而且得到了进一步扩展和阐释,表现了更明确的对于"中"道的向往。据统计,《彖》言"中"者共有 45 处,涉及 37 卦。《象》言"中"者共有 52 处,涉及 41 卦。对"中"的称谓又有 39 种之多,如"中正""正中""得中""刚中""柔中""中行""使中""在中""中直""大中""积中""中道""行中""未出中""久中""位中""中未变""中有庆""中不自乱""中心为正""中心为实"等,最后又强调"时中"。张载曾强调"中正然后贯天下之道,此君子之所以大居正也。盖得正则得所止,得所止则可以弘而至于大。……体正则不待矫而弘,未正必矫,矫而得中,然后可大。故致曲于诚者,必变而后化。极其大而后中可求,止其中而后大可有。"② 形上为道、形下为器,如果说有"形中"的学问,《周易》就是以符号形式结合上与下的第三种存在,而"究天人之际"就是中国古代哲学对"形而中"的认知和追求。足见《易传》继承了符号结构中以"中"为吉凶判断的标准,同样肯定了"中"在整体中的重要作用。

二 以"中"为理论的重要概念

"中"在先秦时期是重要的思想观念。《尚书·洪范》云:"皇建其有极。""会其有极,归其有极。"③《诗经·思文》云:"思文后稷,克配彼天。立我烝民,莫匪尔极。"④ 这是从本体意义和人生哲学意义上讨论天体

---

① [德]恩斯特·卡西尔:《人论》,甘阳译,上海译文出版社 1985 年版,第 56 页。
② 章锡琛:《张载集》,中华书局 1978 年版,第 26—28 页。
③ 《尚书正义》,《十三经注疏本》,中华书局 1980 年版,第 189、190 页。
④ 《毛诗正义》,《十三经注疏本》,中华书局 1980 年版,第 590 页。

运行的"大中之道"和人的"中正"行为标准之间的关联。儒家讲"大中而应"的"大有",讲"刚中以应,大亨以正,天之道也",讲"中正以观天下"的行为标准。都是继承了《尚书》《诗经》大中之道的哲学思想。子思在《中庸》中明晰为:"中也者,天下之大本也。和也者,天下之达道也。致中和,天地位焉,万物育焉。"子思把"中"提到本体的高度。

"中"在《周易》的思想中也具有重要地位。"中"在《周易》中凡144 见,① 其中《易经》13 见,《易传》131 见,另外《周易》中用了很多带"中"字的词,可见是反复讨论的内容。《周易》同样将"中"看作人为善修身的道德标准,所不同的是它借天道言人事,把"中"与人事的吉凶祸福紧密联系,立中正仁义之极,建立道德标准以体贴天地性命之理。"与天地合其德,与日月合其明,与四时合其序,与鬼神合其吉凶"②,将人生法则与天地法则合一。朱熹解释"中庸"说:"中者,不偏不倚、无过不及之名。庸,平常也。"③ 平常即恒常。季札评价周乐时,说《邶风》《鄘风》《卫风》"忧而不困",说《王风》"思而不惧",说《豳风》"乐而不淫",说《小雅》"思而不贰",说《颂》"直而不倨,曲而不屈,迩而不偪,远而不携,迁而不淫,复而不厌,哀而不愁,乐而不荒。"④ 都是先言两个极端,再使用去偏取中的方式,取中间的含义。《易传》也有这一语言特点,如《文言》云:"居上位而不骄,在下位而不忧。"⑤《系辞上》云:"劳而不伐。"⑥《系辞下》云:"杂而不越。"⑦

唯取中正原则不仅贯穿于《易传》释义的始终,也体现在对颜色的取舍上。在所有色彩中,《周易》最推崇黄色。《坤》卦六五爻辞曰:"黄裳,元吉"。《鼎》卦六五爻辞曰:"鼎黄耳金铉,利贞。"此二爻均居外卦中位,故得"吉""利"。黄色在"五色"里介于黑与白的中间,在东、南、西、北、中之位置上,《汉书·律历志》亦云:"黄者,中之色,君之

---

① 郭文友:《周易辞海》,巴蜀书社 2005 年版,第 80—82 页。
② 《周易正义》,《十三经注疏本》,中华书局 1980 年版,第 17 页。
③ 朱熹:《四书章句集注》,中华书局 1983 年版,第 17 页。
④ 《春秋左传正义》,《十三经注疏本》,中华书局 1980 年版,第 2007 页。
⑤ 《周易正义》,《十三经注疏本》,中华书局 1980 年版,第 16 页。
⑥ 《周易正义》,《十三经注疏本》,中华书局 1980 年版,第 79 页。
⑦ 《周易正义》,《十三经注疏本》,中华书局 1980 年版,第 89 页。

服也。"① 黄色之所以在《周易》中得到推崇，就在于它含有中正的意蕴，并由此而使黄色在后世成为正色和帝王之色。唯取中正同时也是后世艺术遵循的美学原则，贯彻在我国古代建筑设计、舞蹈编排、绘画构图、文章修辞、诗歌用韵等几乎所有的艺术形式之中，如嵇康的《乐论》云："乐者，使人精神平和，衰气不入。"② 唐太宗论笔法："虚则欹，满则覆，中则正。正者，和之谓也。"而"乐而不淫，哀而不伤"③，更成为儒家艺术理论的核心主张。总之，中正与两端保持等距离，是最完美的均衡状态，无论偏向任何一端，都将破坏均衡和善美结构。

三 形式与意味的实践统一

在先秦经典中我们经常可以看到"A 而 B"和"A 而不 B"的句式，在表现形式与理论意义上体现了"中"的意味。《周易》文本大量存在"A 而不 B"的固定句式，在《易经》卦爻辞中出现 1 次，在《象》中出现了 11 次，《系辞》中出现 2 次，在《文言》中出现 9 次，在《序卦》中出现 3 次，《杂卦》出现一次。这一固定句式代表了尽情而不放纵，自然而不过度的美学意味。如《左传》襄公二十九年吴季札观乐对《诗经》评论曰：

> 直而不倨，曲而不屈，迩而不偪，远而不携，迁而不淫，复而不厌，哀而不愁，乐而不荒，用而不匮，广而不宣，施而不费，取而不贪，处而不底，行而不流。④

这十四个排比句式跌宕起伏，评论是以"中和"为审美评价标准的，同时在表现形式上也是以"A 而不 B"来进行表述。上述经典中，"A 而 B"和"A 而不 B"的句式，都是把辩证法的对立统一规律运用于修辞学，从不同的角度来考察一个事物的两面，在无法以明确定义的基础上把事物的形式和内容、内在和外在、现象和本质等和谐地统一起来。

---

① 班固：《汉书》，中华书局 1964 年版，第 959 页。
② 郭光：《阮籍集校注·乐论》，中州古籍出版社 1991 年版，第 60 页。
③ 《论语注疏》，《十三经注疏本》，中华书局 1980 年版，第 2468 页。
④ 《春秋左传正义》，《十三经注疏本》，中华书局 1980 年版，第 2007 页。

在"A而不B"的句式中"A"和"B"包括有顺承和相似关系，因此构成了"A"和"不B"之间的正反关系。反对关系下的"A而不B"所表达的便是取"中"之意。例如：

> 亢之为言也，知进而不知退，知存而不知亡，知得而不知丧。
>
> 刚健而不陷，其义不困穷矣。
>
> 流而不盈，行险而不失其信。
>
> 旁行而不流。
>
> 言天下之至赜而不可恶也，言天下之至动而不可乱也。[①]

上述例证明显地表现出不取事物两端特质，而取中间特质。虽然很难给中间特质一个固定的定义，但是意在缩小和限制事物的外延，寻求到一个不偏颇的取值范围。

　　"A而不B"也直接给出了表示范围和中正的意味。如：

> 范围天地之化而不过，曲成万物而不遗。
>
> 九三，重刚而不中，上不在天，下不在田，故乾乾因其时而惕，虽危无咎矣。[②]

这一类型的句式在一定程度上似乎表现了自相矛盾的两方，但是实际上却在对立中寻求了一个强调性，在综合的处理中，表现了事物的特征。正像康德描述的从"正题"到"反题"，最终形成"合题"的"三一式"理论运动过程。黑格尔认为正题是肯定的，反题是否定的，合题是两者的综合："到处都展示为正题、反题和综合的图式。"[③] 但从正题到反题，再到合题是一个有机体的运动过程，不是简单的否定，"它们在有机统一体中不但不互相抵触，而且彼此都同样是必要的；而正是这种同样的必要性才构成整体的生命。"[④] 反题相对于正题，合题相对于反题，都不是简单的否

① 《周易正义》，《十三经注疏本》，中华书局1980年版，第17、23、42、77、79页。

② 《周易正义》，《十三经注疏本》，中华书局1980年版，第77、17页。

③ ［德］黑格尔：《哲学史讲演录》（四），贺麟、王太庆译，商务印书馆1983年版，第306—307页。

④ ［德］黑格尔：《精神现象学》（上），贺麟、王玖兴译，商务印书馆1981年版，第2页。

定关系，而是相互矛盾相互冲突，又相互吸收相互依存。

除此之外，在上下句的联系中，也可以看到一种具有逻辑联系的"中和"形式。例如《序卦》在解释卦序的过程中，常常使用"物不可以终通，故受之以《否》。""无不可以终否，故受之以《同人》。"这是一种双重否定句式，加之以因果关系。这样的话语，尽管从卦序的说解看有牵强的地方，但其中体现的"过犹不及"的中庸思想却是显而易见的。由此可见，在对立中寻求平衡，在相反中寻求和谐，形成统一，达到中和，这是一种哲学境界，也是一种审美精神。

综上所述，《周易》的"中和"美既能够体现在判断吉凶的标准上，在理论建设上，也能够体现在语言表达形式和能力上。中和的结构形式在于对于平衡性的追求，使得每一方都在一定适当限度内发展，没有"过"与"不及"，不偏不倚，恰到好处，使矛盾着的双方保持一种和谐的状态，总体上呈现出中正平和、含蓄隽永的特征。

第二节　对称性的审美表现

对称之所以成为美的一条重要的形式规律，是因为美是在人类生活的实践创造中所取得的自由感性的具体表现。这种自由不能脱离人的生存与活动相关的数学、物理规律的创造性的掌握与应用，而对称正是自然界十分普遍地存在的数学、物理规律。因此，当它为人以掌握应用，并显示出人通过对自然规律的支配而取得了自由时，对称的形式就成为美的形式了。《周易》虽然没有明确提出对称的概念，但是其符号象征系统、文学系统、哲学系统结构中都表现了对称作为美的一个法则的普遍性。

一　对称性与阶段结构

1. 系统均衡

《周易》认为宇宙是按对称性衍化的，"是故易有太极，是生两仪，两仪生四象，四象生八卦"，并提出数与象、卦与象、卦与数的对应关系，可以说这一思想贯穿了《周易》的结构系统之中。无论是从小的卦象关系、整体的卦序关系上都有对称性特质，使得整个系统均衡匀称。

（1）卦象的对称结构

首先，在象征系统中，处处可见两两对称关系。卦象的最基本构成阴阳两爻，在哲学上表现了相对的特质。《周易》云："一阴一阳之谓道"，天地万物都包含了阴阳这两个相互对立的方面，不仅在内涵意义上体现了对称，在卦象的结构形式上有着明显的对称和均衡的特质。《系辞上》云：

> 参伍以变，错综其数，通其变，遂成天下之文，极其数，遂定天下之象，非天下之至变，其孰能与于此。①

这里"参伍以变，错综其数"便是卦象构成的对称规律的原则。具体而言，错卦是将本卦的阴阳爻在位不变的情况下，阴阳体与用的转换而成，本卦与其错卦之间阴阳对立。例如地雷《复》䷗（本卦）的错卦就是天风《姤》䷫（错卦）。"错卦"关系，意味着绝对的对立，在其他一些古籍里又被称为"反卦"关系，或者"正对体"关系。错卦的两个卦象，在横向上，每一阳爻和每一阴爻对称，两两相应，构成左右对称。

综卦就是将本卦的爻位倒置，或简单地称为"镜面卦"或"倒置卦"。如地雷《复》䷗（本卦），镜面或倒置后则成山地《剥》䷖。对于综卦来说，对称性体现在纵向的比较上。错卦和综卦关系的两两卦象，并非是静止状态的，而是流动性、变化性的。因此《周易》所说的由"错综其数"构成对称，是在丰富多样的变化中的对称。

其次，卦象的对称除了体现在两两关系上，在一卦之内也有明显表现。六十四卦每一卦自身均可看作是一个由下而上的纵向对称结构。这种结构又可区分为两种情况。

其一，下卦与上卦对称。上卦与下卦之间可构成对称，或为反对，或为正对。属于反对的有由八卦（经卦）的《乾》与《坤》、《巽》与《震》、《艮》与《兑》、《坎》与《离》重叠而成的八个卦。如由震下巽上构成的《益》卦和由离下坎上构成的《既济》卦。这一类卦，下卦的每一爻均与上卦位置相同的另一爻构成反对，一般看上去很合规律而美。属于正对的，有由八卦中每一卦自相重叠而构成的八个卦。这一类由八卦中

---

① 《周易正义》，《十三经注疏本》，中华书局1980年版，第81页。

每一卦自相重叠而构成的卦，上下卦完全对称，有高度的合规律性。如《离》卦与《震》卦。

其二，下、中、上三位爻互相对称。《周易》卦象，下二爻属下位，中二爻属中位，上二爻属上位。三位之间可构成对称，这一类卦不多。属于正对者有《乾》《坤》两卦，属于反对者有《中孚》《小过》两卦。这类对称两卦结构很整齐，从下至上，三位间形成反对，下位爻与上位爻恰好又是正对，中位爻犹如一中轴。

（2）卦序的对称结构

《周易》卦序结构中也保持了对称性。《序卦》首先从义理角度开始探究卦与卦之间的关联，认为两两依次相承，总体趋势为相因或者相反关系。如《小畜》卦和《履》卦前后相连，就是《小畜》生《履》，前后相因；《遁》卦和《大壮》卦前后相连，就是《遁》极反《壮》，动竟归止，是前后相反。孔颖达将其规律概括为"二二相耦，非覆即变"。其中《乾》和《坤》、《颐》和《大过》、《坎》和《离》、《中孚》和《小过》都是保持左右横向对称，至于其他五十六卦保持着纵向的对称。

根据莱布尼茨对《易经》二进制符号的解释，如果把文王卦序和伏羲卦序按二进制数学翻译，按统计学展开，其配对排列是确定的。这些卦对或者是倒置式的，或者是互补式的，并且二进制数学的"数"基本质也是基于对称性原理。"我们可以从《易经》中发现其他系统，每个系统有一个规则：对称（规则）或更高程度的对称（规则）、相对对称（规则）。"①卦序呈现出优美的对称性和完备的均衡性，展示了深奥的易理意境和高超的构造方法。

（3）易图的对称结构

宇宙的对称性、均衡性也得到科学家的认可。杨振宁认为："对称概念像人类文明一样古老。它是如何诞生的，也许是一个永恒之秘密。但是，生物世界和物理世界中的令人惊奇的对称结构，必定给先民们留下了深刻的印象。人体的左右对称也不会不激起先民们的创造天性。很容易想象，越过这一早期阶段，对称概念被抽象出来了，起初也许下意识地，后

---

① ［匈］劳维斯·贝拉：《〈易经〉中的控制论》，林忠军译，《周易研究》1989年第1期，第75页。

来便以比较明确的形式抽象出来。"① 这种以抽象形式表现对称性特征,在八卦相关的卦图中有更明显的例子。如下图 6 - 1:

图 6 - 1 太极图

太极图是由黑白分明的两尾鱼构成,两鱼又称两仪。两鱼在圆圈中相互追逐,生生不息,形成最基本的均衡和对称。太极图之所以绘成圆形而不是其他几何图形,与人们看到的宇宙、日月星辰的运行轨迹以及对圆的崇拜有很大关系,这与西方思想家认为圆是最完美的几何图形具有一致性。

另外,河图洛书也体现了对称性原理。汉代儒士认为,河图就是八卦,而洛书就是《尚书》中的《洪范九畴》。河图洛书最早记录在《尚书》之中,其次在《易传》之中,具体图例如图 6 - 2:

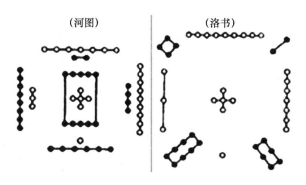

图 6 - 2 河图、洛书

图是由黑白两种圆组成的圆环,在图中白圆为阳为奇为正,黑圆为阴为偶

---

① 杨振宁:《对称和物理学》,《中国音乐》1995 年第 4 期,第 14 页。

为负,形成阳阴对峙。河图中的数字排列是遵循了《系辞上》中"天一,地二,天三,地四,天五,地六,天七,地八,天九,地十"[①] 的规律。另外,河图还具有方位,并具对称性。实际上,河图的对称在数字运算上也有体现,每一组的黑白两种圆圈做差都会得到数5,洛书由9组黑白圆圈组成。白圈5组,分别为1、3、5、6、9,白圈总计25个,为阳(5居中央)。从方位看1、2、7、9占居南东北西"四正"之位,和数等于20。黑圈点有四组,其数分别是2、4、6、8,和为20为阳,洛书上,纵、横、斜三条线上的三个数字,其和皆等于15。由此可见,洛书也是保持了数字、方位两面都对称的原则。

易图虽然晚于《周易》而出现,但是其形式中所代表的意义,也是对于《周易》结构的阐释。所以易图的对称结构,是《周易》结构的一种外在表现。

2. 结对归类

对称性是人们在试图创造秩序上和谐完美。《周易》从内容形式上均具有结对归类的思想。《周易》通过两种方式体现"结对归类"的思想原则。

一种为类同以相得。即把相同或相类的事物排列在一起,从而形成一种"同声相应"的和谐效果。如:

同声相应,同气相求。水流湿,火就燥,云从龙,风从虎,圣人作而万物睹,本乎天者亲上,本乎地者亲下,则各从其类也。

方以类聚,物以群分,吉凶生矣。在天成象,在地成形,变化见矣。

夫易,广矣大矣,以言乎远则不御,以言乎迩则静而正,以言乎天地之间则备矣。[②]

上述均表现了一定的归类思想,而归类的前提则是类同,结对归类之后从整体上看便很少有突兀的情况,是均衡形态的前提。

另一种为对举而和同。即把相反的事物相对而言,却造成相成的艺术

---

① 《周易正义》,《十三经注疏本》,中华书局1980年版,第81页。
② 《周易正义》,《十三经注疏本》,中华书局1980年版,第16、76、78页。

效果。在《易传》中，阴与阳、刚与柔、日与月、男与女、天地人、寒与暑、动与静、治与乱、安与危等，经常对举而言，如"天尊地卑，乾坤定矣。卑高以陈，贵贱位矣。动静有常，刚柔断矣。"① "日月运行，一寒一暑。乾道成男，坤道成女。"② 《周易》就是以阴阳为中心，阴阳是有无、上下、天人、男女、君臣等相对事物的终极描述，对举概念是以对方的存在而标榜和召唤出自我。

古代思想家们对于矛盾的两极，并不是以消灭对方为前提，而是承认对立。《尚书·舜典》主张艺术上的"直而温，宽而栗，刚而无虐，简而无傲。"③ 《尚书·皋陶谟》倡导道德上的"宽而栗，柔而立，愿而恭，乱而敬，扰而毅，直而温，简而廉，刚而塞，彊而义。"④ 古代经典善于描述对立两极的存在。它实质上表达的是一种事物和谐共存的哲学诉求。这种哲学意义上的理解，比数学几何意义上的理解更为普遍。

二 对偶性与艺术表现

《周易》在哲学和符号结构上相对而又统一的规律，延伸到语言文本上，便形成了绵延千年的对偶形式，即行文上诸多的对句形式。

《周易》中对偶句较多。如

> 天行健，君子以自强不息。
> 地势坤，君子以厚德载物。
> 同声相应，同气相求。水流湿，火就燥。⑤

此类句式在，经传中俯拾即是，《文言》《系辞》中尤为明显，第四章中已多有论述梳理。对此，刘勰论曰：

> 易之文系，圣人之妙思也。序乾四德，则句句相衔；龙虎类感，

---

① 《周易正义》，《十三经注疏本》，中华书局1980年版，第75—76页。
② 《周易正义》，《十三经注疏本》，中华书局1980年版，第76页。
③ 《尚书正义》，《十三经注疏本》，中华书局1980年版，第131页。
④ 《尚书正义》，《十三经注疏本》，中华书局1980年版，第138页。
⑤ 《周易正义》，《十三经注疏本》，中华书局1980年版，第14、18、16页。

则字字相俪；乾坤易简，则宛转相承；日月往来，则隔行悬合：虽句字或殊，而偶意一也。①

上述引文"序乾四德，则句句相衔"是指"乾，元，亨，利，贞。"即"四德"，这四句都是相衔对偶的。"龙虎类感，则字字相俪"是云《文言》中有"水流湿，火就燥，云从龙，风从虎"的话都字字相对。"乾坤易简，则宛转相承"则论《系辞上》："天尊地卑，乾坤定矣。卑高以陈，贵贱位矣……乾以易知，坤以简能。易则易知，简则易从。易知则有亲，易从则有功。有亲则可久，有功则可大。"② 这段解说论理上承下接本身也为对偶。"日月往来，则隔行悬合"是说《系辞下》："日往则月来，月往则日来，日月相推而明生焉。寒往则暑来，暑往则寒来，寒暑相推而岁成焉。"③ 隔行隔句遥相对仗。虽然这些句子的字数不一样，可是用意构成对偶却是一致的。

对偶现象之所以会创造文学艺术美，是与表现形式密不可分的，古典诗论中对此是有所褒扬的。《文心雕龙》云：

> 若夫事或孤立，莫与相偶，是夔之一足，趻踔而行也。若气无奇类，文乏异采，碌碌丽辞，则昏睡耳目。必使理圆事密，联璧其章，迭用奇偶，节以杂佩，乃其贵耳。类此而思，理自见也。④

上述引文可见，美好的言对，以精巧为贵；高明的事对，用事恰当。如果两事相对，好坏却不均衡对称，那就犹如驾车时良马在左，劣马在右。至于要是只有孤零零的一件事情，没有可以相配对的，像夔只有一只脚一样，只能跳着走路。即若是没有奇异的同类，缺乏特殊的文采，使人读之必将昏昏欲睡。所以，一定要使事理圆转周密，呈显文采，交替使用散句和偶句，就像用各种不同的佩玉加以调节，这就是一种完美的俪辞了。

对称是中华文化的重要审美元素，古代诸多文体都据此形成了声偶兼备的特征，汉代大赋、六朝骈文、唐代诗歌、宋代词作，几乎最具有中国

---

① 范文澜注：《文心雕龙注》，上海古籍出版社 1998 年版，第 588 页。
② 《周易正义》，《十三经注疏本》，中华书局 1980 年版，第 75—76 页。
③ 《周易正义》，《十三经注疏本》，中华书局 1980 年版，第 87 页。
④ 范文澜注：《文心雕龙注》，上海古籍出版社 1998 年版，第 589 页。

特色的文学形式都继承了对称传承，形成了具有特性的和谐对称的审美习惯。

第三节　秩序性的美学实践

《周易》的编辑者在洞悉了宇宙万物的繁复和律则之后，不仅仅要将自古相传的占筮方法固定为一定规律形式，而且也要将对吉凶和象的解释加以系统化、定式化，供其他占筮者参考，所以从整体到局部的构建中，都体现了严密的秩序性。

一　言有序与创作实践

能够有条理和清晰的表述是语言的最基本要求。《艮》卦六五爻辞"言有序"则是较早关于"言"的理论意义的表述，这里"有序"是对"言"的条理顺序的首要要求，反映了先人们对于语言的表达变杂乱为有序的愿望。《礼记·乐记》中曰："乐者，天地之和也。礼者，天地之序也。和故百物皆化，序故群物皆别。"① 其中所言之"序"，与"言有序"属偶一言及，强调言有序的语言形式体现了对古典审美精神和情趣的坚持，《周易》在语言上就具有这样的特色。

1. 对语言操作的关心

当人们意识到语言的存在、对言语行为进行反思时，才可能自觉地去控制、规范、发展语言。《周易》的语言意识十分丰富，重视言语操作，主张言语谨镇、镇定、沉着、清晰。

首先，从《周易》的卦爻辞中可以看到对语言现象的关注。在《困》《师》《震》《讼》《益》《坤》《赛》《离》等卦里，记录了诸如谴责、讯问、争讼、命令、称誉、谏议、告白、禀报、歌唱之类的语言活动。这些卦中既显示出语言既与个人福祸、村落安危相关，又体现了语言无时无刻不在以各种形式作用于个人与社会的各种侧面。这表明，先民已经意识到

---

① 《礼记正义》，十三经注疏软刻本，中华书局1980年版，第1530页。

语言广泛而复杂的文化功能，这就不能不引起人们对语言的重视。基于这种心态，《周易》表现出对语言操作的极度关怀，将慎言与吉凶福祸相关联。《坤》六四云："括囊，无咎无誉。"《象》："括囊，无咎，慎不害也。"① 《文言》云："盖言谨也。"② 高亨解释说："束结囊口，则内无所出，外无所入，人之于事不问不闻，有似于此。于事不问不闻，则无咎无誉。"③ 这些主张使语言必须谨慎，要求守口如瓶，以期平平安安。否则，就可能祸从口出。

具体而言，对语言操作的关心表现在以期正确表达客观事物。在语辞使用上，强调"言有物""名正言顺"。《象》曰："风自火出，家人。君子以言有物，而行有恒。"④ 《家人》卦重视家庭伦理上的道德修养，从而能够言行诚实不妄。马振彪曰："《系辞》之言观之，言行所感应者，正则荣，不正则辱。正，为天地之大义；有物有恒，合乎天地之大义。故君子正家，必验诸言行也。"又曰："君子之德风，主于感化。礼文昭著，如火之明，故取风火之象。正家之道，验诸言行为最切。"⑤ 上述大旨相近，都落实到语言表达时应该强调内容的充实和真实。

"言有物""其称名也，杂而不越"⑥ 也都是指向要准确地表情达意。称物之名虽然复杂繁多，但是互相之间还是应该保持一定的界限，要将词义辨析清楚，即便是运用修辞加以文采，也要做到"不以文害辞，不以辞害志。"⑦ 在《周易》的卦爻辞中这一点表现的比较明晰，以简单但是具有实感的词语来表达广博的效果，因此称其为"卦有小大，辞有险易。辞也者，各指其所之。"⑧ 都是以"微言"表达"大义"，目的在于切中事理。

2. 对语言排列的重视

对于语言操作的关心落实到创作实践中则体现在对语言排列的重视。

首先，《周易》的筮辞并不是随意罗列各种筮辞，而是经过整理和编

① 《周易正义》，《十三经注疏本》，中华书局 1980 年版，第 18 页。
② 《周易正义》，《十三经注疏本》，中华书局 1980 年版，第 19 页。
③ 高亨：《周易古经今注》，中华书局 1984 年版，第 168 页。
④ 《周易正义》，《十三经注疏本》，中华书局 1980 年版，第 50 页。
⑤ 马振彪：《周易学说》，花城出版社 2002 年版，第 362、367 页。
⑥ 《周易正义》，《十三经注疏本》，中华书局 1980 年版，第 89 页。
⑦ 《孟子注疏》，《十三经注疏本》，中华书局 1980 年版，第 2735 页。
⑧ 《周易正义》，《十三经注疏本》，中华书局 1980 年版，第 77 页。

排，并且将挑选出的筮辞加以分类、排比。在前章《易经》卦爻辞结构形式中我们已经详细分析了，《周易》卦爻辞具有明显的编排痕迹，具有章法的结构意义。如《井》卦，从初爻到上爻所记录的语辞符合修葺枯井的系列客观行为的顺序，体现了合理的连贯叙事。《井》卦初六爻辞云"井泥不食"；九二爻无法汲用，为"井谷射鲋，瓮敝漏"；九三爻写可以汲引所用；而六四爻辞认为不可急于进取但可修井备用；九五到了井水可供食用；最后，上六居终，是大成之象。此外，《乾》《坤》《离》《需》《咸》《渐》《同人》《贲》等卦爻题爻辞均具有上下一贯的逻辑关系，在语义上爻辞存在着上下一贯的逻辑关系，或环环相扣，或层层递进，呈现出严整语篇结构和微隐的叙事传统。可以说卦爻辞中的结构排列形式，反映了商周之际的语言发展水平以及对语言的规范、表达能力。

其次，要以准确特定的语辞、语法来表意。《周易》正是意识到语言杂乱无序会影响语言表达的确定性、准确性和规范性，从而影响表达效果，所以才主张"言有序"。这就要求语言以恰当的、合乎语法规范的词序去表达特定的语法结构，从而准确表达特定的语义。其中的语素缓急、先后、本末都应该被考量进"一言有序"之"序"。"言有序"被引为"义法"之"法"，也就是落实到表现形式的条理性上，"言有序"之"言"既包括言词，也包括语言（语句）；因而其所谓"序"既指词序，也指语序（即话语内部的层次顺序与连贯衔接等）。主张"言有序"，既是要求语言从混杂散乱的状态中调整过来，使词与词、句与句之间的次序、条理明晰得当。① 因此在《周易》中明显的逻辑性表述比较多。例如因果句式，在《序卦》中"故受之"句式反复出现，对卦序的排列进行了规律宏观的表述，从中可以看见明显的前因后果的关联性。

另外，在卦爻辞中有明显的韵文形式、复沓形式、固定词语的使用、固定句式排列等，都是对于言有序的艺术美学思想的实践。《易传》实际上是对《易经》的接受的记录，那么从成书年代来看，《易传》的接受理论的雏形很大一部分必须来自《易经》。《易传》虽然各篇章之间不同，但是内部结构稳定，部分篇章中还体现了对固定格式的有效运用。如《序卦》中大量使用"A 不可以……，故受之以 B"，这一句式解释了矛盾双方互相转换的道理；又以"必"或者"必有"作为连接词，构成了"A 必

---

① 周德美：《〈周易〉的言语观及其影响》，《古籍整理研究学刊》1999 年第 3 期，第 16 页。

有 B，故受之以 B"的顺承句式结构；或者以"然后""而""后"作为承接关系的连接词，构成"A 然后……，故受之以 B"的句式结构。《系辞》中大部分语言都能够归纳到这三类句式结构中，难以归纳的比例很小。可见《序卦》在阐述易理的同时，也充分运用固定格式，这都是言有序思想本身的创作实践。

二 数理性与理性之光

《周易》中对于数理的应用，包含了排列、组合、配置、集合、排序、置换、对应、映射、对称等早期的数学思维。《周易》中的数除了自身的计数功用外，都蕴含着一定的意义，它们是先民对宇宙及客观世界直观认识的数字化，因此也是某种观念的载体。"数的实质是一种秩序，要使世界从混沌到清晰，从无序到有序，必然进行数的意义上的归纳。正像我们面对一些杂乱无章的东西，要使之整文有序，总是自觉不自觉地进行数的整理一样。"① 数是人类对客观事物理性而有序的认识。《系辞上》谓："天数五，地数五，五位相得而各有合，天数二十有五，地数三十，凡天地之数五十有五，此所以成变化而行鬼神也。""天一，地二，天三，地四，天五，地六，天七，地八，天九，地十。"② 在这里十个自然数并不是纯数学的计数单位，而是为一种自然与社会的普遍法则，运用于天地观念、人之伦理、社会道德诸方面。在这里生动的现象世界被归结为几个抽象的数目，普通的数字上升为贯穿于天地自然人伦的普遍精神，从中我们可以看到一个建立在数理逻辑基础上的文化现象——数理文化。

《周易》依据卦爻象的变化推算吉凶，并非靠祈祷或单凭神灵的启示，这就含有某种逻辑推衍和理智分析的因素。《周易》占筮所用蓍草的过程是按照一定的程式进行演算，在结果中得出明吉凶的卦，没有数的存在和演变，占筮也就无从进行。王夫之认为：

> 天下无数外之象，无象外之数。既有象，则得以一之、二之而数之矣。既有数，则得以奇之、偶之而像之矣。是故象数相倚，象生

---

① 傅道彬：《阴阳五行与中国文化的两个系统》，《学习与探索》1988 年第 1 期，第 47 页。

② 《周易正义》，《十三经注疏本》，中华书局 1980 年版，第 80—81 页。

数，数亦生象。象生数，有象而数之以为数；数生象，有数而遂成乎其为象。象生数者，天使之有是体，而人得纪之也。（如目固有两以成象，而人得数之以二，指固有五以成象，而人得数之以五。）数生象者，人备乎其数，而体乃以成也。①

由此可见，"数"是《周易》中一个非常重要的概念。《周易》是要用一些很简单容易的数字符号，去显示宇宙一切的排列组合与变化，"数"作为宇宙万物的本源，并以"数"之秩序、和谐、规律，作为万有之整体观。

人们对于数学数理的探索，也是上古人们企图更好生活和了解规律，并借此应用在实际之中的表现。与数相关的结构问题，在中国艺术中占有很重要的地位。不论诗、文、书、画、戏曲、建筑，在牵涉数的方面，都要努力形成一种最佳的排列组合。在《周易》中与数相关的排列组合所形成的结构，在杂多的基础上表现一种美的结构。

第四节　和谐性的艺术情感

在中国古典哲学中，"和"是一种崇高的思想境界。其中对于宇宙和谐的认识，首先来自客观世界的实践和体验，是从生命问题出发的。继而在效法自然的基础上，强调了主体的能动创造，将宇宙自然生命的和谐与社会伦理生活、个人修养际遇看作相通的、一致的。《周易》在对于自然审美体验的基础上，通过"天—地—人"的宇宙生存结构的表达，将和谐注入社会伦理审美体验之中，构建了生命活动和艺术活动相和谐的宇宙观。

一　人与自然的和谐

1. 天地大美

在中国美学史上，明确以天地为美的是道家的庄子。《庄子·知北游》

---

① 王夫之：《船山全书·尚书引义》（二），岳麓书社2011年版，第338页。

云："天地有大美而不言，四时有明法而不议，万物有成理而不说。圣人者，原天地之美而达万物之理。"① 天地之间的大美，四时之间的序列，万物的生亡枯荣都是因为自然的伟力，生死存亡，浑然一体，生息繁衍，自然天成，是真正的和谐。虽然庄子是明确提出的第一人，但早在《周易》中就有这一思想意识。《周易》将"美与'天地'明确地联系起来，同时也明确地提出了天地之'和'的思想。"② 因此，在《乾》《坤》门户开始，便明确表达了"乾始能以美利利天下，不言所利，大矣哉。"坤则是"含章可贞"，即天地为美。

《周易》在文本排列上是以《乾》《坤》为首，是从天地产生万物这一基本观念来看美的。没有天地就不会有万物，从而也不会有万物的美，因此《周易》的美的观念是通天地观念以及生命观念不可分离地联系在一起的。《文言》云：

> 乾元者，始而亨者也。利贞者，性情也。乾始能以美利利天下，不言所利大矣哉。③

这里对于《乾》卦中的美与"利"并提。在《周易》的卦爻辞中，单独"美"字尚未出现，但是"利"字却频繁出现，可见其中利的观念是先于美的观念。对此历代注释中均有阐释，虞翻注曰："美利，谓云行雨施，品物流形，故利天下也。"④ 孔颖达曰："能以美利利天下者，解利也；谓能以生长美善之道利益天下也。"⑤《伊川易传》注："乾始之道，能使庶类生成，天下蒙其美利。"⑥ 这里都将"美利"与生命紧密相连，也就是说"乾始能以美利利天下"主要原因就是天不仅能够生产万物，而且为万物的根源。而因此，万物之美也就是从天而来，天有使万物具有美的功能。又如《文言》云：

---

① 郭庆藩撰：《庄子集释·知北游》，中华书局 1961 年版，第 735 页。
② 刘纲纪：《〈周易〉美学》，武汉大学出版社 2006 年版，第 6 页。
③ 《周易正义》，《十三经注疏本》，中华书局 1980 年版，第 17 页。
④ 李鼎祚：《周易集解》，商务印书馆 1937 年版，第 18 页。
⑤ 《周易正义》，《十三经注疏本》，中华书局 1980 年版，第 17 页。
⑥ 程颐：《伊川易传》，上海古籍出版社 1989 年版，第 9 页。

阴虽有美，含之以从王事，弗敢成也。地道也，妻道也，臣道也。地道无成，而代有终也。天地变化，草木蕃，天地闭，贤人隐。《易》曰："括囊，无咎无誉。"盖言谨也。君子黄中通理。正位居体。美在其中，而畅于四支，发于事业，美之至也。①

这里明显地表达出，地有生养万物的博大功能，因此没有地也就没有万物之美。《周易》的美的观念的基础是在对《乾》《坤》两卦的论述中建立起来的。也就是说，《周易》在"得天下之理"以察吉凶的思维活动中，有了对于自然美的朦胧感受，这种感受并未直接表述，而是通过审利折射出来。

在《周易》的卦序结构上，我们可以明显地感受其对于《乾》《坤》门户地位的肯定。而《易传》中更是明确书写天地之美的赞歌。在语言形式上诗性特征明显。这都是源于人们对于对象世界的美的欣赏和感叹。从《易经》到《易传》的历史演变过程中，社会的生产力大大发展，原始人们对于自然的崇拜敬畏转变将其当作物质创造、精神创造的伙伴，所以在卦爻辞和《易传》中人们开始懂得将"内在的尺度运用到对象上去"。对于《周易》的结构意识来说，这个"内在的尺度"便是对于天地之美的赞扬和尊重，便是"美的规律"，是一项重要的审美尺度。

2. 多元共存

和不是同，和是将有差别的事物放到一起、相互融合相互消化而形成的异质文明的交流。《国语·郑语》提出了"和实生物，同则不继"②的著名观点。所谓"和"是有差别的和，是无数事物交融于一体的和，而不是毫无差别属于一类的和，在总的原则下万事万物各具风采。《周易》无论在文本、象征上都具有这一特征。《象传》云：

大哉乾元！万物资始，乃统天。云行雨施，品物流形，大明终始，六位时成，时乘六龙，以御天。乾道变化，各正性命。保合太和，乃利贞。首出庶物，万国咸宁。③

---

① 《周易正义》，《十三经注疏本》，中华书局1980年版，第19页。
② 《国语·郑语》，上海古籍出版社1978年版，第515页。
③ 《周易正义》，《十三经注疏本》，中华书局1980年版，第14页。

这里认为天地的变化和万物的生长，都必须要"各正性命，保合太和"，以一种"大合"的状态来保证天地万物"各正性命"。这里的和是多元不是一元，是多极不是单极。《周易》中处处以这样的思想来理解世界，充分显示了中国古典哲学海纳百川的气象。

《周易》中强调了多元化的和谐，这种和谐也是结构内部能够在变化中保持协调性的重要原因。《系辞下》云："天下同归而殊途，一致而百虑。"① 万物和人都具有"各从其类"的差异性，即具有不同的特征，但只要在万物和人的由天地所赋予的各自的本性中正常合理地发展，那么这种差异性不仅不会破坏世界的和谐，而且能够并存。《周易》中的这一观念在《乐记》中有了进一步的印证，例如：

> 大乐与天地同和，大礼与天地同节。和，故百物不失；节，故祀天祭地。明则有礼乐，幽则有鬼神。如此，则四海之内，合敬同爱矣。……乐者，天地之和也。礼者，天地之序也。和故百物皆化，序故群物皆别。……是故大人举礼乐，则天地将为昭焉。天地䜣合，阴阳相得，煦妪覆育万物，然后草木茂，区萌达，羽翼奋，角觡生，蛰虫昭苏，羽者妪伏，毛者孕鬻，胎生者不殰，而卵生者不殈，则乐之道归焉耳。②

上述引文一再指出，"天地之和"始终和"各从其类"分不开，和是"万物不失"是"百物皆化"，是特性各不相同相近的万物统统都能够欣欣发展。尤其是最后一部分，指出了和谐的境界是草木茂盛，种子发芽，禽鸟展翅，兽类繁育，蛰虫苏醒，鸟儿孵育，野兽怀胎，一切生命都不被威胁，从而达到"常存"共处的理想状态。

二 人与社会的和谐

《周易》象征系统和卦序中，始终保持着自然和人事之间的联系和转化，在《易传》中更是强调了双方之间的阐释和推动关系，并且融入审美

---

① 《周易正义》，《十三经注疏本》，中华书局1980年版，第87页。
② 《礼记正义》，《十三经注疏本》，中华书局1980年版，第1530—1537页。

意识之中。《周易》中诸多卦爻辞讲到自然之美，已经不是单纯地讲述自然，而是由自然联系到人事，认为人应该效法天地。天之间的美也适用于人，也是完美人格应该学习和遵循的，所以《周易》由自然之美进而讲到人之美。人起而效法天地进行物质和精神的创造，当然就有功于自身，有功于社会。

1. 感而化之的"利"与"美"

《周易》一出世，就与社会生活紧密联系在一起，具有明显的应用特征。起初最突出的实用价值在于其卜筮功能。李光地说：

> 上古之时，民心昧然，不知吉凶之所在。故圣人作《易》，教之卜筮，使吉则行之，凶则避之。此是开物成务之道。①

《史记·秦始皇本纪》记载：

> 天下敢有藏诗、书、百家语者，悉诣守、尉杂烧之。……所不去者，医药卜筮种树之书。②

《汉书·艺文志》云：

> 及秦焚书，而《易》为筮卜之事，传者不绝。③

"不去"是基于它的性质，"传者不绝"还包括并显示了它的实用价值。

《周易》中的"致用"思想还有着更广阔的空间和更深层的含义。《周易》中诸多卦都表现了人对于自然美的观察、感受以人为地进行美的创造。到了赋诗言志的时代，《周易》中的种种涉及文明的思想也渗透到了宗庙祭祀、外交往来、礼乐教化、乡党宴饮等重大的社会活动中。人们常常借此言志，一方面能够借此趋吉避凶，满足求好之心，另一方面剖白心迹，表达思想，进行艺术欣赏和审美熏陶。

---

① 李光地：《周易折中》，巴蜀书社 2006 年版，第 11 页。
② 司马迁：《史记》，中华书局 1959 年版，第 255 页。
③ 班固：《汉书·艺文志》，中华书局 1964 年版，第 1704 页。

此外，在"致用"上还有非常明晰的一方面，便是人对于社会教化的考量。《彖》对《观》卦的解说为：

> 大观在上。顺而巽，中正以观天下。观盥而不荐，有孚颙若，下观而化也。观天之神道，而四时不忒，圣人以神道设教，而天下服矣。①

《象》对《观》卦的解说云：

> 风行地上，观，先王以省方观民设教。②

可见《观》卦是由上观而走向了下观，完成了最终"先王以省方观民设教"。《观》卦☶，从本体结构而言，六爻的最上两爻是阳爻，居于四个阴爻之上，而下卦又是八卦中的坤卦，象征着民众，便是圣人居高临下之观。"大观在上"指圣人中正观天下，并且处于居高在上一览众山的开阔视野，所以能够更全面地认识和观察世界，在把握对象世界的各种现象和发展变化的基础上，调教民众。从"大观"转向"下观"是知识分子向教化对象实行美育、德育的开始。这种教化是社会和平的起点，是自觉地将自然美和人性美结合的起点，恰如陈良运所云："我们先人的审美意识和功利意识，受自然界'美利利天下'的启示，刚进入到比较自觉的境地，便统一起来，融合于一体了。"③

"致用"的"利"的思想在社会伦理中也多有体现。从"乾始能以美利利天下"到"观乎人文，以化成天下"，反映了中国古典美学思想中审美与功利并重，甚至功利重于审美的意识。这一意识是渊源久远的，是在对大自然之美的不自觉到自觉的审视、体验过程中，自发地形成的，进入"人文"的创造阶段，审美意识与功利意识就更牢固地融合在一起了。如在《咸》卦中，卦爻辞表现了男女之间的因感而动情的美好情感，而《象传》则对此进行了进一步的发挥，从"感"推出了"圣人感人心而天下和

---

① 《周易正义》，《十三经注疏本》，中华书局1980年版，第36页。
② 《周易正义》，《十三经注疏本》，中华书局1980年版，第36页。
③ 陈良运：《〈周易〉与中国文学》，百花洲文艺出版社1999年版，第70页。

平"，一国之中君臣、夫妻、上下之间的交流，如果能够将心比心，自然会产生"感而化之"后的和平愿景。从《易经》到《易传》的经传合并的结构，对"天文"到"人文"的审美意识的发展进行了充分的论证，肯定了从自然美到社会美是人参与大美创造的观念。

2. 伦理层次的"善"与"美"

《乾》《坤》两卦是《周易》伦理思想的总纲，也是"善"思想的起点。《周易》中关于这两卦的各层次蕴涵，都是真正的以天道明于人事的至圣之言，蕴含着丰富的人生智慧，也是关于"善""仁""德"等社会伦理思想的起始点。在天地大德的思想之下，又发展了人伦之间的和谐有效的社会运作模式，即"君君臣臣父父子子"的礼的原则，这一模式规定了每个人都处于一定的位置，人人如此社会便会和谐。《坤》卦六三爻辞云："含章可贞，或从王事，无成有终。"这是将"含章"的内涵美通过对于君王或者处于尊位的人的辅助表达出来，认为成就他人而不归己是内在美的体现。实际上，《周易》中的这一思想，要求每个人遵守相应的行为规范，各尽应尽的义务和责任，各行其"善"以维护社会秩序，以此保证社会结构的稳定和发展。

"善"这一审美意识与儒家伦理思想有着密切关联。儒家的理想社会中，认为人与人的和谐关系是理想的社会结构的基础。"善"能够与他人聚合，是和谐相处的前提。《论语》开篇就曾倾诉过"有朋自远方来"的快乐，在《大象》中，他推演《兑》卦也主张"君子以朋友讲习"。这种和谐共处的状态就需要个人在集体中能够求同存异、善解他人。《大象》中"君子以同而异"是说在"乖背暌违"、暂时无法交流沟通时，应该求大同而存小异。《大象》中"君子以赦过有罪"又主张宽恕之道，"与人同者，物必归焉"，可以获得最大的利益。笠原仲二认为："古代中国人的美意识从有利于生命的、愉悦的官能的对象中诞生之后，随着社会生活的日益丰富多样的发展，进而又超越了生理的官能性局限，向着更为广大的领域扩展，具有了广泛的社会意义和伦理意义。"[1] 也就是说善是人从自然的、本能的感觉更进一步发展，向能够自我支配、合理控制的文化的人迈进，是从个别到一般的升华，从原始走向文明的表现。这种美的意识与感

① ［日］笠原仲二：《古代中国人的美意识》，杨若薇译，生活·读书·新知三联书店1988年版，第5页。

性愉悦的审美意识不同，更注重伦理的、精神的、社会的。而这一系列概念的核心内容就是善。

上述可见，在人与社会的和谐相处中，依然离不开自然的启示。这种源于天地、自然的诸多思考本来是属于道家思想内容，《周易》对此进行巧妙的吸收和消化，将天地、自然与伦理意识有机地结合起来，丰富和发展了儒家思想体系。

三　人与自我的和谐

在人与自然和谐相处之中，对于自身思想的觉醒意识开始发展，使《周易》逐渐变成指导人们的生活、规范人的言行以及观察和分析问题的指南。《文言》曰：

> 大人者，与天地合其德，与日月合其明，与四时合其序。①

这里强调各人的具体修养是以自然界为依据的，是自然界的美和人类的美不可分离的一致性。也就是说个人修养作为"人文"的一部分，是从"天文"而来，并与"天文"一致。《周易》开始将"君子"美的话题凸显出来。《周易》认为追求崇高与美好的人格、师法自然的精神、生生不息的意识，都是人与自我和谐精神的反映。《周易》中"君子"一词出现了 125 次，其中卦爻辞中出现了 20 次，《彖》中 11 次，《象》中最多有 64 次，《文言》中有 10 次，《系辞》中 19 次，《杂卦》中 1 次，《说卦》《序卦》中不见。其中，君子的智慧和行为之美可以概括为以下几点。

首先，君子是能够遵循自然规律的。《象》云："君子以向晦入宴息。"② 这是根据卦象天下万物随从于合宜的时机，认为人在行为上应该效法于此。对此《程传》则云："君子昼则自强不息，及向昏晦，则入居于内，宴息以安其身，起居随时，适其宜也。礼君子昼不居内，夜不居外，随时之道也。"③ 是说君子应该了解凡事随时的道理。《象》云："君子以

---

① 《周易正义》，《十三经注疏本》，中华书局 1980 年版，第 17 页。
② 《周易正义》，《十三经注疏本》，中华书局 1980 年版，第 34 页。
③ 李光地：《周易折中》，巴蜀书社 2006 年版，第 441 页。

治历明时",天地变革导致了四季的变更,君子应该据此象来撰制历法,以明四时变化,这也是认为人应该效法天地规则生活。由此可见,《周易》对自然规律的重视,在君子修身中必须也要遵循规律,是以自然规律来实现对于行为的指导,以达成和谐的状态。

其次,君子在处世时能够审时度势。在卦爻辞中的"君子几,不如舍"(《屯》)"君子于行,三日不食"(《明夷》)都是与此相关的论述。在《文言》中更是有"君子以成德为行,日可见之行也。潜之为言也,隐而未见,行而未成,是以君子弗用也。……亢之为言也,知进而不知退,知存而不知亡,知得而不知丧。其唯圣人乎!"[1] 这都是对于君子知进退的处世智慧的褒扬。当然,在进退合宜的同时也应该保持自身的正直。在《象》中有"君子以独立不惧,遁世无闷。"[2] 的告诫,这是讲在时运不济的形势下,君子之人要胸怀大道,不与邪恶势力同流合污,苏世独立,横而不流。

再次,对于君子来说,仁德的品格是不可忽视的。《易经》中常有"利见大人"之语,《易传》也往往由此申发,主张亲附有德、中正之人。如《乾》九二曰"见龙在田,利见大人。"《文言》解释说是"龙德而正中者也。"[3] 而"同声相应,同气相求",这是昭示着要修养德行也必须亲附有德之人。《象》曰:"'利见大人',往有功也。"[4]《彖》曰:"'利见大人亨',聚以正也。"[5] 均为此意。

最后,对于个人修养来说,一定的自由和适兴也是必不可少的特征。《论语·阳货》记载,孔子提倡读诗,认为"诗可以兴,可以观,可以群,可以怨。迩之事父,远之事君,多识于鸟兽草木之名。"[6] 所以他提出"小子何莫学夫诗"。这是孔子的生活情趣,他提倡一种适性的文学生活,不仅道德修养要好,还要有文学情趣修养。《论语·雍也》所谓"质胜文则野,文胜质则史。文质彬彬,然后君子。"[7] 不难看出,《周易》中关于个

---

① 《周易正义》,《十三经注疏本》,中华书局 1980 年版,第 17 页。
② 《周易正义》,《十三经注疏本》,中华书局 1980 年版,第 41 页。
③ 《周易正义》,《十三经注疏本》,中华书局 1980 年版,第 15 页。
④ 《周易正义》,《十三经注疏本》,中华书局 1980 年版,第 51 页。
⑤ 《周易正义》,《十三经注疏本》,中华书局 1980 年版,第 58 页。
⑥ 《论语注疏》,《十三经注疏本》,中华书局 1980 年版,第 2525 页。
⑦ 《论语注疏》,《十三经注疏本》,中华书局 1980 年版,第 2479 页。

人方面的和谐，是关于生命的和谐，适合性灵，合乎自己自由、放松、适性的生活，会使主体与客体达到高度的和谐一致，以至于最终进入孔子所讲的"从心所欲不逾矩"的自觉境界。

这一系列对于个人修养、道德、审美等方面的表现，都是人具有"自意识"的表现，黑格尔认为：

> 人还通过实践的活动来达到为自己（认识自己），因为人有一种冲动，要在直接呈现于他面前的外在事物之中实现他自己，而且就在这实践过程中认识自己……人这样做，目的在于要以自由人的身份，去消除外在世界的那种顽强的疏远性，在事物的形状中他欣赏的只是他自己的外在现实。①

作为"自意识"的人需要培养对于事物形象的审辨力，激起快乐和谐的情感，使思维服从于目的。这种对于自我力量的认识，与人在自然力下生存生活相关，人在认识自然，为生命抗争的过程中本身就已经蕴含着属于人的智慧，在经过归纳和总结之后慢慢分化为各种实用的智慧，因此哲学智慧、审美智慧、认知智慧等都烙有自然之下的文化基因。

综上，《周易》的思想内容、结构形式，共同潜藏着《周易》的审美意识。《周易》作为一个"有意味的形式"，从多种角度表现了深厚的审美艺术蕴涵。《周易》的审美价值并非仅仅零散地存在于某一面向内容之中，而更加体现在其整体结构形式之中。作品的组织形式一方面要显示作品的意蕴内容，另一方面这些形式因素本身也可以有某种意味。甚至可以说，《周易》的核心美学价值"并非全部在其内容，也在其形式结构"。《周易》其独特的外在和内在结构，都是其美学特色的来源，从自身角度不仅仅实践了构建过程，在艺术理论上也多有建树。

---

① ［德］黑格尔：《美学》（第一卷），朱光潜译，商务印书馆 1979 年版，第 39 页。

结　　论

由于《周易》文本及成书过程的特殊性，从"结构"的角度能够更为全面深入地理解《周易》的哲学思想、义理功用及文学意蕴。"结构"是其文本各个层次、要素之间系统组织关系的体现，是构成实体完整性的关键。对于结构的解析，就是要揭示并说明隐藏在哲理、文学意蕴背后的形式和阐释程式系统。《周易》独特的"符号—象征—语言"文本世界中，有深远兴味的哲学思想，有鲜明立体的象征形式，有简古诗性的语言艺术，它们共同构建了一个蕴含本体、象征、历史、语言、思想、艺术多种意味的庞大结构体系。对《周易》的结构进行解析，能够帮助我们理解《周易》中非孤立系统的多解性和复杂微妙的本质、更加清晰呈现结构与意义生成的真实图景，从而有利于我们更为明悉、完整地把握其哲学条理和文学形象。

由于《周易》文本"文象并构"的鲜明特征，其结构表现为多种形态，即本体形态、象征形态、语言形态。其一，从本体形态看，《周易》有着特定的文本体例及组织形式，并通过六十四卦构成整体的符号系统，表现出《周易》整体性质和功能。《周易》文本体例和经传篇章形式，是语言艺术和思想内涵的形式载体，蕴含多种思维结构和阐释过程。《周易》符号系统的构建过程中遵守的形式规律和变化律则，保证了《周易》结构上的稳定、完整以及应用形态上的自我调适。其二，从象征形态看，《周易》卦爻辞的出现促使易象从隐晦多变的符号表达发展为创建了"文象并构"的表现形式。这种表现形式是人们随着对于宇宙认识的渴望和思考的不断深化后，尝试从更多的形式上表现神秘意义以及无法言说的象征世界，将语言和符号结合表意。由此，《周易》的象征世界既包含了本体符号，具有"取象—立象—释象"的象征结构；也将语言文字和符号象征结合，建立了"释义—说象—明理"的表意程式，最终以完整的面目，严密的体系出现于世。其三，从语言形态看，《周易》经、传中隐含的语言结构是其文学性生成的重要条件，并为后世著作文章的典范。虽然，《周易》并非文学作品，但是在卦爻辞中却蕴含了诗体结构形式，在鲜活的意象群描述中流露出兼具哲思的诗性智慧。进而，《易传》与《易经》合体之后，在语言形式上既有明显的继承又体现了新旧文言变革的特征。另外，《周易》成于不同时期的经、传之间有彼此相通、相即不离的本质，传对于经在语言结构上既有明显的继承又体现了新旧文言变革的特征。总之，文学与哲学相融、诗歌与思想同源、象与兴的沟通、艺术上的继承与变更，共同创建了一种具有诗意智慧的载体，奠定了中国文学和理论建设的精神基石。

　　《周易》的结构的生成并不是一蹴而就的，而是经历了一个结构渐全、思想渐丰的历史演进过程。"六经"为主体的早期经典建立均非一人一时之作，而是不断进行集约、总结、整理和改造的过程，其中《周易》的成书史具有典型意义。《周易》的建立经历了从文献到经典的漫长历史过程，经历了"人更三圣，世历三古"的创制和"十翼"的哲学阐释。从卜筮的《易经》到哲学的《易传》最终经典化的过程，思想、文献既是连续的也有所丰盈和消散。具体而言，《周易》的结构经历了三个层面的历史演变过程。其一，"从混沌到系统"的演变。占卜在先秦时期是宗教仪式的一种，由"每事皆卜"逐渐走向"制礼作乐"，《周易》正是在这样的历史背景之下所编纂的。《周易》在编纂过程中不断进行着易占规范、语言材料和理论思想上的准备，继而创造出一部具有系统性、权威性的筮卜文献。其二，"从内涵到形式"的演变。《周易》"经传分合"呈现文本形式演变的过程，具有独特的历史语境、文化和思想意味。《周易》称名爻题形式化编纂构建，是将卦象和卦爻辞系统化，是一种将实践内涵付诸文本形式的过程。其三，"从具象到抽象"的演变。《周易》象征系统的构建就是在从具象到抽象中完成的。《周易》数、象、辞三种形式之所以能够表意，都经历了从具象到抽象的历史演进过程。可见，随着《周易》编撰的历史背景和思想文化的变更，其文本的结构形式也随之发展与调适。

　　从《周易》结构与意义的生成角度看。在文本的发展中，占筮被赋予的文化观念开始凸显出来，通过表象形式走向更多更宽广的领域。第一，整体性思想不仅保证了象数在千变万化中保持一定律则，也使《周易》把天、地、人贯通起来，宏观地审视自然与社会，把握世界。第二，衍申性思想使得本体中的易卦和筮法都能够不断进行革新和发展，也保证了内在哲学思想能够从普遍性向更宽广的观念衍申。第三，分析性思维致使《周易》能够通过分析和归纳解决问题，遵循一定的形式和法则思考问题，是其占筮的应用价值的根本。第四，象征性思维影响了《周易》从观到观念的升华，保持了形象的内在构建。第五，它的交互性思维能够帮助我们辨识各种因素的内在连贯性和意义的生成。由此可见，《周易》的结构是其在占筮基础上产生的哲学思想和内在思维的关键，或者说，《周易》的思想内涵正是隐含在其结构之中。

《周易》结构中蕴含着中国古代的审美艺术追求，表现为四个方面：中和性的审美理想、对称性的审美表现、秩序性的美学实践、和谐性的艺术情感。其一，《周易》符号结构的"中位"表示吉祥和美好，体现了"以中为美"的审美原则。"中和"美既能够体现在判断吉凶的标准上，也体现对中正平和、含蓄隽永的审美追求。其二，《周易》的卦象、卦序、易图中都存在着明显的对称结构，并通过"类同以相得，对举而和同"的方式展现出"结对归类"的思想原则。在语言上，《周易》符号结构上的对称形式延伸到语言文本上，便形成了绵延千年的对偶形式。其三，在《周易》中与数相关的排列组合所形成的结构，表现一种对秩序美的艺术追求。《周易》"言有序"的理论话语表达了对语言秩序性的艺术追求。其四，《周易》在对于自然审美体验的基础上，通过"天—地—人"的宇宙生存结构的体验，将和谐注入社会伦理审美体验之中，构建了生命活动和艺术活动相和谐的宇宙观。可见，《周易》结构上的创建是由内容到形式的发展过程，汇聚着华夏民族独特的文化和审美意蕴。《周易》在符号结构特征、语言形式、艺术理论的阐释上都表现出了生机勃勃的艺术精神，将中国哲学的诗性品格和艺术审美紧密关联。

综上所述，《周易》的独特结构是一个承载意味的形式，是其哲理内涵与文学特征的内在支撑。《周易》各层级的意义与形式之间互相渗透和影响，形成了一个富有意蕴的完整体系。这个体系让我们从固化的思维中解放出来，看到作为非孤立系统的多解性和蕴藏其中的复杂而微妙的本质。从结构的角度出发，有利于理解《周易》独特文本形态之中义理功用、文学特征与哲学内涵的统一，更有利于理解中国文化中"文学与哲学相融""诗歌与思想同源"的精神。

《周易》是人类"轴心时代"唯一一本由符号系统和文字系统共同构成的经典。经典是一个民族的集体经验，凝聚着一个民族的思想智慧和历史记忆，构成了一个民族的基本精神空间和思想框架，指示着一个民族的未来发展趋向，为后来的思想和学术进步提供着永不枯竭的精神资源。

索 引

后　记

在读博士期间，傅道彬老师就经常提醒我们要关注经典，他常说经典是思想之火，蕴含着人性的温暖和理性力量，能够唤起人类的精神自信。被誉为"群经之首"的《周易》，对于中国哲学、文化、文学的生成，有着源头性质的历史地位。虽然《周易》最早被看作是卜筮之书，但是由于成书的特殊性，使得《周易》成为一部带着多重性质的伟大著作。想要理解《周易》多重性质是如何统一在一个文本之中的，就需要找到一个适当的切入角度，这个角度就是"结构"。

结构是理解《周易》的关键。"结构"的概念，并非结构主义的独专之物，也是中国历代文学批评理论中一个至关重要的问题。结构讲究一定组织关系，是文学、哲学内各个层次、要素之间关系的体现，是构成意义完整体的关键。对《周易》的结构进行解析，指出各组成部分的构建律则，揭示并说明隐藏在意义背后、致使该意义成为可能的程序。这有助于我们看到作为非孤立系统的多解性和蕴藏其中的本质，有助于我们更为明悉、完整地把握《周易》的哲学条理和文学意味。

"暨乎篇成，半折心始"。在目前看来，《〈周易〉结构论》可能仅仅完成了最初预设的一半，完成了基本的梳理，在细节推敲和理论创新上还有待提高。我会在日后继续完成《周易》的文本书写、经典化过程、结构的文学意味整体描述等部分的研究。愿自己在最想走的这条路上永不懈怠。

宇宙静默，但并不妨碍人们在心中升腾起暖烘烘的火光。如果我们每个人都是宇宙中的一颗星的话，曾经支持我欣赏我关心我的人，都是我最好的观星人。是他们的注视，让我时刻还能不由自主地挺直腰背，满怀希望，暖呼呼，天真愉悦地走向更好。相比起其他经历，这样的注视是闪闪发光的是更应该牢记的。感谢我所有的观星人们，你们也是我最好的光亮。

感谢我的导师傅道彬先生。《〈周易〉结构论》是在博士论文的基础上完成的。从博士论文选题到书稿完成，都离不开导师傅道彬先生的指导。本选题最初是受益于老师关于《周易》诗体结构一系列成果的启发，老师又陆续帮我扩展了内容，指点我关注《周易》的文本书写结构和文学意味。跟随老师读书的几年，不仅仅得到学识上的进步，更多的感动于老师的温暖和学术思想。老师始终像灯一样，帮助我照亮前行之路，支持我向前，鼓励我坚定地走学术的道路。非常幸运的是，无论在学业还是工作上，老师既帮助我铸造了梦想，又帮助我实现了梦想。傅老师不断地用自己的实际行动教诲我们为人为学为师之道，在半耕园的集体中所有人都能够感受到他宽厚的诗性的动人的关怀，这种温情也是我们前进的动力。

感谢我的硕士导师胡大雷先生和师母，他们在我近十年的学业、生活中给与了极大的关怀和支持，在胡老师和师母身边度过的三年是我最快乐的求学时光。感谢我的导师王秀臣老师，王老师见证了我两次学业的完成，在考博、读书、学术规划上都给予了我关心与帮助。感谢我的老师方堃先生，本课题有关的很多象数知识是源于方老师的指点。感谢张庆利老师，我每一个阶段的成长都伴随着张老师的指引，如果没有张老师，我大概也没有机会走上学术的道路。感谢王洪军老师、米晓燕老师、孙永娟老师以及半耕园的所有同门，他们都是我最温暖的最美好的亲人，让我时刻感受到人间有味。也感谢我的编辑宋燕鹏师兄，博士后文库的申请和出版都离不开他的帮助和督促。

感谢家人的陪伴。我的父母给予了我深沉的无私的我无法平等回报的爱，他们是最好的父母，从来没有要求我成为一个好女儿，但是一直支持我成为我自己，支持我走向更宽广的天地。感谢我的队友景先生的包容和支持，祝愿我们成为最好的我们的同时也能成为最好的自己。

孙鸣晨

2022. 3. 23

附件 2：

第十批《中国社会科学博士后文库》专家推荐表 1

《中国社会科学博士后文库》由中国社会科学院与全国博士后管理委员会共同设立，旨在集中推出选题立意高、成果质量高、真正反映当前我国哲学社会科学领域博士后研究最高学术水准的创新成果，充分发挥哲学社会科学优秀博士后科研成果和优秀博士后人才的引领示范作用，让《文库》著作真正成为时代的符号、学术的示范。

推荐专家姓名	傅道彬	电 话	
专业技术职务	教授	研究专长	中国古代文学文艺学
工作单位	哈尔滨师范大学、首都师范大学	行政职务	黑龙江省文联主席、中国文艺评论家协会副主席
推荐成果名称	《＜周易＞结构论》		
成果作者姓名	孙鸣晨		

（对书稿的学术创新、理论价值、现实意义、政治理论倾向及是否具有出版价值等方面做出全面评价，并指出其不足之处）

　　《＜周易＞结构论》对《周易》的结构形式进行了诗学的文献的全面解读。全文描述了《周易》结构的阐释历史，并且注意引进西方文艺理论解读中国古代文学经典，全面关注《周易》"形式"的作用，显示了开阔的理论视野和坚实的学术基础。《＜周易＞结构论》文笔流畅，逻辑严密，引证材料翔实，问题意识清晰，善于发现问题，对《周易》结构形成的思想原理多有发明，表现出良好的学术修养和研究能力。本选题具有出版价值，是一本具有学术价值和创新意义的研究成果。

签字：

2021 年 3 月 8 日

说明：该推荐表须由具有正高级专业技术职务的同行专家填写，并由推荐人亲自签字，一旦推荐，须承担个人信誉责任。如推荐书稿入选《文库》，推荐专家姓名及推荐意见将印入著作。

第十批《中国社会科学博士后文库》专家推荐表 2

《中国社会科学博士后文库》由中国社会科学院与全国博士后管理委员会共同设立，旨在集中推出选题立意高、成果质量高、真正反映当前我国哲学社会科学领域博士后研究最高学术水准的创新成果，充分发挥哲学社会科学优秀博士后科研成果和优秀博士后人才的引领示范作用，让《文库》著作真正成为时代的符号、学术的示范。

推荐专家姓名	张庆利	电　话	
专业技术职务	教授	研究专长	中国古代文学
工作单位	辽宁师范大学	行政职务	辽宁师范大学文学院院长
推荐成果名称	《〈周易〉结构论》		
成果作者姓名	孙鸣晨		

（对书稿的学术创新、理论价值、现实意义、政治理论倾向及是否具有出版价值等方面做出全面评价，并指出其不足之处）

　　本课题对《周易》结构进行了多方位的分析与比较研究，选题难度大，需要对易学的文本有深入的认识，对易学史有全面掌握。作者很好的完成了这一选题，显示出优秀的理论功底，扎实的研究态度，敢于挑战难题的学术勇气，难能可贵。整体论述中结构完整、条理分明，材料翔实，行文流畅。文中关于语体的诗性结构、结构与意义的关系、结构的审美蕴含等提出，都有新意义，是对《周易》美学研究的发展 。基于上述相关意义而言，是一部具有出版价值的专著。

签字：张庆利

2021 年 3 月 9 日

说明：该推荐表须由具有正高级专业技术职务的同行专家填写，并由推荐人亲自签字，一旦推荐，须承担个人信誉责任。如推荐书稿入选《文库》，推荐专家姓名及推荐意见将印入著作。